Die chinesische Tibetpolitik

Schweizer Asiatische Studien
Etudes asiatiques suisses

Studienhefte/Cahiers
Bd./Vol. 9

PETER LANG
Bern · Frankfurt am Main · New York · Paris

Catherine Hool

Die chinesische Tibetpolitik

unter besonderer Berücksichtigung
der Jahre 1976-1988

PETER LANG
Bern · Frankfurt am Main · New York · Paris

CIP-Titelaufnahme der Deutschen Bibliothek

Hool, Catherine:
Die chinesische Tibetpolitik : unter besonderer Berücksichtigung der Jahre 1976-1988 / Catherine Hool. – Bern ; Frankfurt am Main ; New York ; Paris : Lang, 1989
(Schweizer Asiatische Studien : Studienhefte ; Vol. 9)
ISBN 3-261-03981-7
NE: Schweizer Asiatische Studien / Studienhefte

Titelphoto: Plakatwand in Lhasa

Druck: Weihert-Druck GmbH, Darmstadt

INHALTSVERZEICHNIS

1. EINLEITUNG

Persönliche Motivation:

Mein Interesse für die chinesische Tibetpolitik wurde während einer Tibetreise im Rahmen eines dreimonatigen Chinaaufenthaltes im Jahre 1986 geweckt. Bereits vor der Abreise nach Lhasa waren mir in Beijing eine offensichtliche Diskrepanz zwischen der offiziellen chinesischen Darstellung der aktuellen Situation in Tibet - nämlich die einer weitgehend friedlichen Koexistenz zwischen der tibetischen und der han-chinesischen Bevölkerung in einem sozialistischen Tibet- und den Bemerkungen chinesischer Freunde aufgefallen, denen die Faszination, die von der tibetischen Bevölkerung, von seiner Kultur und Religion auf ausländische Tibetreisende ausging, unerklärlich war. Für sie stellte Tibet eine nach wie vor rückständige (Chinesisch: luohou) Region mit einer ihnen fremden Bevölkerung dar, die es wenn immer möglich zu meiden galt. In der Tat seien Han-Chinesen nur durch Lohnzulagen und durch die Zusicherung zusätzlicher Sozialleistungen zu (berufsbedingten) Aufenthalten in der Autonomen Region Tibet (ART) zu motivieren. Der Eindruck einer beträchtlichen Kluft zwischen der offiziellen chinesischen Version und der tatsächlichen Situation verstärkte sich während des Tibet-Aufenthaltes selbst, der von Lhasa über Zedang nach Samye, dem ältesten Kloster Tibets in einer ländlichen Gegend im Südosten der tibetischen Hauptstadt, führte. Aggressionen und öffentlich ausgetragene Konflikte zwischen Tibetern und Han-Chinesen sowie die immer wiederkehrende Frage von Tibetern verschiedenster Altersklassen nach dem Dalai Lama deuteten darauf hin, dass Tibet für die chinesische Regierung Sand im Getriebe ihrer Nationalitätenpolitik zu sein schien. Da es die Kürze des Aufenthalts jedoch verunmöglichte, an Ort und Stelle ein umfassendes Bild der aktuellen politischen Situation in der ART zu gewinnen, fasste ich den Entschluss, die gegenwärtige Lage und ihre Hintergründe im Rahmen einer grösseren Sinologiearbeit aufzuzeigen.

Methodik, Aufbau der Arbeit und Literatur:

Die konkrete Themenwahl fiel nach verschiedenen Gesprächen und einem ersten Einblick in die Materie auf die Tibetpolitik Beijings seit dem Tode Maos. Da die chinesische Regierung im Zuge ihrer Reformpolitik Fehler in ihrem früheren Tibetkurs zugegeben hatte und ab 1980 eine grundsätzliche Revision der diesbezüglichen Richtlinien vornahm, schien diese Phase in der Tat am geeignetsten zu sein, um anhand vorwiegend chinesischen Materials zu einer kritischen Beurteilung der aktuellen politischen Situation in Tibet zu gelangen. Das Ergebnis meiner diesbezüglichen Untersuchungen findet sich in Kapitel 5, dem Hauptteil der vorliegenden Arbeit. Einem kurzen Ueberblick über die Kursänderung in der chinesischen Nationalitätenpolitik zwischen 1976 und

1978, unter besonderer Berücksichtigung der Tibetfrage, folgt ein Kapitel über die Hintergründe, die den Ausschlag für die Einführung der Reformpolitik auch in der Autonomen Region Tibet im Jahre 1980 gaben. In einem dritten Unterkapitel sollen schliesslich die Auswirkungen der Liberalisierung in der ART im Bereiche der Wirtschafts-, der Bevölkerungs-, der Kultur- und der Religionspolitik dargestellt werden. Eingerahmt werden diese vier Kapitel durch einen Ueberblick über die chinesische Politik der Gebietsautonomie, die von der chinesischen Regierung als Kernstück ihrer Minderheitenpolitik bezeichnet wird, sowie über den Stand der Beziehungen zwischen Beijing und dem Dalai Lama.

Der Hauptteil der vorliegenden Arbeit wird durch drei kürzere Kapitel eingeleitet. Im ersten Kapitel nach der Einleitung soll die Thematik der chinesischen Tibetpolitik durch eine Einführung in die chinesische Nationalitätenpolitik in einen breiteren politischen Rahmen gestellt werden. Einerseits soll soll damit das traditionelle Bewusstsein Chinas als Vielvölkerstaat aufgezeigt werden, wodurch sich die Bemühungen der chinesischen Seite, eine Integration Tibets in das übergeordnete nationalstaatliche Gebilde bzw. eine Sozialisierung Tibets zu erlangen, erklären lassen; andererseits soll dadurch klargemacht werden, dass Tibet als wirtschaftlicher und politischer Krisenherd zwar ohne Zweifel ein Prüfstein in der chinesischen Minderheitenpolitik darstellt, ein Tibetproblem für die chinesische Regierung aber allenfalls als nationale Frage betrachtet und behandelt wird. An dieser Stelle sei betont, dass unter Sozialisierung der chinesische Anspruch auf die politische Eingliederung der tibetischen Bevölkerung und der von ihr bewohnten Gebiete in das sozialistische System der VR China verstanden wird. In diesem Zusammenhang spreche ich bewusst nicht von Sinisierung, da die chinesische Regierung selbst auf die kulturelle Eigenständigkeit und auf die religiöse Freiheit verweist, die sie der tibetischen Bevölkerung verfassungsgemäss zugesteht.
Als chinesische Literatur wurden für dieses Kapitel hauptsächlich Artikel aus den Zeitschriften "Minzu Yanjiu" (Nationalitätenforschung) und "Minzu Tuanjie" (Einheit zwischen den Nationalitäten) und als westliches Standardwerk Dreyers "China's Forty Millions" verwendet.

Ebenso wichtig für ein umfassendes Verständnis der heutigen Tibetpolitik Beijings ist auch ein Eingehen auf die chinesisch-tibetischen Beziehungen aus historischer Perspektive. Ein Ueberblick über die Entwicklung dieser Beziehungen, wie sie in den Kapiteln 3 und 4 dargestellt werden, drängte sich in erster Linie deshalb auf, weil heute sowohl die chinesische als auch die (international nicht anerkannte) exiltibetische Regierung des Dalai Lama in Dharamsala, Indien, ihren Anspruch auf Tibet aus der Geschichte ableiten. Diese Tatsache verunmöglicht a priori jeden Anspruch auf eine sogenannt objektive Darstellung der historischen Geschehnisse, da sowohl die Auswahl als auch die Interpretation der Ereignisse zugunsten der chinesischen oder tibetischen Seite ausfallen müssen. In der Tat beziehen praktisch alle chinesischen, exiltibetischen und westlichen Autoren in ihren Darstellungen eindeutig Stellung für den einen oder den anderen Standpunkt. Die chinesische Version wird u.a. durch die Autoren Ya Hanzhang, Wang Furen, Li Tieh-tseng, Israel Epstein und A. Tom Grunfeld und durch die im Jahre 1986 erschienene Dokumentensammlung "Xizang Difang Shi Zhongguo Bu Ke Fenge De Yi Bu Fen" (Tibet ist ein unabtrennbarer Teil Chinas), die u.a. von der tibetischen Akademie für Sozialwissenschaften herausgegeben wurde, vertreten, während als Standardliteratur für die tibetische Seite die Autobiographie des Dalai Lama sowie Werke Shakabpas, Richardsons, Avedons und Van Walt Van Praags stehen. Da es mir nicht darum ging, im Sinne einer Beurteilung der historischen Ereignisse Stellung zu beziehen, habe ich versucht, die historische Entwicklung anhand einer Gegenüberstellung der verschiedenen Positionen zu verschiedenen Ereignissen aufzuzeigen. Hierbei bin ich mir aber bewusst, dass gerade die Auswahl dieser Ereignisse letzten Endes subjektiv ist und ich mich ausserdem der Beeinflussung durch die Darstellung verschiedener Autoren nicht immer entziehen konnte.

Für den Hauptteil der Arbeit stellte sich das Problem der eigenen Position allerdings aus zwei Gründen anders als soeben geschildert. Einerseits existiert für die Zeit ab 1980 so gut wie keine Sekundärliteratur, was die Beeinflussung durch Dritte stark reduzierte. Andererseits ist die chinesische Seite bezüglich ihrer eigenen Tibetpolitik bis heute ausserordentlich selbstkritisch geblieben; durch diesen Umstand konnte die kritische Kommentierung verschiedener politischer Massnahmen weitgehend der chinesischen Seite selbst überlassen werden, wobei aber auch der exiltibetische Standpunkt weiterhin berücksichtigt wurde, da die ganze Tragweite der chinesischen Tibetpolitik meines Erachtens erst durch diese Konfrontation fassbar wird. Aus diesen Gründen habe ich in diesem Teil der Arbeit sowohl durch die Auswahl des zu verarbeitenden Materials und die Zusammenstellung der kritischen (chinesischen und tibetischen) Kommentare, als auch durch eigene zusammenfassende Bemerkungen jeweils am Ende der einzelnen Unterkapitel, meine Position als Beobachterin bewusst aufgegeben.

Als Material für diesen Teil der Arbeit dienten vorwiegend Artikel aus der Parteizeitung "Renmin Ribao" und aus der ebenfalls offiziellen "Beijing Rundschau". Ausserdem stammen zahlreiche westliche Artikel aus dem Schweizerischen Sozialarchiv in Zürich; da sie ohne Seitenangabe archiviert, aber dort leicht zu finden sind, wurde im Text anstelle einer Seitenzahl der Vermerk SA angebracht.

Als Grundlage für die Uebersetzung, die dieser Arbeit beiliegt, sollten ursprünglich verschiedene Artikel aus der Zeitschrift "Renmin Ribao" dienen. Da die wichtigsten

Artikel jedoch bereits in der Zeitschrift "Beijing Rundschau" übersetzt wurden, fiel die Wahl des zu übersetzenden Schriftstücks schliesslich auf einen längeren Text ("Xizang Jiankuang"), der mir Anfang 1988 von chinesischer Seite zugestellt wurde, welche an dieser Stelle ungenannt bleiben möchte. Verschiedene Quervergleiche mit anderen chinesischen Texten und Artikeln haben ergeben, dass dieses Dokument mit grosser Wahrscheinlichkeit von der Staatlichen Kommission für Angelegenheiten der Nationalitäten verfasst wurde und zur bewussten Zeit noch einer offiziellen Absegnung durch die chinesische Regierung bedurfte. Da sein Inhalt ausnahmslos mit offiziellen Angaben übereinstimmt, wird in der Arbeit unter der Bezeichnung "Uebersetzung" mehrmals als Quelle darauf verwiesen, womit gleichzeitig ein direkter Bezug zwischen der eigenen Darstellung und der Uebersetzung hergestellt wird. Die Seitenangaben (1-37) beziehen sich hierbei der Einfachheit halber sowohl auf den chinesischen Text als auch auf die Uebersetzung.

Arbeitsthesen und Fragestellung:

Der vorliegenden Arbeit liegt die These zugrunde, dass die chinesische Regierung auf der Grundlage ihres historisch begründeten Anspruchs auf Tibet eine Sozialisierung dieses Gebiets und seiner Bevölkerung auch nach der Einführung der Reformpolitik weiterverfolgte. Diese Behauptung wirft folgende Fragen auf, die im Hauptteil der Arbeit beantwortet werden sollen, wodurch auch die These nach ihrer Richtigkeit überprüft werden soll:

1. Welches sind die konkreten Auswirkungen dieser historischen Einschätzung auf die heutige Tibetpolitik Beijings, bzw. was wurde in den Jahren nach Maos Tod hinsichtlich der Sozialisierung oder weiteren Integrierung Tibets in das sogenannte "sozialistische Vaterland" unternommen?
2. Kann eine Eskalation des tibetischen Widerstandes in der ART, wie er trotz der Liberalisierung, die nach dem historischen 3. Plenum des XI. Zentralkomitees der KP Chinas (18.-22. Dezember 1978) einsetzte, im Herbst 1987 und im Frühjahr 1988 zu beobachten war, auf Mängel in der Durchführung der politischen Richtlinien der Partei und der Regierung zurückgeführt werden?
3. Können Zeichen dieser Liberalisierung als Lockerung der obengenannten chinesischen Prämisse gewertet werden, dass Tibet ein untrennbarer Teil Chinas ist?

Die Beantwortung dieser Fragen setzt somit erst in Kapitel 5 der Arbeit ein, während die vorangehenden Kapitel dazu dienen, die chinesischen Prämissen einer notwendigen

Sozialisierung Tibets und seiner historisch begründeten Zugehörigkeit zum chinesischen Staat aufzuzeigen.

Verdankung:

Für ihre aktive Unterstützung bei der Dokumentation und für die Zeit, die sie mir für Gespräche zur Verfügung stellten, möchte ich an dieser Stelle Herrn Prof. Dr. N. Meienberger, Herrn Pan Haifeng von der chinesischen Botschaft in Bern, Herrn Kelsang Gyaltsen, Vertreter des Dalai Lama in der Schweiz, Herrn P. Grieder vom Tibet-Institut in Rikon und Herrn Dr. M. Brauen vom Zürcher Völkerkundemuseum herzlich danken. Weiterer Dank gilt Herrn Prof. Yao Bao für die Durchsicht der Uebersetzung, Herrn P. Wangyal, Leiter des Tibet-Office in London, für die Zustellung von Literatur, sowie all jenen, die mich bei der Arbeit unterstützt haben.

2. CHINA ALS NATIONALITAETENSTAAT: DIE CHINESISCHE NATIONALITAETENPOLITIK BIS ZUM TODE MAOS

Als nationale Minderheiten werden heute in der Volksrepublik China neben der bevölkerungsmässig dominierenden Han-Nationalität [1] 55 Nationalitäten anerkannt [2]; rund 50 weitere Nationalitäten versuchen, diese Anerkennung noch zu erlangen [3]. Obwohl der Anteil der Minderheiten mit 85 Millionen Menschen [4] lediglich 6 bis 7% der Gesamtbevölkerung ausmacht [5], die han-chinesische Dominanz somit nicht bedroht wird, misst die chinesische Regierung der Minderheitenfrage in der Volksrepublik heute grösste Bedeutung bei, wie Zhao Ziyang, neugewählter Generalsekretär des ZK der KPCh, diesbezüglich in seinem Bericht zum XIII. Parteitag der KPCh vom 25. Oktober 1987 feststellte: "

"Die Wahrung der nationalen Einheit, der Gleichberechtigung und der Einheit der Nationalitäten und die gemeinsame Prosperität aller Nationalitäten sind die wichtigsten Fragen, die das Schicksal des ganzen Landes berühren" [6].

Bereits am 4. August 1957 hatte Zhou Enlai in einer Rede über Nationalitätenarbeit (*Guanyu Wo Guo Minzu Zhengci de Jige Wenti*), deren Veröffentlichung in der Zeitschrift "Hongqi" von zwei damaligen ZK-Mitgliedern verhindert wurde [7] und die erst am 31. Dezember 1979 im Zuge der neuen Reformpolitik als Leitartikel in der Zeitschrift "Renmin Ribao" erschien, die Forderung nach dem Recht auf Selbstverwaltung, Religionsfreiheit, kulturelle Autonomie und auf wirtschaftlichen Wohlstand gestellt [8].
Die Gründe für den Stellenwert der Nationalitätenfrage in der chinesischen Politik sind in erster Linie wirtschaftlicher [9] und strategischer Art: Chinas Minderheiten verteilen sich gemäss chinesischen Angaben auf 50 bis 60% der Gesamtfläche der Volksrepublik

---

[1] Für eine ausführliche Definition des Begriffes "Han" siehe Dreyer, S.7

[2] BR, Nr. 47, 24.11.1987, S.4, sowie Tabelle in BR, Nr. 9, 4.3.1980, S.16

[3] Franke, S. 950

[4] BR, Nr. 47, 24.11.1987, S.4, sowie BR, Nr. 24, 12.6.1984, S.4 ; die Volkszählung aus dem Jahre 1982 hatte ca. 67 Mio. Minderheitenangehörige eruiert (vgl. Heberer (II), S. 5).

[5] Scharping, S.42

[6] BR, Nr. 45, 10.11.1987, S. XXV

[7] Schmick, S.313; s. auch Domes (I), S.23, 33, 39f. u. Domes (II), S. 48, 77, 102, 264

[8] Zhou Enlai, *"Guanyu Wo Guo Minzu Zhengce De Jige Wenti"* (Zu einigen Fragen der Nationalitätenpolitik), in: RMRB, 31.12.1979, S.1ff.; HQ, 1/1980, S.4ff.; Uebersetzung in: BR, Nr. 9, 4. 3.1980, S.20 ff., und BR, Nr. 10, 11.3.1980, S.19 ff.; vgl. S.57 dieser Arbeit (d.A.)

[9] Grosse Mineralienlager und Waldgebiete sowie 80% des milch-, wolle- und fleischliefernden Viehbestandes befinden sich in den Minderheitengebieten (vgl. Uebersetzung, S.2ff.; Dreyer, S.4).

China [1] und bewohnen hauptsächlich deren Rand- oder Grenzgebiete [2]. Ausserdem besitzt Beijing ein taktisches Interesse an der Einheit der Volksrepublik als Vielvölkerstaat, welches Dreyer als ausschlaggebend für die Bedeutung der Nationalitätenfrage in der chinesischen Politik angibt: Eine gedeihende, zufriedene Minderheitenbevölkerung sei das beste Argument der chinesischen Regierung für den Erfolg ihrer sozialistischen Nationalitätenpolitik. Umgekehrt werde durch aufsässige Minderheitengruppen den Feinden der VR China Wind in die Segel getrieben [3]. Die richtige Behandlung der Nationalitätenfrage ist somit eine der wichtigsten Bedingungen für die innen- und aussenpolitische Stabilität der Volksrepublik China. Wie Heberer ausdrückt, hätte *"eine falsche Politik (...) zweifellos nicht nur im Friedensfall schwere Folgen, sondern würde sich auch in Selbständigkeitsbewegungen ausdrücken und im Kriegsfall eine entscheidende Rolle spielen"* [4].

Da die Tibetpolitik Beijings nur im Rahmen dieser allgemeinen Problematik zu verstehen ist, soll in diesem Kapitel ein kurzer Ueberblick über die Entwicklung der chinesischen Nationalitätenpolitik bis zum Tode Maos im Jahre 1976 gegeben werden.

2.1. Das Reich der Mitte und die "Barbaren"

Seit jeher ist China ein Vielvölkerstaat. Die Einteilung in Han-Chinesen und sogenannten Barbarenvölker [5] lässt sich bereits zur Zeit der Shang-Dynastie (ca. 1500-1050 v.u.Z.) anhand von Orakelinschriften nachweisen [6] und findet sich in frühen chinesischen Werken, so z.B. in Kapitel 14.2 des Zhongyong [7]:

"...Situated among barbarous tribes, he [8] *does what is proper to a situation among barbarious tribes..."* [9],

---

[1] Zhao, S.143; vgl. Anhang Nr.1

[2] Laut Scharping, S. 43, leben demographisch relevante Minderheitengruppen lediglich in acht Regionen der Volksrepublik: in der Inneren Mongolei, in Guizhou, Yunnan, Ningxia, Guangxi, Qinghai, Xinjiang und in Tibet.

[3] Dreyer, S.4

[4] Thomas Heberer (I), S. 12

[5] Man, Yi, Rong, Di waren die üblichen Bezeichnungen für Barbaren während der Zhou-Zeit. Durch Richtungsattribute und Zahlen wurden sie weiter in die neun Yi-Stämme des Ostens, die acht Di-Stämme des Nordens, die sieben Rong-Stämme des Westens und die sechs Man-Stämme des Südens klassifiziert (vgl. Claudius C. Müller, *"Die Herausbildung der Gegensätze: Chinesen und Barbaren in der frühen Zeit"*, in: Bauer, S.52).

[6] vgl. Claudius C. Müller, *"Die Stellung der Barbaren im geographischen Weltbild"*, in: Bauer, S.56

[7] Das Zhongyong, ein kleineres Werk aus dem Liji (Buch der Sitte), gehört mit dem Lunyu (Gespräche des Konfuzius), dem Mengzi (Menzius) und dem Daxue (Grosse Lehre) zu den Sishu (Vier Bücher); vgl. Gernet, S.297 f.

[8] Junzi, bei Legge übersetzt mit "the superior man".

[9] Uebersetzung in: Legge, S.61. Der chinesische Satz lautet: *"Su Yi Di, Xing Hu Yi Di"*

und in Kapitel 9.13 des Lunyu [1] :

"The Master [2] was wishing to go and live among the nine wild tribes of the east [3]. Someone said:, "They are rude. How can you do such a thing?" The Master said, "If a superior man dwelt among them, what rudeness would there be?" [4].

Dieses Beispiel unterstreicht zwei entgegengesetzte Aspekte, die seit jeher das Verhältnis zwischen den Han-Chinesen und anderen Völkern geprägt haben: der Wille zur Abgrenzung gegenüber dem Fremden einerseits - nicht zuletzt aus der Ueberzeugung heraus, dass die eigene Welt bereits vollendet sei-, sowie der Wille zur Expansion bzw. zur Sinisierung fremder Völker andererseits, dem Wolfgang Bauer den in der chinesischen Selbstbezeichnung enthaltenen Begriff der "Mitte" (Chin.: Zhong) zugrunde legt. So sei diese Mitte nicht als "ringförmig eingeschlossen" angesehen worden, sondern "eher als der Mittelpunkt eines lebendigen, pulsierenden, sich nach aussen hin ergiessenden Stroms" [5]. Vor allem die Randvölker im Norden, Nordosten und Nordwesten Chinas lehnten jedoch sowohl politische Kontrolle als auch aufgezwungene Sinisierung ab [6]:

"(...) Völker tibetischer, türkischer, mongolischer und tungusischer Herkunft (...) liessen sich dort, wo sie waren, niemals zu Chinesen machen. Sie waren keine "Noch-nicht-Chinesen", sondern tatsächlich "Anti-Chinesen", Fremde der Gegenwelt. Der Kampf, den China mit ihnen über zwei Jahrtausende hinweg führte, füllte die chinesischen Annalen, er bildete eines der entscheidendsten Momente seiner Geschichte und verlieh ihr (...) wegen des periodischen Verlustes des halben oder ganzen Reiches unzweifelhaft auch eine tragische Note" [7].

Obwohl Aufstände ethnischer Minderheiten von den Han in der Regel niedergeschlagen wurden, sind die Beispiele von nördlichen Randvölkern , die eigene Dynastien gründeten, nicht selten. So gründeten z.B. die Nördlichen Wei das Tuoba-Reich (386-534 n.Chr.), die Liao das Kitan-Reich (907-1125), die Jin das Dschurdschen-Reich (1115-1234),

---

[1] Zum Lunyu vgl. S.7 FN 7 d.A.

[2] Gemeint ist Konfuzius.

[3] vgl. S.7 FN 5 d.A.

[4] Uebersetzung in: Legge, S.236. Der chinesische Satz lautet: *"Zi Yu Ju Jiu Yi. Huo Yue, Lou, Ru Zhi He. Zi Yue, Junzi Ju Zhi, He Lou Zhi You".*

[5] Wolfgang Bauer: *Die Mitte und die Ränder der Welt*, in: Bauer, S. 7 f.

[6] Allerdings fand eine freiwillige Uebernahme han-chinesischer Kulturmerkmale sehr wohl statt (vgl. S.20 f. d.A.).

[7] Wolfang Bauer: *Die Mitte und die Ränder der Welt,* in: Bauer, S. 11 f.

die Yuan das Mongolen-Reich (1260-1368) und die Qing das Mandschu-Reich (1644-1911) [1].

2.2. Die nationalistische Nationalitätenpolitik

Unter dem Druck der ausländischen Aggression entstand in der von Sun Yat-sen am 1. Januar 1912 gegründeten chinesischen Republik der Anspruch auf einen ethnisch einheitlichen Staat. Sun Yat-sen erkannte zu dieser Zeit neben den Han die Existenz von lediglich vier Nationalitäten an, nämlich die der Mongolen, der Mandschu, der Tibeter und der Tataren

(*"Although there are a little over ten million non-Han in China, including Mongols, Manchus, Tibetans and Tatars, their number is small compared with the purely Han population"* [2]),

und verfolgte zunächst das Ziel, diese Minderheiten zu einer einzigen Nationalität zu verschmelzen:

" The name "Republic of Five Nationalities" exists only because there exists a certain racial distinction which distorts the meaning of a single republic. We must facilitate the dying out of all names of individual peoples inhabiting China, i.e., Manchus, Tibetans, etc. (...) we must satisfy the demands of all races and unite them in a single cultural and political whole" [3].

Unter dem Einfluss der Sowjetunion, die sich unter Lenin für ihre Minderheitenpolitik auf die Gleichheit der Rassen, auf rassische Nicht-Diskriminierung und auf kulturelle Autonomie berief [4], revidierte er diese Auffassung jedoch radikal, wie aus dem Dokument des ersten nationalen Kongresses der Guomindang aus dem Jahre 1924 hervorgeht. Darin hielt er u.a. fest, dass

"the Government should help and guide the weak and small racial groups whithin its national boundaries toward self determination and self government" [5].

---

[1] vgl. Dreyer, S.8
[2] Sun Yat-sen (I), S.168
[3] Sun Yat-sen (II), S. 180
[4] Staiger, S.118
[5] China Handbook 1937-1945, S.74

Chiang Kai-shek, der Nachfolger Sun Yat-sens, knüpfte wieder an dessen ursprüngliche Auffassung an, indem er eine Politik der Einheit verfolgte und neben den Han lediglich vier ethnische Minderheiten anerkannte, die er jedoch alle auf denselben Stamm zurückführte:

" ...our various clans actually belong (...) to the same racial stock; (...) that there are five peoples designated in China (...) is not due to differences of race or blood but to religion and geographical environment. In short, the differentiation among China's five peoples is due to regional and religious factors, and not to race or blood" [1].

Als Folge davon wurde eine Nationalitätenpolitik betrieben, die auf eine radikale Assimilation der - sofern überhaupt als existierend erklärten - ethnischen Minderheiten ausgerichtet war. Sie reichte vom Verbot des Tragens der Nationaltracht über das Verbot des Benutzens der eigenen Sprache bis hin zur direkten Verdrängungs- und Ausrottungspolitik und bewirkte somit, in krassem Widerspruch zu der angestrebten Assimilation, ein verstärktes Identitätsstreben der betroffenen Nationalitäten sowie eine zunehmende Ablehnung der nationalistischen Minderheitenpolitik [2].

2.3. Die kommunistische Nationalitätenpolitik bis 1976

2.3.1. Selbstbestimmungs- und Sezessionsrecht

Die im Jahre 1921 neu gegründete Kommunistische Partei Chinas (KPCh) richtete ihre Minderheitenpolitik in ihren Anfängen nach dem Vorbild der sowjetischen KP unter Lenin. So verlangte der 2. Kongress der KPCh im Jahre 1922, die Mongolei, Tibet und Turkestan als Autonome Staaten (bang) auszurufen [3]. Im November 1931 wurde in der Verfassung der Sowjet-Republik, der sogenannten Jiangxi-Verfassung, die Forderung nach Anerkennung der Gleichheit von allen Minderheiten, unabhängig von deren Grösse, nach Religionsfreiheit und nach dem Recht auf Selbstbestimmung gestellt:

"The Soviet government of China recognizes the right of self-determination of the national minorities in China, their right to complete separation from China, and to the formation of an independent state for each national minority. All Mongolians, Tibetans, Miao, Yao, Koreans and others living on the territory of China shall enjoy the full right to

---

[1] Chiang Kai-shek, S.12 f.
[2] vgl. Heberer (I), S.14
[3] Dreyer, S. 63

self determination, i.e., they may either join the Union of Chinese Soviets or secede from it and form their own state as they may prefer. The Soviet regime of China will do its utmost to assist the national minorities in liberating themselves from the yoke of imperialists, the KMT militarists, t'u-ssu (tribal headmen), the princes, lamas and others, and in achieving complete freedom and autonomy. The Soviet regime must encourage the development of the national cultures and the national languages of these peoples" [1].

Das Recht der Minderheiten auf Selbstbestimmung wurde von Mao in seinem Bericht "Ueber die Koalitionsregierung" (*Lun Lianhe Zhengfu*) vom 24. April 1945 zum VII. Parteikongress erneut postuliert:

"In 1924 Dr. Sun Yat-sen wrote in the Manifesto of the First National Congress of the Kuomintang that 'the Kuomintang's Principle of Nationalism has a twofold meaning, first, the liberation of the Chinese nation, and second, the equality of all the nationalities in China' and that 'the Kuomintang solemnly declares that it recognizes the right to self-determination of all the nationalities in China and that a free and united republic of China will be established when the anti-imperialist and anti-warlord revolution is victorious'. The Communist Party of China is in full agreement with Dr. Sun's policy on nationalities as stated here (...)" [2].

Derselbe Bericht enthält einen Passus über das Sezessionsrecht für Minderheiten, der jedoch nicht in die erste provisorische Verfassung der VR China übernommen wurde:

"The Chinese people demand (...) better treatment for the racial minorities in China, according them the right of self-determination and of forming a union with the Han [Chinese] people on a voluntary basis" [3].

Dreyer weist allerdings darauf hin, dass diese Forderungen in eine Zeit fallen, da Unabhängigkeitsansprüche verschiedener Minderheiten von der KPCh in der Praxis radikal unterdrückt wurden [4].

---

[1] Brandt, S. 223 f.
[2] Mao Zedong Xuanji, 3.Bd., S.985; Uebersetzung in: Epstein, S.487
[3] Mao Zedong Xuanji, 3.Bd., S.965; Uebersetzung in: Brandt, S. 308
[4] Dreyer, S. 70 f.

2.3.2. Die Minderheitenpolitik der VR China bis zum "Grossen Sprung nach vorn"

Die früheren Richtlinien der KPCh bezüglich ihrer Nationalitätenpolitik wurden in der am 27. September 1949 erlassenen provisorischen Verfassung der VR China verankert. Hauptpunkte dieser Politik, die auch in die erste Verfassung von 1954 aufgenommen wurden, waren die Betonung der Gleichheit und Gleichberechtigung aller Minderheiten, das Recht auf den amtlichen Gebrauch ihrer eigenen Schrift und Sprache, das Recht auf kulturelle Autonomie und auf Religionsfreiheit [1] sowie das Verurteilen von Gross-Han-Chauvinismus (Da Hanzu Zhuyi) und von Lokalnationalismus (Difang Minzu Zhuyi) [2]. Wichtigster Punkt dieser neuen Richtlinien war jedoch die Einführung der Gebietsautonomie nach sowjetischem Muster [3]. So hiess es in Artikel 51 der provisorischen Verfassung, dass *"in Gebieten mit geschlossenen Siedlungen rassenmässiger Minderheiten (...) die regionale Selbstverwaltung der Rassen durchzuführen (sei). Entsprechend der Zahl der Personen in der geschlossenen Siedlung und der Grösse des Gebietes (seien) Selbstverwaltungsorgane für die einzelnen Rassen einzurichten. In Gebieten mit verstreuten Siedlungen einzelner Rassen und in Gebieten mit Rassen-Selbstverwaltung (müsse) in den Regierungsorganen des betreffenden Gebietes jede einzelne Rasse gleichmässig durch eine angemessene Zahl von Angehörigen vertreten sein"* [4].

Es wurden Selbstverwaltungsorgane errichtet, deren Form von der Mehrheit der nationalen Bevölkerung bestimmt werden konnte [5] und in deren Kompetenz es stand, gemäss den politischen, wirtschaftlichen und kulturellen Besonderheiten der Nationalität des entsprechenden Gebietes Richtlinien für die Autonomie auszuarbeiten [6]. Dieser Freiraum wurde allerdings in dem Masse eingeschränkt, als dass jede Entscheidung und Sonderregelung einer Genehmigung durch das oberste Machtorgan des chinesischen Staates, dem Ständigen Ausschuss des Nationalen Volkskongresses, bedurfte [7].

---

1 Verfassung der VR China vom 20. September1954, Artikel 3; in: Tomson (I), S.52

2 cf. Maos Rede vom 16.3.1953: *"Pipan Da Hanzu Zhuyi"* (Criticize Han Chauvinism); in: Mao Zedong Xuanji, 5.Bd., S.75 f.; Uebersetzung in: Mao (Bd.5), S.87 f.; vgl. Zhou Enlais Rede vom 4. 8.1957, in der er u.a. die Frage der Bekämpfung der zwei Arten von Nationalismus erörtert; in: RMRB, 31.12.1979, S.1 ff.; Uebersetzung in: BR Nr.9, 4.3.1980, S.13 ff.

3 vgl. S.10 f. d.A.

4 *"Allgemeine Richtlinien des politischen Konsultativrates vom 29.9.1949"*, Art. 51; in: Tomson (I) S.56. "Minzu" wird hier mit "Rasse" und nicht mit "Minderheit" übersetzt, da dies laut Tomson dem chinesischen Begriff gerechter wird (ebenda, Anm. 4). Chinesische Aufsätze über den Begriff "Minzu" in: MZYJ, Nr.4, 20.7.1980, S.7 ff.; MZYJ, Nr.3, 20.5.1984, S.1 ff.; MZYJ, Nr.2, 20.3.1985, S.5 ff.; MZYJ, Nr.4, 20.7.1985, S.12 ff.; MZYJ, Nr.3, 20.6.1986, S.12 ff.

5 Verfassung der VR China vom 20.9.1954, Art. 67, in: Tomson (I), S.54

6 ebenda, Art. 70

7 ebenda

Tabelle 1 [1]

Hauptsächliche Typen autonomer Verwaltungseinheiten nationaler Minderheiten (ausgenommen Ligen und Banner, die nur in der Inneren Mongolei anerkannt werden)

Deutsche Bezeichnung	Chinesische Bezeichnung	Entspr. Verwaltungsstatus	Anzahl (1965)	Anzahl (1984)
Autonomes Gebiet	zizhiqu	Provinz	5	5
			(Xinjiang Uighur; Innere Mongolei; Guangxi-Zhuang; Ningxia-Hui; Tibet)	
Autonomer Bezirk	zizhizhou	Sonderbezirke	29	31
Autonomer Kreis	zizhixian	Kreis	65	80
Minderheiten-gemeinde	minzuxiang	Stadtgemeinde		

In einem wesentlichen Punkt wichen die chinesischen Bestimmungen von 1954 zur Gebietsautonomie von ihrem sowjetischem Vorbild jedoch ab. Das in der Sowjetunion theoretisch vorhandene Sezessionsrecht der Minderheiten wurde in der Verfassung von 1954 explizit aufgehoben. Artikel 3 der Verfassung besagt, dass die national autonomen Gebiete unabtrennbare Bestandteile der VR China seien [2]. Aus chinesischer Sicht wird dieser Schritt vom historischen Standpunkt unter Berufung auf die Einheitsstaatsstruktur Chinas seit Qin Shi Huangdi erklärt [3]. Von Schirach erkennt darin ausserdem "das nachwirkende Trauma eines während der Bürgerkriegsjahre aufgesplitterten Reiches" [4], während Dreyer diesen Schritt auf den unterschiedlichen Stellenwert der Minderheiten in der VR China und der Sowjetunion zurückführt [5].

Konkrete Schritte der chinesischen Regierung zur wirtschaftlichen und kulturellen Entwicklung der Minderheiten bis zum Beginn der neuen Wirtschaftspolitik der "Drei Roten Banner" [6] waren: die Entwicklung der verkehrstechnischen Infrastruktur

---

[1] Aus: Staiger, S.119; BR, Nr.24, 12.6.1984, S.4; Dreyer, S.140

[2] ebenda, Art. 3

[3] BR, Nr. 24, 12.6.1984, S.4

[4] Staiger, S.119

[5] Der prozentuale Anteil der Minderheiten in der VR China ist geringer als der in der Sowjetunion; ihr technischer Standard erreicht seltener als in der Sowjetunion, denjenigen der dominanten Gruppe; vgl. Dreyer S. 264.

[6] Darunter wird die Politik des "Grossen Sprungs nach vorn", der Errichtung der Volkskommunen und der Generallinie des sozialistischen Aufbaus verstanden, die anlässlich des VIII. Parteitages der KPCh im Mai 1958 beschlossen wurde.

innerhalb des ganzen Landes zur besseren Erschliessung der Minderheitengebiete; die Entsendung von han-chinesischen Kadern und Facharbeitern in die Minderheitengebiete sowie die Errichtung von Nationalitätenhochschulen zur Bildung lokaler Kader und Fachleute; staatliche zinslose Kredite für die Landwirtschaft sowie von der Regierung zur Verfügung gestelltes kostenloses Saatgut, Ackergeräte und Maschinen. Ebenfalls staatlich unterstützt wurde das Gesundheitswesen. Gemäss neueren Angaben wurde in der Zeit zwischen 1950 und 1957 die Summe von 1,638 Milliarden Yuan in die Minderheitengebiete investiert [1]. Sowohl die wirtschaftliche als auch die kulturelle Entwicklung der Minderheiten sollte den Prozess ihrer Integrierung [2] (ein im marxistischen Sinne historisch bedingter Prozess) in die han-chinesischen, kommunistischen Institutionen und Lebensweise fördern. Der Uebergang der Nationalitäten zum Sozialismus wurde ab 1956 durch weitere Massnahmen der Regierung, wie dem Einbezug der Minderheitengebiete in die Hundert-Blumen- und Anti-Rechts-Kampagne und einer Intensivierung der Durchführung von sozialistischen Reformen in diesen Gebieten, noch weiter beschleunigt [3]. Die in diesem Rahmen eingeführte Volkskommunebewegung (von der die Autonome Region Tibet ebenfalls ausgenommen wurde) erfasste bis Ende Dezember 1958 laut chinesischen Angaben 145 Kommunen bzw. 77% aller landwirtschaftlichen Haushalte [4]. Die Tatsache, dass die Bewegung ungeachtet des Grades an bisherigen Reformen und zum Teil entgegen dem Willen der betroffenen Minderheiten durchgeführt wurde, wurde als eingreifendste wirtschaftliche Massnahme der neuen Politik empfunden und stiess zum Teil auf heftigen Widerstand [5]. Noch im Statut der KP Chinas vom 28. September 1956 war die Bedeutung der Eigenständigkeit der Minderheiten ausdrücklich betont worden:

"Durch historische Ursachen ist die Entwicklung vieler nationaler Minderheiten gehemmt worden. Die Kommunistische Partei Chinas muss besondere Anstrengungen unternehmen, um die Lage der nationalen Minderheiten zu verbessern, ihnen zu helfen, sich selbst zu verwalten (..). Die gesellschaftliche Umgestaltung der Nationalitäten muss nach ihrem eigenen Wunsch und durch Massnahmen vollzogen werden, die den nationalen Besonderheiten entsprechen. Die Partei ist gegen jegliche, die Zusammenarbeit der Völker hemmende Tendenz sowohl des Gross-Nationalismus als auch des lokalen Nationalismus. Insbesondere muss darauf geachtet werden, dass unter den

---

[1] MZTJ, 7/1980, S.21 f.

[2] Der in der VR China hierfür verwendete chinesische Ausdruck "ronghe" (sich vermischen, ineinander verschmelzen) ersetzt den im Guomindang-Vokabular gebräuchlichen Begriff "tonghua" (Assimilation).

[3] MZTJ 2/1958, S.2 ff.

[4] MZTJ 12/1958, S.2 ff.

[5] Tibet, obschon von den Reformen ausgenommen, leistete laut Dreyer aus Angst davor (Dreyer, S. 165) in Form der Revolte von 1959 den erbittertsten Widerstand; vgl. Kap. 4.2. d.A.

Parteimitgliedern und Funktionären des Staatsapparates der Tendenz des Gross-Hanismus vorgebeugt und dass sie korrigiert wird [1].

Diesen Widerstand der Minderheiten gegen die Reformen sowie einen Vertrauensverlust in Partei und Regierung infolge der Diskrepanz zwischen theoretischen Zusicherungen und effektiven Massnahmen erkannte die Zeitschrift "Minzu Tuanjie" bereits in ihrer letzten Ausgabe des Jahres 1958 [2]. Zusammenfassend kann gesagt werden, dass die wachsenden Ressentiments gegen die Han sowie eine wirtschaftlich katastrophale Lage zu Beginn der sechziger Jahre den Integrationsprozess der Minderheitengebiete hemmten, was die Bilanz der Nationalitätenpolitik des "Grossen Sprungs nach vorn" insgesamt negativ ausfallen lässt [3].

2.3.3. Die Minderheitenpolitik der VR China vom "Grossen Sprung nach vorn" bis zur Kulturrevolution

Eine Richtungsänderung in der Minderheitenpolitik des "Grossen Sprungs nach vorn" zeichnete sich bereits zu Beginn des Jahres 1959 ab, nachdem auch in Zeitungsartikeln der bestehende Kurs kritisiert worden war [4]. Wichtigste Faktoren dieser Korrekturphase, die bis zum Beginn der Grossen Proletarischen Kulturrevolution andauerte, waren die Abwendung von der zu Beginn des "Grossen Sprungs nach vorn" ausschliesslichen Betonung des Klassenkampfes zugunsten der Pflege nationaler Eigenheiten wie Sprache, Schrift und Kultur, die Rückkehr zur Bezeichnung der Lösung der nationalen Frage als langfristiger Prozess sowie eine Mässigung des Tempos im Durchführen der Reformen [5]. Die Politik der Korrekturphase wurde an der Tagung für Nationalitätenarbeit, die im April und Mai 1962 unter Beisein Liu Shaoqis und Deng Xiaopings in Beijing stattfand, vollumfänglich gutgeheissen, und die Notwendigkeit, den

---

1 Chinesischer Text und Uebersetzung in: ChA, Oktober 1977, S.694 f.

2 MZTJ, 12/I958, S.9

3 Dreyer spricht von einem Fiasko, streicht aber auch positive Aspekte dieser Politik heraus, wie die Vereinheitlichung der Minderheitenpolitik oder die Ueberwindung des Analphabetismus und der Sprachbarrieren unter den einzelnen Minderheiten durch das obligatorische Studium des Han-Chinesischen; s. Dreyer, S.171

4 vgl. u.a. MZTJ, 2/1959, S. 5 ff.

5 Diese politische Wende muss auf dem Hintergrund der damaligen parteiinternen Auseinandersetzungen gesehen werden. Bereits am 6. Pl. des VIII. ZK in Wuhan (28.11.-10.12.1958) hatte sich eine Fraktion um Liu Shaoqi und Deng Xiaoping von der politischen Linie der "Drei Banner" abzuwenden begonnen. Diese arbeitete1960 ein wirtschaftliches Programm unter dem Namen "Drei Freiheiten - eine Garantie" aus, die das ursprüngliche Kommunekonzept Maos fast vollständig auflöste (Luther, S. 122; Hoffmann, S. 32 f.; Snow, S.101 f.).

Minderheiten kulturelle und religiöse Eigenständigkeit zu gewährleisten, ausdrücklich betont [1].

Das im September desselben Jahres in Beijing stattfindende 10. Plenum des VIII. ZK der KP Chinas, welches die erneute Durchsetzung Maos gegenüber der Fraktion um Liu und Deng markierte, kann als Wendepunkt in der von relativer Toleranz geprägten Nationalitätenpolitik der Korrekturphase betrachtet werden. Als Folge der in diesem Rahmen beschlossenen Durchführung einer "Sozialistischen Erziehungskampagne" [2] erschien am 20. Mai 1963 eine Resolution des ZK der Partei unter dem Titel "Die Ersten Zehn Punkte", die den Weg zu einer erneuten Betonung des Klassenkampfes bahnte [3]. Zu Beginn des Jahres 1964 wurde Maos frühere Aussage, dass die nationale Frage eine Klassenfrage sei [4], wieder aufgenommen [5]. Die Notwendigkeit, den Klassenkampf auch in Minderheitengebieten durchzuführen, wurde 1964 in der Dezemberausgabe der Zeitschrift "Hongqi" postuliert. Mit dem Einsetzen der Grossen Proletarischen Kulturrevolution im Jahre 1966 wurde die Korrekturphase definitiv abgebrochen und eine Nationalitätenpolitik eingeführt, deren folgenschwere Auswirkungen heute, nicht zuletzt zur Rechtfertigung aktueller Missstände in Minderheitengebieten, von offizieller chinesischer Seite offen zugegeben werden:

"Die "Kulturrevolution" war eine innere Unruhe, die von ihrem Führer fälschlicherweise initiiert (...) wurde und für Partei, Staat und alle unsere Nationalitäten verheerende Konsequenzen hatte" [6].

Der Versuch, die nationale Frage als Klassenfrage zu behandeln bzw. nationale Widersprüche zu ignorieren, hatte zur Folge, dass die Politik der regionalen Gebietsautonomie verurteilt und gewisse autonome Gebiete aufgelöst wurden [7]. Im Sinne der Unterbindung nationaler Autonomie wurde ausserdem kompromisslos mit Zugeständnissen an die kulturelle Eigenständigkeit nationaler Minderheiten aufgeräumt, indem die Kampagne gegen die "Vier Alten" [8] in Minderheitengebieten schärfer als in

---

1 Dreyer, S.187

2 Auch "Vier-Sauber-Kampagne" genannt; s. *Offizielles Kommuniqué des 10. Pl. des VIII. ZK der KP Chinas*, in: PR 39/1962; in: Luther, S.227

3 Luther, S.230

4 Mao Zedong, *"Guanyu Zhengque Chuli Renmin Neibu Maodun De Wenti"* (Zur Frage der richtigen Behandlung von Widersprüchen im Volke); Rede zur Erweiterten 11. Tagung der Obersten Staatskonferenz, 27.2.1957; in: Mao Zedong Xuanji (5.Bd.), S.363 ff.; Uebersetzung in: MZDT, Bd. 2, S.128 ff.

5 vgl. MZTJ, 5/1964, S.2 ff.

6 Resolution über einige Fragen zur Geschichte der KP Chinas seit 1949, S.41

7 vgl. RMRB, 20.10.1987, S.4

8 Alte Sitten, Gedanken, Kultur und Bräuche.

Han-Gebieten durchgeführt wurde [1]. Der Gebrauch von Sprachen, Schriften, Sitten und Bräuchen der Nationalitäten wurden drastisch eingeschränkt oder verboten [2] und als Unterrichtssprache Han-Chinesisch vorgeschrieben, was eine starke Zunahme der Analphabetenrate mit sich brachte [3]. Minderheiten wurden als kulturell minderwertig betrachtet [4], was sich in politischer Hinsicht durch die Ersetzung von lokalen Kadern durch Han-Kader äusserte und die Einstellung der Ausbildung von Minderheitenkadern zur Folge hatte [5]. Diese Nationalitätenpolitik der ersten kulturrevolutionären Phase wurde in einer provisorischen Parteiverfassung aus dem Jahre 1968, die im Namen der Shanghaier Massen zirkulierte, wie folgt festgehalten:

"The old party constitution stresses only the special characters of the nationalities and the conducting of social reforms according to their own wishes, but not the party's leadership and the socialist revolution. It says 'the development of many national minorities has been restricted' and 'the party must make a special effort to improve the position of the various national minorities'. By emphasizing nationalism to the exclusion of patriotism and internationalism, it in reality creates national schism. The broad revolutionalry masses maintain that the following directive from Chairman Mao should be stressed in the new party constitution of the Ninth Congress: 'National struggle is in the final analysis a question of class struggle.' The unity of all nationalities on the basis of the thought of Chairman Mao Tse-tung and on the socialist road should be stressed" [6].

Im neuen Parteistatut, das schliesslich im April 1969 erschien, wurden die Minderheiten ein einziges Mal im Zusammenhang mit der Notwendigkeit erwähnt, die Nationalitäten im Klassenkampf sowie im Kampf für Produktion und wissenschaftliche Forschung miteinzubeziehen [7]. Weiter reduzierte eine provisorische Staatsverfassung aus dem Jahre 1970, über deren Authentizität nur gemutmasst werden kann [8], die Rechte der Minderheiten insofern, als dass sie weder das in der Verfassung von 1954 festgehaltene Recht zur Bewahrung von nationalen Sitten und Bräuchen noch den Passus

---

[1] Ueber die Folgen dieser Kampagne in Tibet vgl. Gyaltag, S.33
[2] Zhao, S. 162
[3] Heberer, S.30
[4] So wurde z.B. ihre traditionelle Medizin verboten, weil sie als rückständig und unwissenschaftlich bezeichnet wurde; literarische und kulturelle Erzeugnisse wurden vernichtet, weil sie als abergläubisch und feudalistisch galten; vgl. Zhao, S.162.
[5] RMRB, 3.10.1978, S.4
[6] Canton, *Wen-ko feng-yun* (Cultural Revolution wind cloud), no.2 Feb.1968, in: SOCMP no. 4151, p.3.; in: Dreyer, S.209
[7] PR, 30.4.1969, S.36 ff.
[8] s. hierzu Dreyer, S.233, Anm. 135

gegen Diskriminierung von Minderheiten beibehielt; der Gebrauch der eigenen Sprache blieb zwar erlaubt, wurde aber nicht mehr gefördert [1].

Eine Wende in dieser Politik der Assimilation bzw. der Ignorierung zeichnete sich ab Mitte des Jahres 1971 ab, nachdem die Vorsitzenden von drei der insgesamt fünf Autonomen Regionen ausgewechselt worden waren [2]. Dass die Existenz von Minderheiten wieder wahrgenommen wurde, zeigte sich z.B. in der Wiedereröffnung des Zentralen Nationalitäteninstitutes in Beijing im Januar 1972 [3] oder in der Auflistung von Minderheiten als separate Kategorie im Index der Zeitschrift Beijing Review ab Juni 1972 [4]. Minderheitensprachen wurden wieder vermehrt gefördert: nach dem Diktum "nationalistisch in Form, sozialistisch im Inhalt", wurden han-chinesische Revolutionsopern in Minderheitensprachen aufgeführt. Gemäss der Aussage von Mao, wonach die Nationalitätenfrage ohne eine grosse Anzahl von Minderheitenkadern nicht zu lösen sei, wurde der Akzent wieder auf eine erhöhte Rekrutierung von Minderheitenkadern in führende Aemter gesetzt [5]. Gleichzeitig fand jedoch eine Zunahme der sogenannten "Xia Fang"-Bewegung [6] in den Minderheitengebieten statt, was von Minderheitenangehörigen als offensichtlicher Sinisierungsversuch gewertet wurde [7].

Diese Kehrtwende in der Nationalitätenpolitik spiegelte sich in der Verfassung der VR China vom 17. Januar 1975 allerdings kaum. Wie die provisorische Verfassung aus dem Jahre 1970 bestand die neue Verfassung lediglich aus 30 Artikeln [8], die sich auch in ihrer Kürze von denjenigen aus dem Jahre 1954 unterschieden. Die Nationalitätenfrage wurde in Artikel 4 behandelt, wo bezüglich der nationalen Rechte lediglich die Gleichberechtigung aller Nationalitäten und der freie Gebrauch der eigenen Schrift und Sprache erwähnt war [9]. Es stellt sich die Frage, ob dieser auf ein inhaltliches und formales Minimum reduzierte Artikel Ausdruck der Selbstverständlichkeit war, mit der einundzwanzig Jahre nach der ersten Verfassung gewisse Rechte der Minderheiten als selbstverständlich akzeptiert und praktiziert wurden und ein entsprechendes erneutes Festhalten in der neuen Verfassung überflüssig machten, oder ob damit der Weg zu einer

---

[1] ebenda, S.233

[2] In Tibet trat der Han-Chinese Ren Rong das Amt an ; vgl. Domes (II), S.126.

[3] Dreyer, S.243

[4] ebenda, S.245

[5] RMRB, 1.11.1971: *"Help Minorities Cadres with Their Study of Marxism-Leninism and Mao Tse-tung's Thought"*; NCNA (Nanning), 23.7.1972; SOCMP no.5187, p.111; in: Dreyer, S.241

[6] Diese Bewegung war der Direktive Maos aus dem Jahre 1968 zur Entsendung junger Intellektueller aufs Land entsprungen.

[7] Gyaltag, S. 7 und 31

[8] Die Verfassung von 1954 enthielt 106 Artikel (zum Vergleich: die Verfassung von 1982 besteht aus138 Artikeln).

[9] "Die Verfassung der VR China 1975", Art. 4, S.12; "Dokumente der 1. Tagung des IV. Nationalen Volkskongresses der VR China", Art. 4, S.12 f.

Nationalitätenpolitik der Assimilierung gepfadet werden sollte, der die Verfassung von 1975 keine Hindernisse bieten würde [1].
Fest steht, dass die neue Verfassung bezüglich ihrer Auslegung einen beträchtlichen Spielraum zuliess und ihre Durchführung nach wie vor stark von parteiinternen Machtkämpfen und dem jeweiligen politischen Kurs abhängen würde.

In welche Richtung die chinesische Regierung ihre Minderheitenpolitik der post-kulturrevolutionären Aera steuerte, soll in den nächsten Kapiteln am Beispiel Tibets untersucht werden. Einerseits gilt Tibet als eine der Autonomen Regionen, in denen die Fehler der Partei, gemessen an der Reaktion der lokalen Bevölkerung, am sichtbarsten wurden; anderseits weisen die Tibeter als ethnisch weitgehend homogenes Volk mit eigener Sprache, Kultur und Religion keinen nennenswerten Faktor auf, der ihren Integrationsprozess in die han-chinesische Kultur und Politik begünstigen würde. Somit dürfte Tibet wohl die grösste Herausforderung an Beijings Nationalitätenpolitik darstellen. Da der chinesiche Anspruch auf Tibet in der VR China aus der Geschichte abgeleitet wird, soll im folgenden Kapitel ein historischer Ueberblick über die sino-tibetischen Beziehungen seit der Gründung des tibetischen Reiches im 7. Jh. bis zum Tode Maos gegeben werden.

3. SINO-TIBETISCHE BEZIEHUNGEN AUS HISTORISCHER PERSPEKTIVE

3.1. Von der Gründung des Einheitsstaates Tibet bis zum Ende der Tang-Dynastie

Der Uebergang der Legende zur Geschichte Tibets wird allgemein im 5. oder 6. Jh. n.u.Z. angesetzt [2]. Die Gründung des tibetischen Einheitsstaates fällt jedoch erst ins 7. Jh., als die zerstrittenen Stämme Tibets unter dem ersten tibetischen König Songzan Ganbu (617-649 [3]) erstmals zu einem tibetischen Staat mit einer Zentralregierung, einer eigenen Kultur und Religion, einem einheitlichen Gesetzeskodex, einer Armee und offiziellen Kontakten mit dem Ausland zusammengeschlossen wurden [4].
Die ersten internationalen Beziehungen begannen mit den Kontakten zum Herrscherhaus der Tang, die im Jahre 641 durch die Heirat Songzan Ganbus mit der chinesischen Prinzessin Wen Cheng, einer Tochter des Tang-Kaisers Taizong, besiegelt wurden [5].

---

[1] vgl. Dreyer, S.257
[2] Richardson, S.29; Grunfeld, S.32
[3] Shakabpa, S.25; Franke spricht von 605-650 n.u.Z. (S.1405), Grunfeld von 620-649 n.u.Z. (S.32)
[4] Franke, S.1405; vgl. Anhang Nr.6
[5] Dass Songzan Ganbu nach tibetischen Angaben gleichzeitig eine nepalesische Prinzessin heiratete (vgl. Shakabpa, S.26), wird von der chinesischen Seite nicht erwähnt oder bestritten (vgl.

Verschiedene Gründe werden für diese Vermählung angegeben. Aus tibetischer Sicht wurde der Kaiser Taizong dazu gezwungen, nachdem chinesische Truppen im heutigen Sichuan von tibetischen Truppen besiegt worden waren [1]. Andere Interpretationen erkennen darin die Wiederaufnahme einer schon unter der Han-Dynastie gepflegten Tradition, durch die Gewinnung von Schwiegersöhnen unter den "Barbaren" eine Aussenpolitik der Zivilisierung der Feinde zu betreiben [2]. Die heutige offizielle chinesische Version sieht in dieser Hochzeit das Bestreben des Kaisers Taizong, die freundschaftlichen Beziehungen der beiden Nachbarn zu festigen [3], und stellt dieses Ereignis als Beginn der "nicht abbrechenden" kulturellen Beziehungen zwischen China und Tibet dar [4]. In der Tat kamen im Gefolge Wen Chengs auch chinesische Handwerker und Bauern sowie buddhistische Mönche nach Tibet, die religiöse Kunstgegenstände - darunter die Sakyamuni-Statue, welche heute im Jokhang, dem Haupttempel des Lamaismus in Lhasa, steht [5] - mit sich führten. Ausser der kulturellen Beeinflussung schreibt die chinesische Seite daher auch die Verbesserung der technischen Produktion, die Entwicklung des Handels und der Lautschrift und das Aufkommen des Lamaismus der chinesischen Präsenz zu [6].

Zur Erhaltung der chinesisch-tibetischen Beziehungen wurde im Jahre 709 eine weitere Tang-Prinzessin, Jin Cheng, mit einem Nachfolger Songzan Ganbus verheiratet [7]. Nach deren Tod nahm mit dem Einfall der Tibeter in Gansu und Shaanxi und ihrer Eroberung der damaligen Tang-Hauptstadt, Chang'an (dem heutigen Xi'an), die Zeit des bilateralen Friedens ein vorläufiges Ende [8]. Dieser wurde erst im Jahre 821 in einem Versöhnungs- und Allianzvertrag wiederhergestellt, in dem die freundschaftlichen Beziehungen zwischen dem chinesischen Kaiser und dem tibetischen König betont wurden [9]. Aus tibetischer Sicht ist dieser Vertrag, der seit 823 als Steleninschrift in Lhasa erhalten geblieben ist, ein Beweis dafür, dass Tibet während der Tang-Dynastie kein Vassallenstaat Chinas war [10]. Die chinesische Ansicht, dass die Tibeter zur Zeit der Tang-Dynastie tributpflichtig gewesen seien, bezeichnet Richardson als eine Fälschung der

---

Yi Zhi: *"Wen Cheng Gongzhu Yu Hanzang Guanxi"* ("Prinzessin Wen Cheng und die chinesisch-tibetischen Beziehungen"), in: Xizang Shi Yanjiu Lunwen Xuan, S.109 ff.; vgl. auch Grunfeld, S.33

1 Shakabpa, S.26

2 Weggel, S.751

3 Ya (I), S.67ff. (3.Kap.: *"Wen Cheng Gongzhu Yu Han Xi Youyi"* (Prinzessin Wen Cheng und die chinesisch-tibetische Freundschaft)); vgl. Uebersetzung, S.4

4 Xizang Shi Yanjiu Lunwen Xuan, S.326

5 Shakabpa, S.26

6 Xizang Shi Yanjiu Lunwen Xuan, S.324 ff.

7 Tu, S.5; Weggel, S.751

8 Franke, S.1405; Richardson, S.30; Gernet, S.598

9 Uebersetzungen des Vertrags in: Richardson, S.259 f.; Li Tieh-tseng, S.7 f.; Tu, S.14 f.; vgl. Uebersetzung, S.4

10 Shakabpa, S.49 f.

Geschichte, die auf eine Fehlinterpretation der Annalen zurückzuführen sei [1]. Unter exiltibetischen und westlichen Historikern herrscht die Meinung vor, dass die Beziehungen zwischen China und Tibet zu dieser Zeit noch die zwischen zwei souveränen Staaten gewesen seien, wenn auch mit erheblichem Niveauunterschied in ihrer wirtschaftlichen und kulturellen Entwicklung und in bezug auf ihren Staatsaufbau [2].

Dieses Gleichgewicht blieb bis zum Zerfall des tibetischen Einheitsstaates nach dem Tod des letzten Königs der Songzan Ganbu-Linie, Lang Darma, im Jahre 842 bestehen. Die Tang-Dynastie, die den Zerfall des tibetischen Reiches um eine Generation überdauerte, erlangte in dieser Zeitspanne die meisten der von den Tibetern eroberten Gebiete zurück [3]. Nach ihrem Ende im Jahre 907 spalteten sich sowohl das chinesische als auch das tibetische Reich in unzählige Staaten und Fürstentümer ohne mächtige Zentralregierung auf. Das daraus resultierende Fehlen gegenseitiger Bedrohung führte dazu, dass die chinesisch-tibetischen Beziehungen während der Zeit der Fünf Dynastien (Wu Dai) (907-960) und der Song-Dynastie (960-1279) praktisch zu existieren aufhörten [4].

3.2. Sino-tibetische Beziehungen unter den Yuan und Ming: Indirekte Herrschaft Chinas in Tibet

Die Beziehungen zwischen China und Tibet wurden indirekt durch eine dritte zentralasiatische Macht, den Mongolen, die unter Kublai Khan die Yuan-Dynastie (1279-1368) errichteten und aus Tibet einen Vasallenstaat machten [5], wiederhergestellt. Bereits im Jahre 1207 (ein Jahr nach der Einnahme des Tanguten-Staates durch DsDschingis Khan [6]) hatte eine tibetische Delegation, zusammengesetzt aus Vertretern des tibetischen Adels und Aebten führender tibetischer Klöster, den Khan aufgesucht und ihm zur Vermeidung einer mongolischen Invasion in Tibet ihre formelle Unterwerfung unter die mongolische Oberherrschaft angeboten [7]. Tibet wurde tributpflichtig und blieb bis zum Tode des Khans im Jahre 1227 von mongolischen Invasionsversuchen ausgeklammert. Erst im Jahre 1249 übernahmen die Mongolen die administrative Oberherrschaft über Tibet, indem der herrschende Enkel Dschingis Khans den führenden

---

[1] Richardson, S.30
[2] vgl. Franke, S.1405
[3] Richardson, S.32
[4] Weggel, S.752; Grunfeld, S.35; Richardson, S.33; Li Tieh-tseng, S.15; vgl. Anhang Nr.7
[5] vgl. Anhang Nr.8
[6] vgl. Martin (H. Desmond), S.102 u. 116
[7] Shakabpa, S. 61; Richardson, S. 33. Andere Interpretationen sehen in diesem Gang den Versuch, die Waffenhilfe der Mongolen zur Beendung der Bürgerkriege im eigenen Land zu erlangen; vgl. Weggel (I), S.752.

tibetischen Lama seiner Zeit und Abt des Sakya-Klosters, Kunga Gyaltsen (1182-1251) oder Sakya Pandita genannt, als Vizeregenten über Tibet einsetzte [1]. Mit der Herrschaft des Sakya-Klosters über Zentral-Tibet wurden zum ersten Mal in der Geschichte Tibets religiöse und weltliche Macht miteinander verbunden und damit Strukturen geschaffen, die bis zur Machtübernahme durch die Chinesen im Jahre 1951 fortbestehen sollten. Die Herrschaft des Sakya-Klosters blieb auch nach dem Tod des Sakya Pandita bestehen, als der neue mongolische Herrscher, Kublai Khan, im Jahre 1254 dessen Neffen Phatspa (Chinesisch: Basiba) (1235-1280) die Herrschaft über Tibet verlieh:

"Having faith in the Lord Buddha, I studied the teachings of your uncle, Sakya Pandita(...). After studying under you, I have been encouraged to continue helping your monks and monasteries, and in return for what I have learned from your teachings, I must make you a gift. This letter, then, is my present. It grants you authority over all Tibet, enabling you to protect the religious institutions and faith of your people and to propagate Lord Buddha's teachings" [2].

Tibetische und westliche Historiker sehen in der Beziehung zwischen dem Oberhaupt Tibets und dem Khan einen Ausdruck gegenseitigen Respekts, der auf der Anerkennung der Unabhängigkeit Tibets beruhte und später seine Fortführung in den Beziehungen zwischen Dalai Lamas und Mandschu-Kaisern gefunden habe. Dieses Verhältnis, welches auf Tibetisch als "Schutzherr und Priester"-Verhältnis (yon-mchod, wörtlich "Gabenspender und Verehrungswürdiger") beschrieben wurde, habe zwischen dem Herrscher von Tibet in der Person des obersten Lamas, welcher gleichzeitig als religiöser Ratgeber des Kaisers angesehen wurde, und dem Kaiser von China bestanden, der seinerseits die Funktion des Schutzpatrons über Tibet innegehabt habe [3].

Die chinesische Version hingegen, die in der Bekehrung des Kublai Khan lediglich einen pragmatischen Schritt sieht, um die Tibeter der mongolischen Herrschaft zu unterwerfen [4], bestreitet, dass nur eine formale Beziehung zwischen Wohltäter und Dalai Lama bestanden habe. So hebt Ya Hanzhang [5] hervor, dass die Beziehung zwischen dem Khan und Phatspa in einem eindeutigen Abhängigkeitsverhältnis bestanden habe, da die Yuan-Regierung während dieser Zeit ihre Regierungsgewalt über Tibet konsolidiert habe und

---

[1] Shakabpa, S.61 ff.; Li Tieh-tseng, S.20

[2] Shakabpa, S.65

[3] Shakabpa, S.71; Van Walt Van Praag (I), S.5; vgl. Michael Balk: "*Gehört Tibet zu China? Die Geschichte gibt keine klare Antwort*"; in: FA, Nr.175, 1.8.1987 (SA)

[4] Li Tieh-tseng, S.19

[5] Er ist heute Direktor am Nationalitäteninstitut in Beijing unter der Chinesischen Akademie für Gesellschaftswissenschaften (BR, Nr.6, 9.2.1988, S.39).

die tibetische Regierung damals offiziell zu einer Lokalregierung unter der Jurisdiktion der zentralen Verwaltung geworden sei [1].

In der Tat ist es unbestritten, dass während der Yuan-Dynastie eine einschneidende Wende in Tibets politischem Status eintrat und das bis anhin praktisch völlig unabhängige Reich von diesem Zeitpunkt an in einen wachsenden Abhängigkeitsbereich Chinas geriet. Die Tendenz, Tibet als einen administrativen Teil Chinas zu betrachten, begann sich durchzusetzen, als nach der Versetzung der Mongolenhauptstadt von Karakorum nach Beijing im Jahre 1264 und der Begründung der Yuan-Dynastie im Jahre 1279 ein kaiserliches Amt für buddhistische Angelegenheiten, das sogenannte Zongzhiyuan [2], errichtet wurde, unter dessen Administration auch Tibet gesetzt wurde und dessen Leitung Phatspa übertragen wurde [3]. Dieses Amt wurde in der Yuan-Dynastie auch weiterhin von hohen tibetischen Lamas ausgeübt, womit die mongolische Herrschaft indirekt über die Institution des Regenten ausgeübt wurde [4].

Umstritten ist allerdings die Auffassung, dass es sich bei der Oberherrschaft der Yuan-Dynastie um eine mongolisch-*chinesische* Oberherrschaft gehandelt habe. Van Walt Van Praag ist der Ansicht, dass die tibetisch-mongolischen Beziehungen ein Ausdruck rassenspezifischer, kultureller und vor allem religiöser Affinität zwischen den beiden Völkern waren, die sie klar von den Chinesen unterschieden; diese Beziehung sei auch nach dem Ende der Yuan-Dynastie bestehen geblieben [5].

Die These, dass die mongolische Oberherrschaft über Tibet nie eine chinesische gewesen und der chinesische Anspruch auf Tibet mit dem Ende der Yuan-Dynastie dahingefallen sei (eine These, die in den sechziger Jahren auf dem Höhepunkt der sino-sowjetischen Auseinandersetzungen auch von sowjetischer Seite vertreten wurde [6]), wird aus chinesischer Sicht unter Aufwendung verschiedener Argumente verworfen [7]. So wird in neueren Geschichtsbüchern der VR China die Ansicht vertreten, dass das Regime der Yuan-Dynastie von den Mongolen zwar dominiert, jedoch auch von Ranghohen anderer Nationalitäten (u.a. von Han-Chinesen) unterstützt worden sei, ohne deren Hilfe sie das Land nicht hätten regieren können [8]. Von der Prämisse ausgehend, dass unter der Yuan-

---

[1] Ya (II), S.10 ff.; Uebersetzung, S.5
[2] vgl. Uebersetzung, S.5
[3] Bai, S. 319; Weggel (I), S.752
[4] Balk, a.a.O.
[5] Van Walt Van Praag, S.7
[6] Epstein, S.17
[7] Für eine ausführliche Darstellung der mongolisch-tibetischen Beziehungen zur Zeit der Yuan-Dynastie vgl. Wang (I), S.32 ff.
[8] Bai, S.301 f.

Herrschaft die Nationalitäten Chinas (darunter auch Tibet) vereinigt worden seien [1], wird ausserdem argumentiert, dass die Klasseneinteilung zu jener Zeit eine Einteilung nach Nationalitäten gewesen sei, an deren Spitze die Mongolen gestanden hätten [2].

Gegen die Theorie einer nationalen Vereinigung spricht allerdings die Tatsache, dass Tibet seine Unabhängigkeit bereits vor der Gründung der Ming-Dynastie (1368-1644) zurückerlangte. 1350 setzte sich der weltliche tibetische Fürst Changchub Gyaltsen als Herrscher über ein erneut vereintes und zentralisiertes Tibet ein [3], woraus Richardson den Schluss zog, dass der Anspruch "gewisser chinesischer Autoren" nach einer ununterbrochenen Unterwerfung Tibets unter die chinesische Herrschaft seit der Yuan-Dynastie nicht gerechtfertigt sei [4]. Der effektive Status Tibets zur Zeit der Ming-Dynastie ist allerdings unklar [5]. Einerseits lässt es sich nicht nachweisen, dass die Laien-Herrscher Tibets eine formelle Unterwerfung unter die Ming-Kaiser vollzogen hätten [6]. Andererseits wird aber die in den Annalen dieser Zeit, den Ming Shi, festgehalten, dass der Gründer der Ming-Dynastie, Kaiser Taizu, die Tibeter aus Angst vor neuen tibetischen Einfällen in China zur Unterwerfung aufgefordert habe [7], und dass um die Mitte des 15. Jh. jährlich 300 bis 400 Tibeter in Beijing dem chinesischen Kaiser Tribut dargeboten und ihm gehuldigt hätten [8]. Van Walt Van Praag ist allerdings der Auffassung, dass diese Aufzeichnungen weder den politischen noch den historischen Tatsachen dieser Zeit entsprochen hätten:

"True to Confucian interpretation of relations with foreigners, Sino-Tibetan contacts were (...) rendered later in terms of tributary relations by Chinese court historians. Thus, the numerous economically motivated Tibetan missions to the Ming Court are referred to as "tributary missions" in the "Ming Shih". In fact, most missions were prompted by China's continuous, at times urgent, need for horses. As Chinese armies were still fighting the Mongols in the north, the Mongol horse markets were closed to them; as a result, it was the Tibetans who supplied them with horses" [9].

---

1 Wang (II), S. 65

2 Bai, S.301 f.; mit dieser Argumentation wird der heutige Status der Mongolen als Nationalität der VR China historisch belegt.

3 Van Walt Van Praag, S. 6

4 Richardson, S. 36

5 vgl. Anhang Nr.9

6 Balk, a.a.O.; Richardson S. 36

7 Die Monographien über Tibet in den Aufzeichnungen der Ming-Dynastie (Ming Shi) befinden sich in den Kapiteln über die 'westlichen Regionen' (Ming Shi, Kap. 331); vgl. J. Kolmas: *Ch'ing Shih Kao on Modern History of Tibet (1903-1912).* Archiv Orientalni 32 (1964), S. 27 f.; in: Van Walt Van Praag, S.7.

8 Wang (II), S.69; Weggel (I), S. 752

9 Van Walt Van Praag, S. 8; vgl. Uebersetzung, S.6

Mit dem Einfall der Mongolen in Tibet unter Gushi Khan im Jahre 1642 endete die Machtperiode der weltlichen Herrscher Tibets. Gushi Khan, dessen Vorfahre Altan Khan dem Lama Sonam Gyatso den mongolischen Titel eines "Dalai" verliehen hatte [1], setzte den als bedeutendster Dalai geltende 5. Dalai Lama (1617-1682), auch "Der Grosse Fünfte" genannt, als geistliches Oberhaupt von Tibet ein, während er selbst den Titel eines Königs von Tibet annahm. Somit wurde auch das zur Yuan-Zeit bestehende "Schutzherr und Priester - Verhältnis" zwischen mongolischen weltlichen Königen und tibetischen religiösen Herrschern wieder aufgenommen.

3.3. Sino-tibetische Beziehungen unter den Qing: Direkte Herrschaft der Mandschu in Tibet ab 1728

Nach dem Tod des Gushi Khan im Jahre 1655 blieben seine Nachfolger, die wenig Interesse an Tibet zeigten [2], formell Titularkönige von Tibet [3]. Effektiv wurden die Regierungsangelegenheiten vom 5. Dalai Lama geführt, an dessen Seite ein von den Mongolen zur Wahrnehmung ihrer Interessen in Tibet eingesetzter Regent stand, der jedoch nach dem Tod des Gushi Khan vom 5. Dalai Lama selbst bestimmt wurde [4]. Ueber den eigentlichen Status des Dalai Lama zu dieser Zeit herrscht Uneinigkeit: moderne chinesische Historiker vertreten die Ansicht, dass die Mandschu ihrem Vassallen Gushi Khan die weltliche Herrschaft über Tibet zugeteilt hätten, womit sich die Macht des Dalai Lama ausschliesslich auf den religiösen Bereich beschränkt habe [5]. Von verschiedenen westlichen Historikern wird die Darstellung der Mongolen und Tibeter als Vassallen Chinas als tendenziöse Verdrehung der Tatsachen verurteilt [6]. Shakabpa beschreibt die Machtaufteilung zwischen Mandschu-Kaisern, Mongolen und Tibetern im Jahre 1642 wie folgt:

---

[1] Laut Shakabpa bedeutet "Dalai" auf Mongolisch Ozean und weist auf das unermessliche Wissen des Lamas hin (Shakabpa, S. 95). Sonam Gyatso gehörte der Anfang des 15. Jh. von Tsongkhapa (1357-1419) gegründeten Gelugpa-Sekte (der sogenannten Gelbmützen-Sekte) an, zu der auch der heute lebende 14. Dalai Lama, Tenzin Gyatso, zählt. Da man ihn als die Reinkarnation zweier Lamas (Gedün Drubpa und Gedün Gyatso) erkannte, die man posthum als I. und II. Dalai kanonisierte, erhielt er den Titel des 3. Dalai Lama; vgl. Anhang Nr.12.

[2] Balk a.a.O.; Richardson S. 42

[3] vgl. Anhang Nr.10

[4] Van Walt Van Praag ist sogar der Ansicht, dass dieses Amt vom Dalai Lama selbst geschaffen worden sei, um sich nicht selbst mit administrativen Bereichen auseinandersetzen zu müssen (Van Walt Van Praag (I), S.10).

[5] vgl. Uebersetzung, S.6; Wang (II), S.94; Li Tieh-tseng, S.35. Richardson führt diese These auf ein offizielles Edikt des Kaisers Kang Xi aus dem Jahre 1720 zurück, in dem die Sondermachtstellung der Mandschu-Kaiser in Tibet seit 1640 dargelegt wird (Richardson, S. 44, 50).

[6] Petech, S. 236 f.; Richardson S. 44; Dreyer, S. 10

"The Mongol Khan then declared that he conferred on the Dalai Lama supreme authority over all Tibet (...) The responsibility for the political administration of Tibet would remain in the hands of Sonam Chospel (the Dalai Lama's chief attendant), who was given the title of Desi [1]*. This title, equivalent to that of a prime minister, became the designation of the chief administrators, who served under the fifth and sixth Dalai Lamas. For the first time, the Dalai Lama had become the temporal and spiritual leader of Tibet. All political affairs were handled by the Desi, who referred such matters to the Dalai Lama only when they were of special importance"* [2].

Nicht minder heftig ist die Kontroverse um die Gewichtung des Besuchs des 5. Dalai Lamas beim Qing-Hof in Beijing im Jahre 1652, welcher auf Einladung des Kaisers Shunzhi (1644-1661) hin erfolgte. Während westliche Historiker und Beobachter diesen Besuch im allgemeinen als den eines unabhängigen religiösen und weltlichen Herrschers schildern [3], sprechen ihm chinesische Kommentare weltliche Macht, wenn überhaupt, nur beschränkt zu [4].

Mit dem Tod des 5. Dalai Lama im Jahre 1682 brach eine Zeit der inneren Unruhen aus, die schliesslich zur Uebernahme der direkten Herrschaft der Mandschu über Tibet führte. Der Versuch des damaligen mongolischen Titularkönigs von Tibet, Lhabzang Khan, seinen Einfluss auf das tibetische Reich wieder herzustellen, scheiterte indirekt an seiner verfehlten Strategie, den als Lebenskünstler und Poet von der Reihe der Dalai Lamas abfallenden, aber von den Tibetern hochgeachteten 6. Dalai Lama abzusetzen und einen Mönch seiner Wahl (vermutlich Lhabzangs eigener Sohn) als Dalai einzusetzen. Dem chinesischen Kaiser Kangxi gelang es, den daraus entstehenden Wirren durch eine militärische Intervention im Jahre 1720 ein Ende zu setzen und den wirklichen Nachfolger des 6. Dalai Lamas nach Lhasa zu bringen, womit er das Wohlwollen der tibetischen Bevölkung gewann [5].

---

[1] Chinesisch: Dishi (kaiserlicher Mentor), CH, S.353

[2] Shakabpa, S. 111

[3] Bell (I), S. 36; Bell (II), S.191 f.; Shakabpa S.113 ff.; W.W. Rockhill, *The Dalai Lamas of Lhasa and Their Relations With the Manchu Emperors of China, 1644-1908*, T'oung Pao XI (1910), p.18, in: Aziz, S. 185 f.; Weggel (I), S.752

[4] Xizang Difang Shi Zhongguo Bu Ke Fengge De Yi Bu Fen, S.174 ff.; Wang Furen, *"Lüe Lun Qingchao Qianqi Dui Xizang De Shizheng"* (Kurze Analyse der Tibetpolitik der frühen Qing-Dynastie); in: Xizang Shi Yanjiu Lunwen Xuan, S.228 ff.; vgl. Li Tieh-tseng, S. 36; Wang (II), S.93

[5] Eine ausserordentlich spannende Beschreibung dieser Ereignisse findet sich bei Richardson, S.46 ff.; cf. Bai, S.389; Wang (I), S.94 ff.; Balk a.a.O.

Von nun an traten die Mandschu-Kaiser an die Stelle der mongolischen Titularkönige: bis zum Ende der Qing-Dynastie war Tibet ein Protektorat [1] Chinas unter tibetischer Verwaltung. Im Jahre 1728 wurden zum erstenmal zwei mandschurische Beamte, sogenannte Ambane, als Vertreter des Qing-Hofes in Lhasa eingesetzt [2]. Als neutrale Beobachter waren sie zunächst nur in Beraterfunktion befugt, an den Regierungsangelegenheiten Tibets mitzuwirken; hinter ihnen stand allerdings als konkreter Machtfaktor die in Tibet stationierte mandschurische Garnison [3]. Allerdings scheint sich ihre Stellung mit der Zeit gestärkt zu haben, denn als im Jahre 1751 die Institution einer Lokalregierung, der bis 1959 bestehenden Gasha, eingeführt wurde, unterstand diese dem Dalai Lama und den Ambanen [4]. Eine weitere Stärkung der chinesischen Position in Tibet erfolgte nach zwei Einfällen der nepalesischen Gurkhas in Tibet, in den Jahren 1788 und1792, die erst durch kaiserliche chinesische Truppen besiegt und vertrieben werden konnten. Als Folge der chinesischen Hilfe kam im Jahre 1793 ein sogenanntes 29-Punkte-Abkommen über die Verwaltung Tibets zustande, deren wichtigster Inhalt die Gleichstellung der Ambane mit dem Dalai Lama innerhalb der Gasha, die chinesische Kontrolle über die Aussenpolitik Tibets [5] sowie das Bestimmen der Reinkarnationen hoher Lamas durch das Los waren [6]. Durch diese Massnahmen wurde Tibet zumindest auf dem Papier zum Vassallen der Qing-Kaiser. Diese konnten ihrer Patronatspflicht in der zweiten Hälfte des 19. Jh. jedoch angesichts ihrer eigenen zunehmend schwächeren Position als Halbkolonie nach dem ersten Opiumkrieg (1840/1842) kaum mehr nachkommen. Ein weiterer Einfall der Gurkhas im Jahre 1855 musste ohne Hilfe der chinesischen Armee ausgefochten werden und endete mit einem Vertrag, in dem Tibet zu diplomatischen und wirtschaftlichen Zugeständnissen gezwungen wurde [7], die den Widerwillen der Mandschu hervorriefen und gleichzeitig deren eigenen Machtverlust dokumentiert[8]. Van Walt Van Praag sieht darin den Beweis für einen lediglich nominellen Machtanspruch der Qing in Tibet ab Mitte des 19. Jh. [9]. Der Umstand, dass die reelle Macht in Tibet ab Mitte 19. Jh. bis Ende 19. Jh. dem Dalai

1 Luciano Petech, dessen Werk "China and Tibet in the Early XVIII Century" von Richardson als "locus classicus" für diese Periode bezeichnet wird, soll der erste gewesen sein, der diesen Begriff für den damaligen Status Tibets verwendete (Richardson, S.50).

2 vgl. Uebersetzung, S.6

3 Li Tieh-tseng, S. 50; Van Walt Van Praag, S.16

4 Weggel (I), S.753

5 Dieser Schritt wird z.T. als das Schliessen der tibetischen Grenzen interpretiert; Richardson, S.70.

6 ebenda; Shakabpa, S.173; Grunfeld, S.44 f.; Balk, a.a.O.; Weggel (I), S.753; vgl. Uebersetzung, S.6

7 Die Uebersetzung des Dokumentes, *Treaty between Tibet and Nepal, 1856* " findet sich bei Tu, S. 25 ff. und Sen, S. 37 f.

8 Sen, S. 6

9 Van Walt van Praag, S. 129

Lama zukam, dürfte unbestritten sein [1]. Vom heutigen chinesischen Standpunkt betrachtet ist die gestärkte Position Tibets zu jener Zeit jedoch keinesfalls als Vorstufe einer späteren (von China nie anerkannten) Unabhängigkeit zu werten, sondern sie wird lediglich als das Ergebnis äusserer politischer Faktoren betrachtet, die in der zweiten Hälfte des 19. Jh. das Schicksal des ganzen Landes prägten und die Funktionsfähigkeit der chinesische Regierung in bezug auf die Wahrnehmung ihrer Interessen nicht nur in Tibet beträchtlich einschränkten. Das daraus resultierende Verhältnis zwischen Tibet und China wird heute wie alle Fragen, die Tibet betreffen, als innenpolitisches Problem Chinas gewertet [2].

Die politische Lage in Tibet änderte sich nach der Jahrhundertwende grundlegend. Die britische Regierung in Indien, die nach der Kontrollergreifung in Nepal, Sikkim, Bhutan und Kashmir um 1850 ein wachsendes Interesse für Tibet gezeigt und den schwindenden Einfluss der Mandschu-Regierung in diesem Gebiet erkannt hatte [3], beschloss im Jahre 1904 unter Lord Curzon, eine Expedition unter Sir Francis Younghusband nach Lhasa zu schicken, um dort einen Vertreter der britischen Regierung zu stationieren [4]. Da der Dalai Lama kurz vor der Ankunft der Expedition in Lhasa geflüchtet war, traf diese lediglich auf einen Regenten, der vom Dalai selbst eingesetzt worden war [5]. Mit ihm unterzeichnete sie die sogenannte "Lhasa-Konvention von 1904", in der sich Tibet unter anderem verpflichtete, ohne vorherige Zustimmung der britischen Regierung keine Zugeständnisse territorialer oder politischer Art an ausländische Mächte einzugehen [6]. Diese Konvention, deren Zustandekommen ohne chinesische Beteiligung aus völkerrechtlichen Gesichtspunkten die Anerkennung der Souveränität des tibetischen Staates durch die chinesische Regierung bedeutete [7], wurde jedoch durch zwei weitere Verträge in den Jahren 1906 und 1907, an denen die Tibeter nicht beteiligt waren, zugunsten einer Anerkennung der chinesischen Souveränität über Tibet durch

---

[1] Joseph Fletcher geht in seinem Aufsatz *"The heyday of the Ch'ing order in Mongolia, Sinkiang and Tibet"* sogar so weit, China bei der Stärkung der theokratischen Regierung des Dalai Lama eine unterstützende Funktion zuzusprechen; in: Fairbank (Hrsg.), S.408.

[2] Gespräch der Verf. mit Hrn. Pan Haifeng, 1. Sekretär und Pressesprecher der chinesischen Botschaft in Bern.

[3] Lord Curzon soll die chinesische Souveränität über Tibet als "political affectation" und "constitutional fiction" bezeichnet haben; Sen, S.6 f.

[4] Younghusband, S. 421 f.; Hopkirk, S. 159 ff.; das Einschreiten Grossbritanniens in Tibet ging auch auf das um 1902 zirkulierende Gerücht über einen von der chinesischen Regierung geduldeten Geheimvertrag zwischen dem zaristischen Russland und Tibet zurück; vgl. Balk, a.a.O.

[5] vgl. Richardson, S.87

[6] Die Uebersetzung und Kommentierung der Konvention von 1904 findet sich bei Tu, S. 36 ff., Sen, S.45 f., und in QTRL, S.110 ff. Ein weiterer wichtiger Punkt dieser Konvention war die Festlegung der Grenze zwischen Sikkim und Tibet, der sogenannten McMahon-Linie, die von chinesischer Seite bis heute nicht anerkannt wird und die indisch-chinesischen Beziehungen beträchtlich belastet (vgl. Wang (II), S.153 f.).

[7] QTRL, S.78 f.

Grossbritannien revidiert [1]. An dieser Stelle ist Balks Theorie von Interesse, dass zwischen den Souveränitätsansprüchen Chinas und dem ihnen zugrunde liegenden historischen tibetisch-chinesischen Verhältnis eine offenkundige Diskrepanz besteht. So würden die von der chinesischen Seite

"...modern formulierten und in modernen Kategorien gemeinten Ansprüche auf und in Tibet mit Verhältnissen und Zuständen begründet, die vor jener Zeitenwende (...) bestanden (hätten). Es (werde) dabei aber bewusst oder nachlässig übergangen, dass jene Verhältnisse, auf die man dabei verwies, von einer ganz anderen Art und von einem anderen Zuschnitt waren als die Ansprüche, die sie begründen sollten" [2].

China versuchte seinen Souveränitätsanspruch nach dem Vertrag von 1904 nicht nur auf dem Verhandlungsweg, sondern auch mit militärischen Mitteln durchzusetzen. Dies führte 1910 zur Einnahme Lhasas durch chinesische Truppen und zu einer erneuten Flucht des Dalai Lama nach Indien (1910-1913), nachdem dessen Appelle an die britische Regierung ein Jahr zuvor nicht die erhoffte Hilfe gegen den chinesischen Vorstoss gebracht hatten.

Die Situation in Tibet änderte sich allerdings mit dem Sturz der Qing-Dynastie und der Errichtung der chinesischen Republik am 1. Januar 1912 radikal.

3.4. Sino-tibetische Beziehungen seit der Gründung der Chinesischen Republik bis zur Gründung der Volksrepublik China

Mit dem Sturz der Mandschu-Herrschaft und der Vertreibung der chinesischen Truppen aus Tibet durch Vermittlung der nepalesischen Regierung im Jahre 1912 fiel für Tibet auch die Substanz der alten Bindung dahin. Kurz nach seiner Rückkehr aus dem indischen Exil nach Lhasa [3] verkündete der 13. Dalai Lama im Jahre 1913 die Unabhängigkeit des tibetischen Staates [4]. Für die chinesische Regierung hingegen bestand die tibetisch-chinesische Bindung ungeachtet des Regierungswechsels weiter. So stellte der Präsident

---

1 Während der englisch-chinesische Vertrag von 1906 festhielt, dass China nicht als "ausländische Macht" gelten sollte, verpflichteten sich die Briten im englisch-russischen Vertrag von 1907 ausserdem, nur via chinesische Regierung mit Tibet zu verhandeln. Uebersetzung der Konventionen in : Tu, S. 44 ff.; Sen, S. 46 ff.; QTRL S. 113 f. u. S.116 f.

2 Balk, a.a.O.

3 Ein ausführlicher Bericht der Rückkehr des 13. Dalai Lama findet sich bei Bell (III), S. 131 ff..Da dies in ihrem eigenen Interesse steht, stellt ihn die chinesische Regierung heute als Patrioten und Antiimperialisten dar, der die Erklärung lediglich auf Druck der "Separatisten und imperialistischen Anhänger in der Gasha" verfasst habe; vgl. BR, Nr.6, 9.2.1988, S.41; Ya (II), S.91 ff.

4 Uebersetzung des Dokumentes in : Shakabpa, S.246 ff.

der Republik, Yuan Shikai, am 12. April 1912 fest, dass Tibet als chinesische Provinz nach wie vor ein integrierender Bestandteil Chinas sei [1]. Die Dreier-Konferenz von Simla (Oktober 1913- Juli 1914) war der erste ernsthafte Versuch zur Lösung der sino-tibetischen Differenzen und zur Festlegung der tibetischen Grenzen, der jedoch keine konkrete Lösung in dieser Frage brachte [2]. Die Konvention, gemäss der sich die chinesische Regierung zu verpflichten hatte, Tibet nicht als chinesische Provinz zu annektieren, in welcher ihr aber die Oberhoheit (Suzeränität) über ganz Tibet zugesprochen wurde, wurde von China wegen der erstgenannten Klausel nicht ratifiziert. Dies führte zur Unterzeichnung eines neuen Abkommens zwischen Grossbritannien und Tibet, in welchem festgehalten wurde, dass die chinesischen Rechte über Tibet erst bei einer Ratifizierung der Simla-Konvention durch die chinesische Regierung in Kraft treten würden. Heute wie damals betrachtet China das britisch-tibetische Abkommen als ungültig und illegal [3]. Eine Stellungnahme der indischen Regierung aus dem Jahre 1960 zuhanden der Beijinger Regierung zeugt davon, dass die Differenzen in dieser Frage auch nach Jahrzehnten ungelöst geblieben war:

"At the Simla Conference, the Tibetan and Chinese plenipotentiaries met on an equal footing. This position was explicitly and unequivocally accepted by the Chinese Government. (...) All the three representatives were of equal status, and (...) the Conference was meeting 'to regulate the relations between the several Governments" [4].

Der chinesische Standpunkt drückte sich bereits in der ersten Verfassung der Republik Chinas von 1912 aus, in der Tibet zwar ausserhalb der Provinzorganisation, aber zur chinesischen Republik gezählt wurde: Artikel 3 dieser Verfassung hält fest, dass das Gebiet der Republik aus 22 Provinzen und der Inneren und Aeusseren Mongolei, Tibet und Qinghai besteht [5]. Im Juli 1922 forderte die KP Chinas in ihrem "Manifest zum 2. Nationalkongress" die Errichtung einer "Chinese Federated Republic" durch die Vereinigung von China mit der Mongolei, Tibet und Sinjiang zu einem freien Staatenbund (free federation) [6].

---

[1] Tu, S. 59; Wang (II), S.150

[2] Da auf die Simla-Konferenz in diesem Rahmen nicht eingegangen werden kann, sei auf die ausführlichen Darstellungen bei Van Walt Van Praag, S.137 ff., Richardson, S.107 ff. und Tu, S.58 ff., verwiesen.

[3] vgl. Wang (II), S.152

[4] *"Note to the Government of the People's Republic of China"*, February 12, 1960. *White Paper*, No. 3 (1960), pp. 94-95; in: Van Walt Van Praag, S.139. In seinem Appell an die Vereinten Nationen vom 29.9.1960 verweist der 14. Dalai Lama auf diesen Schriftenverkehr; vgl. Dalai Lama, S. 358 f.

[5] Tibet unterstand mit der Mongolei einer Behörde für mongolisch-tibetische Angelegenheiten (Mengzang Waiyuanhui); vgl. Tomson (I), S. 42.

[6] Brandt, Schwartz & Fairbank, S. 64

Zu keinem Zeitpunkt der Geschichte bestand somit für China der geringste Zweifel an der Zugehörigkeit Tibets zur chinesischen Nationalitätengemeinschaft; sogar Zeiten der de facto-Unabhängigkeit Tibets, wie sie zwischen 1912 und 1951 bestanden, wurden nie als solche anerkannt, sondern lediglich als durch äussere Faktoren herbeigeführte Uneinigkeit zwischen den Nationalitäten beschrieben. Diese Ueberzeugung drückte Mao in einer Ansprache im Jahre 1951 wie folgt aus:

"Seit einigen Jahrhunderten herrschte zwischen den Nationalitäten Chinas Uneinigkeit. Insbesondere herrschte Uneinigkeit zwischen der Han-Nationalität und der tibetischen Nationalität, und auch in sich war die tibetische Nationalität uneins. Dies war die Folge der reaktionären Herrschaft der Regierung der Qing-Dynastie und der Regierung von Chiang Kai-shek; es war ebenfalls die Folge der Zwietracht, die der Imperialismus gesät hatte" [1].

Aus dieser Optik war die sogenannte friedvolle Befreiung Tibets (heping jiefang) durch chinesische kommunistische Truppen im Jahre 1950 der Ausdruck einer revolutionären Pflicht, welcher die chinesische Regierung infolge der von Mao beschriebenen Umstände über ein Jahrhundert nicht hatte nachkommen können:

"In not abandoning Tibet, China's Communists considered that they were performing not only their patriotic duty but also their class duty. Over more than a century, past Chinese governments had failed to defend Tibet and other minority regions from imperialist incursions. Internally, they had subjected them to national oppression and feudal exploitation. How could anyone expect the Chinese people, accomplishing at last their revolution against imperialism and feudalism to desert any nationality in the country by leaving it a prey to these forces?" [2].

Allerdings fand diese Befreiung zu einem Zeitpunkt statt, da sich die tibetische Regierung seit über dreissig Jahren als unabhängig betrachtete. Der 14. Dalai Lama beschreibt seinen Vorgänger Thubten Gyatso als geistlichen und weltlichen Herrscher, der "*während seiner Regierungszeit (...) den Status Tibets als den einer unabhängigen Nation geklärt und gefestigt* " hatte [3]. De facto regierte der 13. Dalai Lama bis zu seinem Tod im Jahre

[1] Mao Zedong, *"Zai Qingzhu Heping Jiefang Xizang Banfa Qianding Xieyi De Yanhuishang De Zhici"* (Ansprache auf einem Bankett zur Feier der Unterzeichnung des Abkommens über die Massnahmen zur friedlichen Befreiung Tibets); Uebersetzung und chinesischer Text in: Uebersetzung, S.16.

[2] Epstein, S.477 (Epstein ist chinesischer Staatsbürger, Mitglied des chinesischen Volkskongresses und Redaktor der Zeitschrift "China im Aufbau"); vgl. Xizang Difang Shi Zhongguo Bu Ke Fengge De Yi Bu Fen, S.543 ff.

[3] Dalai Lama, S.27. Denselben Standpunkt vertritt auch eine überwiegende Mehrheit westlicher Historiker und Beobachter. Diese stützen sich hauptsächlich auf den Bericht der Internationalen

1933 weitgehend eigenständig. Er schloss eine Anzahl internationaler Verträge ab und führte eine Reihe von Veränderungen in der Verwaltung ein (wie die Reorganisation der tibetischen Armee und die Errichtung einer eigenen Polizei, das Einführen von Papiergeld und von Briefmarken sowie die Entsendung tibetischer Studenten nach Grossbritannien), die stark nach britischem Vorbild orientiert waren [1]. Als Zeichen der tibetischen Unabhängigkeit zu dieser Zeit wird u.a. die Tatsache gewertet, dass die tibetische Regierung zwei Jahre nach der Inthronisierung des 14. Dalai Lama (im Februar 1940) ein Amt für Auswärtige Angelegenheiten einrichtete, das "*sichtbarer Ausdruck des tibetischen Anspruchs auf völkerrechtliche Souveränität*" [2] war. In seiner Autobiographie beschreibt der 14. Dalai Lama den tibetischen Status wie folgt [3]:

"...Tibet (ist) von alters her eine eigene Nation (...), die mit China auf der Basis der gegenseitigen Achtung Jahrhunderte hindurch Beziehungen unterhalten hat. Es stimmt, dass es Zeiten gab, da China stark und Tibet schwach war und die Chinesen Tibet besetzten. Aber wenn wir die Geschichte noch weiter zurückverfolgen, stossen wir auch auf Epochen, in denen die Tibeter in chinesisches Gebiet eindrangen. Die historische Vergangenheit bietet also keine Handhabe für die Behauptung, Tibet sei ein Teil Chinas. Von 1912 bis zu dem schicksalhaften Jahr 1950 besass Tibet de facto die vollständige Unabhängigkeit von jeder anderen Nation. Noch heute ist unser rechtmässiger Status mit dem des Jahres 1912 vollkommen identisch" [4].

Unter dem Vorzeichen dieser sich diametral gegenüberstehenden Bewertungen der politischen Ausgangslage fand ein Jahr nach der Gründung der VR China (am 1. Oktober 1949) die friedliche Befreiung oder Invasion Tibets statt.

Juristenkommission aus dem Jahre 1959, die zum Schluss kommt, dass der Status von Tibet nach 1912 als eine de facto-Unabhängigkeit und Tibet als ein "voll souveräner Staat" bezeichnet werden könne (QTRL, S.85; vgl. Dalai Lama, S.109).

[1] cf. Dalai Lama, S. 79 und 99

[2] Balk, a.a.O.

[3] vgl. Kap. 5.3.7. d.A.

[4] Dalai Lama, S.108 f. Dem Status von Tibet vor 1950 kommt für die Beurteilung seines derzeitigen völkerrechtlichen Status eine zentrale Rolle zu. Obwohl die gesamte Staatengemeinschaft Tibet heute als völkerrechtlichen Teil des chinesischen Staatenverbandes betrachtet, wurde die Statusfrage Tibets laut einem Bericht des Deutschen Bundestages vom 12.8.1987 nie geklärt (Deutscher Bundestag, S. 3).

4. DIE TIBETPOLITIK DER VOLKSREPUBLIK CHINA ZWISCHEN 1949 und 1976

4.1. Von der friedlichen Befreiung oder Invasion Tibets bis zum Aufstand von 1959

Die Ueberzeugung eines historisch legitimierten Anspruchs auf Tibet, die von den chinesischen Medien ab Dezember 1949 wiederholt betont wurde [1], leitete mit der Besetzung von Chamdo im Westen Tibets am 7. Oktober 1950 die Invasion oder friedliche Befreiung Tibets ein. Die Direktiven des Zentralkomitee (ZK) der Partei zum Einmarsch in Tibet lauteten diesbezüglich wie folgt:

"...the task of marching into Tibet to liberate the Tibetan people, to complete the important mission of unifying the motherland, to prevent imperialism from encroaching on even one inch of our sovereign territory, and to protect and build the frontiers of the motherland is an extremely glourious one. (...) The mobilization directive calls upon every officer and man to (...) develop economic and cultural construction in Tibet; and, together with the Tibetan people, build a democratic, prosperous, new Tibet..." [2].

Im gleichen Zuge wurde die Volksbefreiungsarmee jedoch von Mao in der Durchführung dieser Richtlinien zur Vorsicht aufgerufen, da die KP Chinas in Tibet praktisch keine Anhänger besitze [3]. Bereits im Juli 1949 waren in Lhasa aus Angst vor einem chinesischen Einmarsch Massnahmen ergriffen worden, die von chinesischer Seite als imperialistische Inszenierung bezeichnet wurden: Am 8. Juli liessen die tibetischen Behörden die telegraphischen Linien zwischen Lhasa und der Aussenwelt abbrechen, die chinesische Schule in Lhasa schliessen und alle Han-Chinesen (inklusive den Vertretern der Guomindang-Regierung in Lhasa) des Landes verweisen [4]. Die chinesische Regierung betonte daraufhin ihren Willen, die Befreiung Tibets und seine Wiedereingliederung in den chinesischen Staat auch ohne tibetische Unterstützung durchzuführen [5]. Der Einmarsch der chinesischen Truppen veranlasste die tibetische Regierung, bei den Vereinten Nationen gegen die Invasion Protest einzureichen und wegen offenen Angriffs zu klagen; die Vollversammlung der Vereinten Nationen schob die Frage im November

---

1 Radio Beijing verkündete um die Jahreswende 1949/1950, dass die Aufgabe der Volksbefreiungsarmee für das kommende Jahr die Befreiung Taiwans, Hainans und Tibets sein werde; Avedon (I), S. 42.

2 Xinhua Yuebao, Vol.3, No.1, Nov. 1950; in: URI, S. 6 f.

3 Mao Tse-tung, S.73 f.

4 Xizang Da Shi Ji (Aufzeichnungen wichtiger Ereignisse in Tibet), Mai 1959, S.1; in: URI, S.730

5 s. u.a. Rede Zhou Enlais vom 30.9.1950 (in: Keesing's Contemporary Archives, 1950, S. 11024); in: Ginsburgs, S.7

1951 jedoch "sine die" auf [1]. Unter dem Druck der Ereignisse wurde am 17. November 1950 der 14. Dalai Lama im Alter von 15 Jahren (statt der erforderlichen 18 Jahre) als oberster geistlicher und weltlicher Herrscher Tibets eingesetzt. Er floh am 21. Dezember desselben Jahres nach Yadong an der indischen Grenze und richtete dort sein vorläufiges Regierungsquartier ein.

Im April 1951 erreichte eine tibetische Delegation unter Ngabo Ngawang Jigme (chinesischer Name: Apei Awang Jinmei) [2] die chinesische Hauptstadt, wo Verhandlungen schliesslich zur Unterzeichnung des sogenannten "17-Punkte-Abkommens zur friedlichen Befreiung Tibets" am 23. Mai 1951 führten [3], welches das Ende der de facto-Selbständigkeit Tibets darstellte: Artikel 1 des Abkommens hält fest, dass Tibet "in die grosse Völkerfamilie seines Mutterlandes, der Chinesischen Volksrepublik, zurückkehrt" [4]. Demgegenüber standen Zugeständnisse an die religiöse Freiheit und politische Autonomie Tibets, die unter anderem das unveränderte Fortbestehen des Status, der Funktionen und der Befugnisse des Dalai Lama und des Panchen Lama (Chinesisch: Banshane Erdeni) [5] garantierten und den Tibetern das Recht auf regionale Autonomie im Sinne der chinesischen Nationalitätenpolitik zusprach.

Dieses Abkommen, dessen Unterzeichnung nach Ansicht des 14. Dalai Lama unter Druck und durch Fälschung tibetischer Siegel zustandegekommen war [6], wurde von ihm am 20. Juni 1959 an einer Pressekonferenz in Mussoorie (Indien) mündlich aufgelöst:

---

[1] Dalai Lama, S. 120; Sen, S. 89 ff.; Tomson, S. 44; Mullin, S. 16. Richardson gibt an, dass zunächst 3'000 chinesische Soldaten in Lhasa und weitere 20'000 in ganz Tibet stationiert wurden; Richardson, S. 190 f.

[2] 1951 war Ngapo Ngawang Jigme als Mitglied der tibetischen Lokalregierung nach einer kurzen Zeit der Inhaftierung durch die Chinesen zum Vize-Vorsitzenden des sogenannten "Befreiungskomitee für Chamdo" ernannt worden. Während der Dalai Lama schreibt, Ngapo Ngawang Jigme sei in Beijing als Gefangener behandelt worden (Dalai Lama, S.125), ist Van Walt Van Praag der Ansicht, dass er damals schon pro-chinesischer Gesinnung war (Van Walt Van Praag, S. 147); laut Domes trat er jedoch erst nach März 1978 der KP Chinas bei (Domes (I), S.119,260); heute ist er Vorsitzender des Ständigen Ausschusses des Volkskongresses der ART und Stellvertretender Vorsitzender des Nationalen Volkskongresses der VR China (CA, März 1988, S.24); vgl. auch Peissel, S.61f.,70 ff., 77.

[3] vgl. Uebersetzung, S.8,15; eine vollständige Uebersetzung des Abkommens findet sich bei Tomson (I), S.168 f.

[4] *"...eine Phrase"*, schreibt der 14. Dalai Lama, *"die in mir bereits Abscheu erregte"* (Dalai Lama, S. 128).

[5] Die Panchen Lamas sind wie die Dalai Lamas hohe Inkarnationen, deren erste Verkörperung im 14. Jh. stattfand. Im Gegensatz zum Dalai Lama besassen die Panchen Lama keine weltliche Macht und standen auch als geistliche Autorität erst an zweiter Stelle nach dem Dalai Lama. Seit dem 17. Jh. diente in der Regel der ältere dem jüngeren als Lehrer. Im Jahre 1923 floh der Panchen Lama aus Angst, vom 13. Dalai Lama der Kollaboration mit den Chinesen während der chinesischen Invasion im Jahre 1910 verdächtigt zu werden, nach Beijing, ohne je nach Xigaze, dem Sitz der Panchen Lamas, zurückzukehren. Sein Nachfolger, der heute in Beijing lebende Panchen Erdeni, wurde unter chinesischem Einfluss erzogen und ausgebildet; während er von der chinesischen Seite als neunter in der Reihenfolge der Panchen Lamas bezeichnet wird (vgl. Anhang Nr.13), gilt er für die Tibeter als VI. Panchen Lama (Hintergründe in: Richardson, S.55); vgl. Dalai Lama, S.145 ff.; Avedon (I), S.62 f.; CA Nr.1, Januar 1988, S.10.

[6] Dalai Lama, S. 120

"Jetzt, da ich den Vertrag aufgekündigt hatte, waren wir durch ihn nicht mehr gebunden, und unser Anspruch auf Souveränität war der gleiche wie vor der Unterzeichnung des Abkommens" [1].

Die chinesische Seite unterstreicht nach wie vor die Tatsache, dass nicht nur die tibetische Delegation, sondern auch der Dalai Lama dem Vertrag nach dessen Abschluss zugestimmt hätten. So veröffentlichte die Parteizeitung "Renmin Ribao" am 29. Mai 1951 ein Telegramm des Dalai Lama und des Panchen Lama an die chinesische Zentralregierung, in dem es u.a. heisst:

"Das Abkommen der zentralen Volksregierung und der tibetischen Lokalregierung über Massnahmen zur friedlichen Befreiung Tibets entspricht voll und ganz den Anforderungen der verschiedenen Minderheiten Chinas und steht insbesondere im Interesse des tibetischen Volkes. Bezüglich des Beschlusses dieses Abkommens sind wir der weisen Führung unseres grossen Volksführers, dem Vorsitzenden Mao, als erste zu tiefstem Dank verpflichtet, und (ebenso) danken wir dem Vorsitzenden Mao für die väterliche Anteilnahme, die er uns, dem tibetischen Volk, entgegenbringt." [2]

Sowohl die Zustimmung der tibetischen Regierung, die sich vor ein "fait accompli" gestellt sah, als auch die Unterzeichnung des Abkommens selbst erfolgten nach tibetischen Angaben nicht auf freiwilliger Basis [3]. Wangyal schreibt diesbezüglich lakonisch: *"The Tibetan delegates were given a blunt choice - to sign the document or face war"* [4]. Mao selbst bestätigte die Zurückhaltung der Tibeter, als er sagte, dass

"apparently not only the two Prime Ministers but also the Dalai and most of hist clique were reluctant to accept the agreement" [5].

Die politische Autorität der tibetischen Lokalregierung und die kulturelle, soziale und wirtschaftliche Autonomie Tibets wurden nach dem Einmarsch der chinesischen Truppen durch verschiedene Faktoren stark beeinflusst bzw. eingeschränkt. Einerseits kam die Aufteilung Tibets in drei unabhängige und politisch gleichgestellte territoriale Gebiete (Zentral-Tibet unter der Herrschaft des Dalai Lama, der Xigaze-Distrikt unter

---

[1] ebenda, S. 294. Die Internationale Juristenkommission spricht dieser Auflösung rechtliche Gültigkeit zu, da das Abkommen von der chinesischen Seite mehrfach verletzt worden sei (TRPC, S. 218 ff.).

[2] Uebersetzung der Verfasserin. Chinesischer Text in: Xizang Difang Shi Zhongguo Bu Ke Fenge De Yi Bufen, S. 579 (Anhang Nr.14); vgl. RMRB vom 31.5.1951 (ebenda, S. 580); RMRB vom 1.10.1951 (ebenda); RMRB vom 25.4.1956 (engl.Uebersetzung in: URI, S.144 ff.).

[3] vgl. Dalai Lama, S.125 und 127

[4] Mullin, S. 16

[5] Mao Tse-tung, S.75

derjenigen des Panchen Lama und Chamdo (heute: Changdu) als Sonderprovinz) [1] einer Schwächung der politischen Macht des Dalai Lama bzw. einer Stärkung der Position der Zentralregierung durch die Aufwertung des Status des Panchen Lama gleich. In der Folge bezog die Zentralregierung das 17-Punkte-Abkommen allerdings lediglich auf Zentral-Tibet und baute ihre Kontrolle in den anderen zwei Zonen aus [2]. Andererseits wurde der effektive Machtbereich der tibetischen Institutionen durch die Einführung verschiedener Organe und Einrichtungen unter der chinesischen Regierung stark reduziert. So bildete die Eröffnung verschiedener chinesischer Handelsgesellschaften und Filialen der "Chinesischen Volksbank" in Lhasa, Gyangze und Xigaze ab Februar 1952 den Anfang einer wachsenden wirtschaftlichen Abhängigkeit Tibets von Beijing [3]. Mit der Errichtung eines tibetischen Militärdistrikts im selben Jahr wurde ausserdem die Verteidigung Tibets direkt unter die Zentralautorität gestellt [4]. Ebenfalls im Jahre 1952 richtete Beijing ein Amt für Auswärtige Angelegenheiten in Lhasa ein [5]. Die Abhängigkeit Tibets von der Zentralregierung wurde mit dem Bau der Strassen Xikang (Kham)-Tibet und Qinghai-Tibet, mit der Errichtung von Spitälern und Schulen und mit der Entsendung von tibetischen Kadern zur Ausbildung ins Landesinnere zudem noch erhöht [6]. Trotz dieses Einsatzes stuft Zhang Jingwu, Vertreter der Zentralregierung in Tibet, in seinem "*Bericht über die Arbeit im Gebiet Tibet*" vom März 1955 die geleistete Arbeit in Tibet als ungenügend ein. Die darin an tibetischen und han-chinesischen Kadern geübte Kritik lässt auf Schwierigkeiten in der Durchführung der Richtlinien, auf tibetischen Widerstand und auf das Ueberschreiten ihrer Kompetenzen durch han-chinesische Kader schliessen:

"(...) owing to poor communication facilities and many other factors, our help to the people of Tibet was (...) small by comparison with the task of completing construction in Tibet and the task of strengthening the national defence of the motherland. (...)The officials of the Han nationality who entered Tibet...committed many mistakes in their work. (...)(They) must overcome the ideological style of big-nation chauvinism, respect the Dalai Lama and Panchen Erdeni, respect the religious beliefs, customs and habits of the Tibetan nationality, (...) learn the written and spoken Tibetan language, and serve the people of the Tibetan nationality whole-heartedly. As for the cadres of the Tibetan nationality they must study constantly and hard, heighten their patriotic consciousness and welcome help from cadres of the Han nationality" [7].

---

1 vgl. Anhang 11
2 Ginsburgs, S. 40 ff.
3 URI, S.99, sowie RMRB, 13.3.1955, in: URI, S.109,116
4 Van Walt Van Praag (I), S.160
5 RMRB, 13.3.1955, in: URI, S.108
6 RMRB, 13.3.1955; in: URI, S.110 f.
7 ebenda, S.111 ff.

Für die Schwierigkeiten bei der Sozialisierung Tibets war somit ohne Zweifel die beträchtliche Kluft mitverantwortlich, die zwischen den Direktiven der Partei und der Zentralregierung einerseits und ihrer mangelhaften Umsetzung durch kompetenzüberschreitende Kader andererseits bestand [1]; in der Tat stellt diese Divergenz heute noch eines der Hauptprobleme in der Tibetpolitik Beijings dar [2]. Die wirkliche Problematik scheint aber im Aufeinanderprallen und in der völligen Inkompatibilität sozialistischer Ideale mit der theokratischen Herrschaftsform Tibets, die sich nicht von einem Tag auf den andern reformieren liess, gelegen zu haben. So stellte z.B. das Weiterbestehen von Sklaverei und Leibeigenschaft nach 1950 eine grundlegende Verletzung der sozialistischen Ethik dar, was zur Ergreifung von entsprechenden Massnahmen führte, die den Direktiven der Regierung und der Partei bewusst entgegenliefen [3]. Gerade diese "Befreiung vom feudalistischen Joch" aber scheint die Angst der tibetischen Bevölkerung vor Unterdrückung und Assimilierung geschürt zu haben, zumal sich die Einführung von Reformen in jedem Sektor der tibetischen Gesellschaft unmittelbar auf das Funktionieren ihrer anderen Zweige auswirkte und somit tiefgreifende Aenderungen der gesellschaftlichen Strukturen zur Folge hatte. Das Entstehen einer tibetischen nationalistischen Untergrundorganisation unter dem Namen 'Mimang Tsongdu' (Volksbewegung) bereits im Jahre 1952 [4] sowie die Bildung verschiedener Guerillaorganisationen in Kham und Amdo zur selben Zeit verstärken diese Annahme.

Als weiterer Schritt in der Erweiterung der politischen Kontrolle Beijings in Tibet und als direkte Folge des ersten Nationalen Volkskongresses im Jahre 1954 wurde im März 1955 der Beschluss gefasst, ein "Vorbereitendes Komitee zur Errichtung der Autonomen Region Tibet" mit dem Charakter eines Regierungsorgans zu errichten [5]. An diesem Kongress, der die erste gültige Verfassung der VR China verabschiedete, hatten der Dalai Lama selbst, der Panchen Lama und Ngapo Ngawang Jigme teilgenommen [6]; diese wurden

[1] So waren repressive Akte gegen Mönche und Lamas entgegen den entsprechenden Direktiven von1955 auch weiterhin zu verzeichnen (Richardson, S.201).

[2] vgl. Kap. 5.3.4.3. d.A.

[3] So wurden z.B. tibetische Sklaven, die der Partei beitraten, von Zwangsarbeit befreit; dies allerdings zu einer Zeit, da die Einführung von Reformen in Tibet ausdrücklich herausgeschoben worden waren (vgl. S.38 d.A.).

[4] Mullin, S.16

[5] Uebersetzung des Beschlusses in: Tomson (I), S. 172 f.

[6] Einer Beschreibung dieses Aufenthaltes in Beijing durch den Dalai Lama entnimmt man seine Bewunderung für Mao ("Ein bemerkenswerter Mann"; Dalai Lama, S.153), die ihn zum Verfassen eines Lobgedichtes auf die chinesischen Kommunisten und auf Mao veranlasste; das Gedicht ist bei Gelder, S.204 f., wiedergegeben. Bezüglich seiner Einstellung zum Marxismus hielt der Dalai Lama im Jahre 1982 in der Zeitschrift Tibet Forum fest, dass die marxistische Ideologie zwar keine vollständige Antwort für die menschliche Gesellschaft sei, eine Partnerschaft zwischen dem Buddhismus und den marxistischen, sozialistischen und demokratischen Systemen aber "Millionen von Menschen helfen" würde (Dalai Lama: *"Geistiger Beitrag zur gesellschaftlichen Weiterentwicklung"*, in: TF Nr. 1/1982, S.3).

nun als Vorsitzender, Vizevorsitzender und Generalsekretär des neuen Komitees ernannt [1]. Gemäss diesem Beschluss war das Komitee für die Aufstellung von Unterausschüssen für wirtschaftliche, religiöse und kulturelle Angelegenheiten im Hinblick auf die Schaffung der Autonomen Region Tibet verantwortlich [2]. Allerdings wurde es bald offensichtlich, dass der Zeitpunkt für das Erteilen der Autonomie in eine unbekannte Zukunft verlegt werden müsste. Bereits im Jahre 1956 gab der chinesische Ministerpräsident Zhou Enlai in einem Gespräch mit dem indischen Premierminister Jawaharlal Nehru bekannt, dass mit dem Einführen von Reformen, deren erfolgreiche Durchführung Voraussetzung für die Gebietsautonomie war, in Anbetracht der rückständigen wirtschaftlichen Lage Tibets und angesichts eines wachsenden Widerstands von seiten der Bevölkerung [3], noch zugewartet werden müsse [4]. In einem Bericht vom April 1959 hielt Nehru seine Besprechung mit Zhou Enlai fest:

"Er sagte mir, dass Tibet zwar schon lange ein Teil des chinesischen Staates gewesen sei, sie aber Tibet dennoch nicht als chinesische Provinz betrachteten. Die Menschen seien verschieden von denen des eigentlichen China (...). Deshalb betrachteten sie Tibet als ein autonomes Gebiet, das sich auch der Autonomie erfreuen werde. Er sagte ferner zu mir, es sei absurd, zu glauben, China werde Tibet den Kommunismus aufzwingen. Der Kommunismus könne nicht auf diese Weise einem sehr rückständigen Land aufgezwungen werden, und sie hätten auch nicht den Wunsch, dies zu tun, selbst wenn sie es gern sähen, dass fortschreitende Reformen durchgeführt würden. Selbst diese Reformen beabsichtigten sie für eine beträchtliche Zeit hinauszuschieben" [5].

Zhou Enlais Aussage wurde ein Jahr später durch Maos Beschluss bestätigt, für die Zeit des 2. Fünfjahresplanes keine Reformen in Zentral-Tibet durchzuführen [6]. Ausserhalb

---

[1] Van Walt Van Praag, S.161. Nach der Flucht des Dalai Lama nach Indien im Jahre 1959 wurde der Vorsitz bis zur Rückkehr des Dalai Lama dem Panchen Lama übertragen. Ngabo Ngawang Jigme blieb Generalsekretär und wurde gleichzeitig Vizevorsitzender.

[2] Tomson (I), S. 173, Art. 3. Der Dalai Lama gibt jedoch an, trotz seiner Position in dieser Kommission keine effektive Macht innegehabt zu haben, da die politischen Richtlinien vom Ausschuss der chinesischen KP in Tibet festgelegt worden seien, die keine tibetischen Mitglieder gehabt habe (Dalai Lama, S.177).

[3] Die tibetische Parteizeitung "Xizang Ribao" schrieb am 2.8.1957 über den Widerstand in der Bevölkerung bezüglich der Einführung von Reformen: "*(...) facts have proved that only a few of the upper-strata personages support it* (the reforms), *while the majority still harbour varying degrees of doubt and are actually against it ; and that although a small portion of the masses enthusiastically demand reform, the large portion of the masses still lack such enthusiasm* " (in: URI, S.207).

[4] Auf Einladung der indischen Regierung hin und mit Bewilligung der chinesischen Regierung reisten im November 1956 der Dalai Lama und der Panchen Lama anlässlich des 2500. Geburtstages Buddhas ebenfalls nach Indien, wo sie mit Nehru und Zhou Enlai zusammentrafen (Dalai Lama, S. 187, 191).

[5] Dalai Lama, S.206; vollständiger Text in: QTRL, S. 171 ff.

[6] Mao Zedong, *"Guanyu Zhengque Chuli Renmin Neibu Maodun De Wenti"* (Ueber die richtige Behandlung von Widersprüchen im Volk), in: Mao Zedong Xuanji (5.Bd.), S.386 f.

Zentral-Tibets waren jedoch bereits seit 1952 soziale, politische und agrarische Reformen im Gang [1], die verschiedene Revolten in verschiedenen Gebieten Ost- und Nordosttibets bewirkten und einen starken Zustrom von Flüchtlingen nach Lhasa zur Folge hatten [2] - Umstände, für die einmal mehr die Kader zur Rechenschaft gezogen wurden:

"Last year in the Tibetan area of Sichuan province and at Teko and other places on the eastern side of Chingsha River, during the introduction of Reforms - although the policy of the Central Government cannot be erroneous - the cadres carrying out the policy erred, and since the reform was badly done, it caused consternation in the whole area, and rich and poor fled to the Western side of the River and many fled to Lhasa" [3].

Obwohl Zentral-Tibet von den Reformen somit - als einzige Nationalität Chinas - nicht betroffen war, entwickelte sich bis 1959 gerade in Lhasa der heftigste Widerstand gegen die Minderheitenpolitik Beijings. Die oben aufgeführten Faktoren (Aufeinanderprallen zweier diametral entgegengesetzter Kulturen und politischer Systeme; Modifizierung der sozialen Struktur Tibets durch die Anwesenheit der chinesichen KP und durch das eigenmächtige Vorgehen der Kader; die daraus resultierende Angst der Tibeter vor Reformen bzw. vor einer Assimilierung durch die chinesische Besatzungsmacht [4]; verschiedene Revolten der tibetischen Bevölkerung ausserhalb Zentral-Tibets sowie die Zuspitzung der zunehmend gespannten Lage in Lhasa durch den Flüchtlingsstrom aus dem Osten und Nord-Osten Tibets) führten schliesslich zur sogenannten Lhasa-Revolte von 1959, dem bisher wohl heftigsten Beispiel nationaler Auflehnung gegen die chinesische Minderheitenpolitik. Für Beijing scheint dieser Aufstand nicht überraschend gekommen zu sein, denn schon zwei Jahre zuvor hatte Mao auf eine mögliche Eskalation der Unruhen in Tibet hingedeutet:

"Die Gründe für die Unruhen: Wir haben auf wirtschaftlichem und politischem Gebiet Fehler begangen, unsere Arbeitsmethoden waren mechanisch, und es gibt noch konterrevolutionäre Elemente. Unruhen also vollständig zu vermeiden ist unmöglich;

---

[1] Dagong Bao, 24.7.1955, in: URI, S.41

[2] So die Khamba-Rebellion, die 1955/56 in Kham begann und 1958 auf Amdo übergriff; vgl.. Trungpa, S.113 ff.; Lowell, S.181 ff.; Strong, S.88 f.; NCNA, 26.4.1959: "*Facts on the Khamba Rebellion* ", in: URI, S.359 ff. Wangyal nennt diese Rebellion einen "full-scale war", der bis 1958 die Ankunft von ca. 15'000 Khamba-Familien in Lhasa zur Folge hatte (Mullin, S.17). Für Gesamtdarstellungen s. Norbu, Patterson, Peissel und die Autobiographie des Anführers des tibetischen Widerstands, Gompo Tashi Andrugtsang (Titel vgl. Bibliographie).

[3] RMRB, 23.3.1957; Uebersetzung aus: CNA No. 270, 3.4.1959, p.4; in: Van Walt Van Praag (I), S.266, Anm. 34.

[4] Zur These, dass vor allem Angst vor Reformen den Widerstand der tibetischen Bevölkerung hervorgerufen habe, vgl. Dreyer, S.165 ff.

Hauptsache, man begeht keine Linienfehler und es entsteht kein Chaos auf nationaler Ebene. Doch selbst wenn man einen Linienfehler beginge und ein Riesenchaos im ganzen Land entstände, (...)solange die Armee gefestigt ist, wird unser Land auch nicht untergehen, sondern unser Staat wird nur noch gefestigter werden" [1].

4.2. Von der Revolte bis zur Gründung der Autonomen Region Tibet

Verlauf und Umstände der Revolte sollen hier nur kurz geschildert werden, da zu diesem Thema ebenso zahlreiche wie ausführliche Berichte vorhanden sind [2]. Konkreter Auslöser der Revolte war die Einladung des Dalai Lamas durch die Volksbefreiungsarmee, einer han-chinesischen Theateraufführung in Lhasa beizuwohnen. Die dadurch in der tibetischen Bevölkerung entstandene Angst vor einer Entführung fand ihren Ausdruck im Volksaufstand vom 10. März 1959 , der zur Festnahme und Ermordung Zehntausender von Tibetern führte [3]. Ob die Revolte geplant war oder spontan ausbrach, ist unklar: Die Anzahl der Waffen in tibetischem Besitz lässt darauf schliessen, dass sie zumindest von einem kleinen Teil der Bevölkerung aktiv vorbereitet worden war [4]. Aus chinesischer Sicht wird der volksmässige Charakter des Aufstandes mit Argumenten bestritten, die stark an diejenigen erinnern, die im Zusammenhang mit den Lhasa-Unruhen vom Herbst 1987 und Frühjahr 1988 verwendet wurden [5]:

"Violating the will of the Tibetan people and betraying the motherland, the Tibetan Local Government and the upper-strata reactionary clique colluded with imperialism, assembled rebellious bandits and launched armed attacks agains the PLA Garrison in Lhasa" [6].

---

[1] Mao Zedong, *"Zai Sheng Shi Zizhiqu Dangwei Shuji Huiyi Shang De Chahua He Zongjie"*, 27.1.1957 (Zwischenbemerkungen und Zusammenfassung auf einer Konferenz von Sekretären der Parteikomitees der Provinzen, Städte und Autonomen Gebiete); Uebersetzung in: Martin (Helmut), S.123.

[2] vgl. u.a. Ngapo Ngawang Jigme: *"Die geschichtliche Wahrheit über die bewaffnete Rebellion von 1959 in Tibet"*, in: CA, März 1988, S.24 ff.; NCNA, 28.3.1959: "*Communiqué on the Revolt*", in: URI, S.348 ff.; Dalai Lama, S.227 ff.; Ginsburgs, S.117 ff.

[3] Chinesischen Angaben zufolge wurden 87'000 Tibeter getötet; s. "Chinese People's Liberation Army (PLA), Xizang Junqu Zhengzhibu (Tibetan Military District Political Department), *Xizang Xingshi he Renwu Jiaoyu de Jiben Jiaocai* (Fundamental Teaching Materials and Task Education on the Tibetan Situation), 1960"; in: Van Walt Van Praag, S.163, Anm. 47.

[4] Dreyer, S.167 f.; Ginsburgs, S.118. Tomson ist der Ansicht, dass der Aufstand die Summe mehrer voneinander unabhängiger Zufälle war (Tomson (II), S.226).

[5] vgl. BR, Nr.42, 20.10.1987, S.6 f. (*"Panchen Lama verurteilt Unruhen in Lhasa"*); BR, Nr.12, 22.3.1988, S.7 f. (*"Tibetische Persönlichkeiten verurteilen Unruhestifter"*)

[6] NCNA, 28.3.1959, in: URI, S.348

Als der Dalai Lama am 17. März mit seinen Ministern und Familienangehörigen nach Indien floh, folgten ihm über 60'000 Tibeter ins Exil [1]. Chinesischen Darstellungen aus dem Jahre 1959 zufolge wurde der Dalai Lama gegen seinen Willen entführt [2], eine These, die auch zu Beginn der GPKR vertreten wurde [3]. Demgegenüber schreibt der Dalai Lama in seiner Autobiographie, dass er ein für allemal erkläre, Lhasa aus freien Stücken verlassen zu haben [4]. Innerhalb von zwei Wochen wurde der Aufstand von der chinesischen Armee praktisch vollständig niedergeschlagen. Noch im selben Monat wurde die Kampagne der "Drei Reinheiten" mit dem Ziel lanciert, das Volk "vor Reaktionären und versteckten Volksfeinden zu säubern" und die Ablieferung aller Waffen zu erzielen, anlässlich der zahlreiche Tibeter verhaftet wurden [5].

Am 28. März erklärte die chinesische Regierung sowohl das 17-Punkte-Abkommen als auch Maos Zusicherungen in bezug auf den Aufschub der Reformen in Tibet für ungültig und löste die Lokalregierung Tibets auf, deren Funktionen durch das "Vorbereitende Komitee für die Errichtung der Autonomen Region Tibet" übernommen wurden [6]. Vorsitzender dieses Komitees wurde ad interim, das heisst bis zur erhofften Rückkehr des Dalai Lama, der Panchen Lama, welcher nach Angaben Avedons in einem Telegramm an Mao die Auflösung der Lokalregierung unterstützt hatte [7]. Die Auflösung der Lokalregierung brachte eine weitere, eingreifende Massnahme mit sich: die Neueinteilung Tibets in sieben Militärzonen und einer Stadtzone [8], die unter dem Machtbereich der drei chinesischen Generäle Zhang Jingwu, Zhang Guohua und Tan Guansan [9] ihrerseits in 73 Bezirke aufgeteilt wurden [10]. Einschneidend war die Tatsache, dass weder Amdo noch der Hauptteil Khams in diese Aufteilung miteinbezogen wurden: Aus Amdo entstand die heutige Provinz Qinghai, während Kham zum grossen Teil den Provinzen Yunnan, Sichuan, Gansu und Qinghai einverleibt wurde [11]. Die Fläche Tibets wurde mit dieser Massnahme um rund zwei Drittel reduziert; seine Bevölkerung belief sich laut chinesischen Angaben im Jahre 1960 auf 1,2 Mio. Einwohner, eine Zahl, die den Eindruck erwecken konnte, auch

---

[1] Van Walt Van Praag schätzt die Zahl der heute im Exil lebenden Tibeter auf ca.115'000 (Van Walt Van Praag (II), S.2).

[2] NCNA, 28.3.1959, *"Communiqué on the Revolt"*, in: URI, S.351

[3] SOCMP, No.4086, 27.10.1967, *"How the Revolt in Tibet broke out"*; in: URI, S.689 ff.

[4] Dalai Lama, S.244

[5] vgl. Gyaltag, S.30

[6] NCNA, 28.3.1959: *"Order of the State Council of the Chinese People's Republic "*, in: URI, S.357 f.

[7] Avedon, S.274 (ohne Quellenangabe)

[8] Ngari, Xigaze und Gyangze in Westtibet, Loka in Südtibet, Nagchuka (Nagqu) in Nordtibet, Dharkon und Chamdo (Qamdo) in Osttibet sowie Lhasa als Stadtzone in Zentraltibet.

[9] vgl. Uebersetzung, S.17

[10] Tomson (II), S.226

[11] Avedon (I), S.275; Kelsang Gyaltsen, *"Sinisierungspolitik in Tibet"*, in: NZZ, Nr.244, 21.10.1986 (SA); vgl. Anhang Nr. 5

in statistischer Hinsicht handle es sich bei der tibetischen Nationalität um eine kaum ins Gewicht fallende Minderheit [1].

Der Beschluss, wirtschaftliche Reformen nun auch in Tibet einzuführen, markierte den Beginn einer neuen Phase in der Tibet-Politik Beijings, die bis zur Errichtung der Autonomen Region Tibet im September 1965 dauerte und von Van Walt Van Praag wie folgt beschrieben wird:

"Tibet was to come under the undisputed and effective control of the Central Government in Beijing and was to be fully integrated with China. The elimination of the distinct Tibetan national identity, a principal obstacle to "unity with the Motherland", was essential for the achievement of these objectives" [2]

Die wirtschaftliche Reform wurde in zwei Schritten durchgeführt: Der demokratischen Reform, die in anderen Gebieten der VR China bereits ab 1949 eingeführt worden war [3], folgte in einer zweiten Etappe die sozialistische Umgestaltung, die hauptsächlich in der Einrichtung landwirtschaftlicher Kooperativen zum Ausdruck kam [4]. Die demokratische Reform bestand einerseits in der Durchführung der sogenannten "Drei Anti" [5] und der "Zwei Reduktionen" [6], andererseits in der Bodenreform und dem Erstellen von Gruppen zur gegenseitigen Unterstützung, was einen ersten Schritt in Richtung Kollektivierung der Landwirtschaft darstellte [7]. Laut Ngapo Ngawang Jigme war die Zielsetzung der demokratischen Reform in erster Linie die Entwicklung der Politik, der Kultur, der Wirtschaft und des Bevölkerungswachstums des tibetischen Volkes sowie die aufrichtige Verwirklichung der Glaubensfreiheit[8]. Gerade dieser letzte Punkt aber liess sich wegen seiner unterschiedlichen Interpretation durch die tibetische und chinesische Seite nicht realisieren [9]. Dies zeigt sich in der Tatsache, dass sowohl vor als auch nach 1959 Hunderte von Klöstern zerstört und Repressionsmassnahmen gegen Mönche und Lamas ergriffen wurden, was die Internationale Juristenkommission im Jahre 1960 zur Anklage veranlasste, es sei "das Verbrechen des Völkermordes gegenüber den Tibetern als

---

[1] NCNA, 20.8.1965, "*Tibet's Population Increases* ", in: URI, S.459 ff.; vgl. Kap. 5.3.4.1. d. A.

[2] Van Walt Van Praag (I), S.170; vgl. Ginsburgs, S.130 ff.

[3] vgl. Heberer (I), S.14 ff.

[4] Zhou Enlai, *"Guanyu Wo Guo Minzu Zhengci De Jige Wenti"* (Zu einigen Fragen der Nationalitätenpolitik), in: RMRB, 31.12.1979 u. BR, 11.3.1980, S.20; sowie: Resolution über einige Fragen zur Geschichte der KP Chinas seit 1949, S.19 ff.

[5] Gegen die Revolte, gegen unbezahlte und unfreiwillige Arbeit für einen Feudalherrn und gegen die Sklaverei (renshen yifu).

[6] Reduktion der Zinsen, der Pacht und der Miete sowie Reduktion der Interessen.

[7] Ngapo Ngawang Jigme, "*Great Victory of the Democratic Reform in Tibet*", in: RMRB, 10.10.1960, in: URI, S.394 ff

[8] ebenda, S.402

[9] vgl. Kap.5.3.6. d.A.

religiöse Gruppe" begangen worden [1]. Die chinesische Regierung hingegen rechtfertigte diese Aktionen indirekt, indem sie die Verhafteten als Konterrevolutionäre und Klassenfeinde, sich selbst hingegen als wahre Beschützerin der Religionsfreiheit darstellte:

"(...) the Chinese communist party is the real protector of the religious freedom. The (deputies) have the deep understanding that those, who, under the guise of religion, resist the reform, are the ones who undermine the religion and are the enemy of the people" [2].

Solche Massnahmen steigerten den Widerwillen der tibetischen Bevölkerung gegen die Reformen zusätzlich. In der Tat folgte ersten Meldungen im April 1960 über die erfolgreiche Durchführung der demokratischen Reform [3] schon im Frühjahr 1961 die Bekanntgabe, dass die sozialistische Reform als zweite und letzte Etappe vor der Gewährung der Autonomie für die kommenden fünf Jahre nicht ins Auge gefasst werden könne [4]; ein Aufschub, den Dreyer auf mangelnde Parteikontrolle in den meisten Gebieten Tibets und auf den anhaltenden Widerstand der tibetischen Bevölkerung gegen die Reformen zurückführt [5].
Dem leichten Anstieg der wirtschaftlichen Produktion kurz nach der Einführung der Reformen [6] folgte ab 1961 eine gesamtchinesische drastische Verschlechterung der wirtschaftlichen Lage, die in Tibet eine dreijährige Hungersnot auslöste [7]. Die katastrophale Lage veranlasste den Panchen Lama anlässlich eines Besuchs in Beijing zum 12. Nationalfeiertag der VR China, bei Mao für eine Verbesserung der wirtschaftlichen Umstände in Tibet sowie für einen Einhalt der Massenverhaftungen und für die Gewährung echter religiöser Freiheit einzutreten [8].
Diese Forderungen, die von Mao zwar wohlwollend aufgenommen wurden, aber ohne konkrete Auswirkungen auf Tibet blieben, vermittelten ein neues Bild des Panchen Lama, der noch 1959 als Sprachrohr der chinesischen Seite erklärt hatte, die Revolte in Tibet

---

[1] TRPC, S.4
[2] aus: Karzey Nyinrey Sargyur, 16.11.1958, (Zeitschrift in tibetischer Sprache, herausgegeben von den chinesischen Behörden des Distrikts Karzey in Ost-Tibet), in: QTRL, S.40.
[3] In seinem Bericht anlässlich des 2. Nationalen Volkskongresses im April 1960 schrieb Ngapo Ngawang Jigme: *"The victory of democratic reform and the thorough destruction of serfdom have greatly boosted the productivity onf the countryside"*; in: RMRB, 10.4.1960: *"Great Victory of the Democratic Reform in Tibet"*, in: URI, S.400.
[4] Dreyer, S.185
[5] ebenda
[6] vgl. PR, 17.5.1963: "*Tibet's Rich Harvests 1959-62*", in: URI, S.567 ff.
[7] Sunday Standard, 10.12.1960; The Statesman, 14.4.1961, 15.5.1961, 25,3,1962; Times of India, 18.11.1961; Hindustan Times, 15.3.1961, 6.9.1962, 5.2.1964; N.Y.Times, 19.7.1964; in: Dreyer, S.171.
[8] Avedon, S.336; Jan Andersson: *"Ein wahrer Held, ein grosser Mann"*, in: TF 1/1983, S.2

sei "niedergeschlagen, Ordnung wiederhergestellt und demokratische Reformen eingeführt worden" [1]. Als er sich 1962 weigerte, den Dalai Lama öffentlich zu verurteilen, wurde ihm die Redefreiheit entzogen; eine weitere Aufforderung im Jahre 1964, die er in Lhasa vor versammelter Menge mit den Worten *"Heute, auf dieser Versammlung, möchte ich meinen festen Glauben daran erklären, dass Tibet einmal seine Freiheit wiederbekommen wird, und dass der Dalai Lama zu seinem Goldenen Thron zurückkehren wird. Dem Dalai Lama ein langes Leben!"* [2] boykottierte, führte zu seiner Verurteilung als Konterrevolutionär und Verräter [3]. Gleichzeitig wurde er seines Postens als Stellvertretender Vorsitzender des Vorbereitungskomitees für die Errichtung der ART enthoben, während der Dalai Lama, gegen den der Vorwurf erhoben wurde, "Indien im Kampf gegen China unterstützt [4], eine Exilregierung gebildet und eine Verfassung Tibets [5] veröffentlicht zu haben" , von seinem Amt als Vorsitzender dieses Komitees suspendiert wurde [6].

Nach der Beseitigung des "grossen Steines auf dem Weg des Sozialismus", wie der Panchen Lama von Zhang Jingwu bezeichnet wurde [7], erfolgte am 9. September 1965, ein Jahrzehnt nach der Gründung der (somit vorletzten) Autonomen Region Xinjiang, die Errichtung der Autonomen Region Tibet [8]. Als Vorsteher der Autonomen Region wurde Ngapo Ngawang Jigme eingesetzt (laut Dreyer ein lebendes Beispiel dafür, dass bekehrte Mitglieder der oberen Schichten einflussreich bleiben konnten [9]), während Zhang Guohua 1. Parteisekretär wurde [10]. Ueber die Bedeutung und Hintergründe der Gründung der ART sagte dieser am 2. September 1965:

"The most outstanding characteristic in Tibet's historical development in the past 15 years is the fact that from the most reactionary and barbarous feudal serfdom, which combined the state and religious power and represented a dictatorship of the ecclesiastics and the nobility, Tibet is leaping into socialism through democratic revolution, thus

---

[1] Jan Andersson, ebenda

[2] ebenda; Avedon, S.338

[3] Der Panchen Lama wurde erst im Jahre 1978 aus seiner Gefängnishaft entlassen (vgl. S.51 d.A.)

[4] Gemeint ist der indisch-chinesische Grenzkrieg von 1962, der die Beziehungen zwischen der VR China und Indien bis heute nachhaltend prägt (vgl. S.50 FN 6 d.A.).

[5] Diese Verfassung wurde am 10. Oktober 1961 vom Dalai Lama als Entwurf ausgearbeitet, im Glauben daran, dass das Exil der Tibeter "nicht ewig dauern" könne (aus dem Vorwort des Verfassungsentwurfes, Tomson (I), S.181); Verfassungstext ebenda, S.181 ff. (vgl. S.93 FN 3 d.A.).

[6] Tomson (II), S.226

[7] Avedon, S.338 (ohne Quellenangabe)

[8] MZTJ 8/1965, S.2 ff.; PR, 17.9.1965, in: URI, S.514 f.; vgl. Anhang Nr.3 u.4

[9] Dreyer, S.201

[10] Ueber das Wahlprozedere vgl. Avedon, S.341 f., sowie NCNA Lhasa, 18.1.1963, in: URI, S.499 ff.

avoiding the capitalist road. (...) Concerning the question of political power, Tibet has gone through complicated and sharp class struggle. (...) The Tibet Autonomous Region ist going to be formally set up. This represents another great victory of the Party's policy of national regional autonomy. (...) The national regional autonomy is part of the people's dictatorship. (...) The formal establishment of the Tibet Autonomous Region signifies the further consolidation of the people's power" [1].

Die Errichtung der ART wurde somit nicht nur als bedeutender Schritt in der Integrierung Tibets gewertet, sondern sie diente ausserdem der vollumfänglichen Rechtfertigung der bisherigen Minderheitenpolitik der VR China. Wie Xie Fuzhi, Delegierter des Zentralkomitees der KP Chinas am 1. Volkskongress der ART im September 1965 in seiner Ansprache festhielt, war die Erteilung der Autonomie ein Beweis für die gleiche Behandlung aller Nationalitäten und für die Korrektheit der Parteipolitik bezüglich ihrer Politik der nationalen Einheit und der regionalen Autonomie [2]. Die erneute Betonung des Klassenkampfes sowohl bei Zhang als auch bei Xie [3] fällt mit der Wiedereinführung von Maos früherer Aussage, dass das Nationalitätenproblem ein Klassenproblem sei, im Jahre 1964 zusammen [4]. Dieser Standpunkt, dem in den Jahren zuvor wegen parteiinternen Machtkämpfen [5] wenig Beachtung geschenkt worden war und der während der Kulturrevolution als Grundlage der Nationalitätenpolitik diente [6], führte auch in Tibet zum Versuch einer vollständigen Zerstörung der nationalen Identität des tibetischen Volkes.

4.3 Die Kulturrevolution und ihre Auswirkungen auf die Autonome Region Tibet

Die Grosse Proletarische Kulturrevolution (GPRK) brach in Tibet mit dem Einfall der Roten Garden in Lhasa im Sommer des Jahres 1966 aus [7] und unterbrach den ein Jahr zuvor eingeleiteten Uebergang Tibets zum Sozialismus. Franke stellt fest, dass die GPKR

[1] Zhang Guohua: *"Strive to Build a New Socialist Tibet"*, in: PR, 24.9.1965, in: URI, S.482 ff.

[2] Xie Fuzhi: *"Great Revolutionary Changes in Tibet"*, PR, 10.9.1965, in: URI, S.472

[3] ebenda, S.470

[4] MZTJ, 1/1964, S.24; MZTJ, 5/1964, S.2 ff.; vgl.: Dreyer S.197 (vgl. S.16 FN 4 d.A.)

[5] vgl. u.a. die Gesamtdarstellung bei Heinzig.

[6] vgl. Kap. 2.3.3. d.A.

[7] Nach offiziellen chinesischen Angaben wurde der Beginn der GPKR im Jahre 1966 mit dem sogenannten "Rundschreiben vom 16. Mai" und dem 11. Plenum des VIII. ZK im August angekündigt (s. Resolution über einige Fragen zur Geschichte der KP Chinas seit 1949, S. 37 u. 41). Wangyal und Paljor sind der Ansicht, dass bereits im Juli desselben Jahres ungefähr 8'000 Rote Garden in Tibet eingefallen seien (Mullin, S.17; Paljor, S.52); Avedon setzt den Beginn der GPKR in Tibet mit der Besetzung des wichtigsten Tempels in Lhasa, dem Jokhang, durch Rote Garden am 25.8.1966 an (Avedon (I), S.346; vgl. NYT, 9.10.1966, S.27) (vgl. S.88 FN 9 d.A.).

in Tibet *"nicht ein Aufstand der Tibeter, sondern der chinesischen Beherrscher"* war [1], die für die Bevölkerung eine traumatische Erfahrung darstellte und, so Mullin, *"auch diejenigen zu Gegnern der chinesischen Herrschaft machten, die sich bis anhin gefügt hatten"* [2]. In der VR China selbst fällt heute die Bewertung des Einflusses der Kulturrevolution in Tibet durchwegs negativ aus [3] - dies allerdings mit einer Offenheit, die darauf schliessen lässt, dass durch die Abschiebung allen Uebels auf die Viererbande zum Teil auch aktuelle politische Missstände gerechtfertigt werden sollen.

Wie aus einem rotgardistischen Manifest hervorgeht, wurden mit der erneuten Betonung des Klassenkampfes die kulturellen, religiösen und sozialen Eigenheiten der tibetischen Bevölkerung zugunsten einer einheitlichen Durchführung der Direktiven des radikalen Parteiflügels in den Hintergrund gedrängt:

"We are of the opinion that it is a fact that there are some special circumstances in Tibet; however, Mao Tse-tung's thought is our uniform thought, and for the Great Cultural Revolution there should be no distinction between the ordinary and the special" [4].

Konkret äusserte sich diese Haltung durch die Ignorierung und partielle Zerstörung der Merkmale tibetischer Eigenständigkeit durch die Roten Garden. So wurde mit der Durchführung der Kampagne zur Vernichtung der "Vier Alten" und zur Einführung der "Vier Neuen" [5], welcher unter anderem Tausende von Klöstern zum Opfer fielen [6], "das stärkste zusammenhaltende Element im tibetischen Sozialgefüge" zerstört, wie Kelsang Gyaltsen, Vertreter des Dalai Lama in der Schweiz, die buddhistische Religion mit ihren Institutionen in Tibet bezeichnet [7].

Ueber die Zusammensetzung der Roten Garden gehen die Meinungen auch unter westlichen und tibetischen Autoren auseinander. Die chinesische Seite sowie Mullin, der sich auf eine Beschreibung Choedons stützt [8], vertreten die Ansicht, dass sie hauptsächlich aus

---

[1] Franke, S.1409

[2] Mullin, S.9

[3] Uebersetzung, S.24 f.; vgl. Grunfeld, S.207, sowie S.16 f. d.A.

[4] Flugblatt der Roten Garden unter dem Titel: *"Comment on the Region Party Committee's Stand, Viewpoint and Attitude on the Struggle Between the Two Lines in the Great Proletarian Cultural Revolution Movement"*, in: URI, S.617.

[5] Die "Vier Alten" waren: alte Gedanken, alte Kultur, alte Gewohnheiten und alte Bräuche; die "Vier Neuen" bezeichneten Maos neue Ideologie, die proletarische Kultur, neue Gewohnheiten und neue Bräuche (NCNA, Lhasa, 28.8.1966: *"Revolutionary Masses of Various Nationalities in Lhasa Thoroughly Smash the "Four Olds"*, in: URI, S.604 f.; CNS, Kanton, Okt. 1966: *"The Sun-light of Mao Tse-tung's Thought Shines Over New Lhasa - Four Olds Are Also Swept Off in Homes"*, in: URI, S.611 f.; vgl. auch Avedon (I), S.345 f.

[6] vgl. Uebersetzung, S.25

[7] Kelsang Gyaltsen, *"China schätzt Tibets Tradition gering"*, in: TA, 26.3.1985 (SA)

[8] Dhondub Choedon, "Life in the Red Flag People's Commune"

jungen Tibetern bestanden hätten [1]. Dreyer relativiert diese Annahme, indem sie lediglich die ethnische und geographische Herkunft weniger Rotgardisten als tibetisch bezeichnet; sie verweist hierbei auf einen Bericht in der Zeitschrift "Far Eastern Economic Review" vom September 1968, der ihre Beteiligung mit lediglich einem Prozent der tibetischen Gesamtbevölkerung angegeben hatte [2]. Wangyal bestreitet die Existenz tibetischer Roter Garden ebenfalls nicht, weist aber auf ihre nationalistische Motivation hin: nach ihrer Aufsplitterung in zwei sich gegenseitig bekämpfende Fraktionen - den sogenannten "Revolutionären Rebellen" einerseits, die sich gegen Zhang Guohua sowie gegen die lokalen Behörden in Lhasa stellten [3], und der möglicherweise von Zhang Guohua selber aufgestellten "Grossen Allianz" andererseits [4] - hätten junge Tibeter in einer Teilnahme an den Kämpfen eine Chance erblickt, gegen die Han-Chinesen der anderen Gruppe vorzugehen; allerdings habe niemand den Unterschied zwischen den beiden Fraktionen gekannt [5].

In wirtschaftlicher Hinsicht wurde mit der Einführung von Volkskommunen die Kollektivierung der Landwirtschaft beschleunigt, ein Schritt, der katastrophale Auswirkungen auf die wirtschaftliche Situation Tibets hatte und der von Avedon als direkte Ursache für die erneute Hungersnot in Tibet zwischen 1968 und 1973 bezeichnet wird [6]. Die ausschliessliche Betonung der Getreideproduktion zulasten der traditionellen tibetischen Landwirtschaft, der Viehzucht und des häuslichen Nebengewerbes verschlechterte die Situation zusätzlich [7].

Auf politischer Ebene wurde Ende 1972 nach einer kurzen Liberalisierungsphase, die mit der Säuberungskampagne gegen Lin Biao und Mitgliedern der 4. Armee im Jahre 1971 stattgefunden hatte [8], eine breit angelegte Kampagne gegen Konterrevolutionäre lanciert, die zahlreiche Verhaftungen zur Folge hatte und die vorangehende Liberalisierung vollständig eindämmte [9]. Parallel dazu nahmen die öffentlichen Angriffe gegen den Dalai Lama und den Panchen Lama zu und erreichten im Sommer 1974 ihren

---

[1] BR, Nr.51, 21.12.1982, S.44; Mullin, S.10

[2] Dreyer, S.217 f.

[3] vgl. Red News no. 3, 22.1.1967, *"Behold, how Chang Kuo-hua and others fanned up evil winds and set vicious fire!"*, in: URI, S.643 ff.

[4] vgl. Van Walt Van Praag (I), S.173

[5] Wangyal verweist hier auf Lhundup, S.161; in: Mullin, S.17

[6] Avedon (I), S.369; cf. Van Walt van Praag, S.174. Bereits im Jahre 1962 waren in der ART auf dem Land versuchsweise Volkskommunen eingeführt worden; bis Ende 1970 wurden laut chinesischen Berichten in Tibet über 1'000 Volkskommunen gegründet (PR, 29.11.77, S.19); bis 1974 wurden über 90% aller Stadtgemeinden der ART von der Errichtung von Kommunen erfasst (PR, 8.11.1974, S.5).

[7] RMRB, 31.5.80 und 18.6.80, sowie Uebersetzung, S.24

[8] ausführlich bei Dreyer, S.239 ff.

[9] Avedon (I), S.385

Höhepunkt [1]. In politischer Hinsicht zeigt sich die einschneidende Auswirkung der Kulturrevolution in Tibet auch in der Tatsache, dass bis zum Ende der Kulturrevolution sowohl die Partei als auch die Regierung in der ART von Han-Chinesen dominiert waren [2], von denen ausserdem die wenigsten der tibetischen Sprache mächtig waren [3].
Diese politischen, wirtschaftlichen und religiös-kulturellen Faktoren führten bis zum Ende der Kulturrevolution 1976 zur weitgehenden Zerstörung der traditionellen sozialen Struktur Tibets. Euphorische chinesische Berichte legen den Schluss nahe, dass die chinesische Seite darin einen erfolreichen Abschluss ihrer Sozialisierungspolitik Tibets sah. So sagte Ngapo Ngawang Jigme im Jahre 1976 in einem Interview mit der Zeitschrift "China Reconstructs", dass:

"It's a rare thing in the world for a people to move from an extremely backward feudal serf society to an advanced socialist one in only a quarter of a century, as it has in Tibet (...) I am over sixty now, and I have never seen the Tibetan people so happy, in such high spirits, so firm in their determination.(...)Even our enemies have to admit it" [4].

In Wirklichkeit scheint die tibetische Bevölkerung auf die versuchte Vernichtung ihrer kulturellen und religiösen Eigenständigkeit mit einem verstärkten Widerstand gegen die han-chinesische Herrschaft reagiert zu haben. Laut Angaben des Dalai Lama entwickelte sich auch unter jungen Tibetern ein ausgesprochenes Nationalgefühl, welches sich nach der Kulturrevolution unter anderem im weiteren Bestehen von Untergrundbewegungen ausdrückte [5]. Van Walt Van Praag, dessen Buch noch vor den Lhasa-Unruhen des letzten Herbstes erschien, spricht ausserdem von fünfzig grösseren Revolten gegen die han-chinesische Herrschaft seit dem Einmarsch der chinesischen Truppen in Tibet [6].

Die chinesische Regierung selbst scheint nach dem Tode Maos am 9. September 1976 festgestellt zu haben, dass das Ziel der Sozialisierung Tibets bis zum Ende der Kulturrevolution nicht erreicht worden war - eine Erkenntnis, die zweifellos dazu beitrug, den Weg zu einer entsprechenden, radikalen Modifizierung der chinesischen Tibetpolitik ab 1980 zu bahnen.

---

[1] PR, 7.7.1974, S.9 ff.
[2] FA Nr.35, 11.2.1976, S.10
[3] vgl.. Mullin, S.10
[4] in: Avedon, S.387
[5] vgl. S. 50 FN 4 u. S. 55 f. d.A.
[6] Van Walt Van Praag (I), S.157

5. DIE TIBETPOLITIK BEIJINGS SEIT DEM TODE MAOS

5.1. Kursänderung in der Minderheitenpolitik der VR China zwischen 1976 und 1978 unter besonderer Berücksichtigung der Autonomen Region Tibet

Nach dem Tode von Zhou Enlai, Zhu De und Mao im Jahre 1976 fand mit der Verhaftung der Viererbande am 6. Oktober desselben Jahres das sogenannte zehnjährige Chaos der Kulturrevolution sein Ende. Der Machtkampf, der dem Sturz der Viererbande vorausgegangen war, brachte die Rückkehr Deng Xiaopings auf die politische Bühne und mit ihm einen tiefgreifenden Kurswechsel in der Politik der VR China. In der Tat stieg Deng nach seiner Rehabilitierung im Juli 1977 zum mächtigsten Politiker Chinas auf und übte ab 1978 die effektive politische Kontrolle aus, indem er sich an die Spitze einer antimaoistischen Koalition setzte und zwischen 1978 und 1982 die Säuberung der gemässigten maoistischen Fraktion unter dem Nachfolger Maos, Hua Guofeng [1], durchsetzte. In diesem Kapitel soll nun der Frage nachgegangen werden, ob und in welchem Masse sich mit Hua Guofeng und später unter Hu Yaobang [2] und Zhao Ziyang [3] auch die Minderheitenpolitik der VR Chinas änderte und inwiefern sie für Tibet einen neuen Start darstellte.

Die Behandlung der Nationalitätenfrage blieb nach der Kulturrevolution zunächst marginal. So erschien z.B. die Rubrik "Nationale Minderheiten Chinas" (Zhongguo Shaoshu Minzu) im monatlichen Index der Parteizeitung "Renmin Ribao" zwischen Januar 1977 und Juli 1978 nur selten und unregelmässig, nämlich lediglich in den Monaten Februar und Juli 1977 und im Mai 1978; erst ab August 1978 erschien sie wieder monatlich. Dies deckt sich mit Angaben aus verschiedenen Indices, die auf einen rapiden Zuwachs der minderheitenspezifischen Literatur erst ab 1979 schliessen lassen. So entnimmt man einem Index der Abhandlungen über Nationalitätenforschung zwischen 1951 und 1982, dass in den Jahren 1977 und 1978 lediglich 15 bzw. 16, 1979 bereits 53 und 1980 88 Abhandlungen erschienen [4]. Ein ähnlicher Anstieg ist im Index der Chinesischen Akademie für Sozialwissenschaften verzeichnet: in den Jahren 1977 und

---

[1] Hua Guofeng wurde am 7. Oktober 1976 zum amtierenden Vorsitzenden des ZK, am 19. August 1977 zum Vorsitzenden des ZK und zum Vorsitzenden der Militärkommission gewählt (Cheng, S.56); Biographie Hua Guofengs in: Bartke, S.161.

[2] Das Amt des Parteivorsitzenden wurde Hu Yaobang auf dem 6.Pl. des XI. ZK Der KP Chinas (27.-29. Juni 1981) übertragen; Biographie Hu Yaobangs in: Bartke, S.159.

[3] Zhao Ziyang amtiert seit dem 13. Parteitag der KP Chinas im November 1987 als neuer Parteichef; Biographie Zhao Ziyangs in: Bartke, 681 f.

[4] Hua Zugen, *"Zhongguo Minzu Guanxi Shi Yanjiu Lunwen Mulu, 1951-1982"* (Index der Abhandlungen zur Forschung über die Geschichte der Beziehungen der Nationalitäten Chinas, 1951-1982), in: Weng, S.525 ff.

1978 wurden je drei Werke zur Thematik der chinesischen Minderheiten publiziert, während es 1979 sieben und 1980 bereits vierzehn waren [1].
Dass die nationalen Minderheiten sowohl in der Geleitschrift Hua Guofengs [2] zum V. Band der Ausgewählten Werke Maos, der am 15. April 1977 erschien, als auch in seinem Bericht vom 12. August 1977 zum XI. Parteitag der KP Chinas [3] nur am Rande erwähnt wurden, deutet ebenfalls darauf hin, dass die Nationalitätenfrage zu diesem Zeitpunkt durch die Diskussion um die Viererbande und um die Verarbeitung der Kulturrevolution stark in den Hintergrund gedrängt wurde.

Tibet scheint allerdings innerhalb der Minderheitendiskussion aus verschiedenen Gründen eine gesonderte Stellung eingenommen zu haben. Innenpolitisch zeugten einerseits wiederholte Sabotageakte und Unruhen in der Autonomen Region Tibet in den Jahren 1976 und 1977 davon, dass die Partei die Unterstützung der breiten Massen in diesem Gebiet nicht hatte gewinnen können [4]. Andererseits hatte die Besetzung bzw. Befreiung Tibets zwar in strategischer Hinsicht zum gewünschten Erfolg, nämlich zu einer zentralen Machtposition in Asien geführt, stellte aber in wirtschaftlicher Hinsicht für die chinesische Regierung eine zunehmende finanzielle Belastung dar [5]. Aussenpolitisch war die Lage ebenfalls angespannt: Im August 1977 fand ein Wiederaufleben des Streits um Tibet zwischen China und Indien statt, der die "Hoffnungen auf eine Wiederversöhnung der beiden bevölkerungsreichsten Länder (...) auf den Nullpunkt" sinken liess [6]. Und nicht zuletzt spielte Tibet eine zentrale Rolle in der Behandlung der - für die chinesische Regierung vordergründige - Taiwanfrage, da sich die richtige Behandlung der Tibetfrage schliesslich auch auf die Frage der Widervereinigung mit Taiwan auswirken würde [7].
Die Tibetfrage entwickelte sich somit nach der Kulturrevolution in zunehmendem Masse zu einer Bedrohung für die nationale Einheit Chinas und liess eine Aenderung des politischen Kurses in bezug auf Tibet notwendig erscheinen.

---

[1] in: 1900-1980: Bashi Nianlai Shixue Shumu, S.331 ff.
[2] Hua, S.43,45
[3] Der XI. Parteitag der Kommunistischen Partei Chinas. Dokumente, S.3 ff.
[4] Radio Lhasa soll in der Zeit zwischen Januar und August 1976 26 Mal über Untergrundaktivitäten berichtet haben (Avedon (I), S. 401). Am 14. Oktober 1977 rief es zur Bekämpfung der Elemente auf, die sich gegen Hua Guofeng gestellt hatten, was auf erneute Unruhen in Tibet schliessen lässt (LM, 21.10.1977).
[5] vgl. Kap. 5.3.3. d.A.
[6] NZZ, Nr.183, 8.8.1977 (SA). Die chinesische Regierung hatte den Vorwurf erhoben, die indische Regierung würde die "tibetischen Banditen" in ihrem Bemühen unterstützen, Tibet von China loszulösen. Bis heute ist die Streitfrage um die chinesisch-indische Grenze ungelöst geblieben (ausführlicher Bericht in: ChA, Juli 1987, S.533 f.); vgl. S.44 FN 4 d.A.
[7] Im Januar 1979 erklärte Parteimitglied Wang Bingnan öffentlich, dass für die Wiedervereinigung mit Taiwan eine Lösung nach dem Beispiel Tibets möglich wäre (Avedon (I), S.402; vgl. Chang, S. 10).

Bereits im Frühjahr 1977 fanden erste Schritte in Richtung einer neuen Auseinandersetzung mit der Tibetfrage statt, als Ngapo Ngawang Jigme [1] am 30. April mit einer kurz zuvor aus Tibet zurückgekehrten japanischen Delegation zusammentraf und seine Hoffnung auf eine baldige Rückkehr des Dalai Lama nach Beijing ausdrückte mit den Worten: *"Konsequente Politik unserer Partei ist es stets, alle Patrioten willkommen zu heissen, ob sie sich nun früher oder später stellen"* [2].
Eine Rückkehr des Dalai Lama war für Beijing aus verschiedenen Gründen wünschenswert. Erstens hätte sie wegen der damit einhergehenden Anerkennung der chinesischen Vorherrschaft über Tibet durch den Dalai Lama die Autorität und das Ansehen der Zentralregierung sowohl in Tibet als auch unter den Exiltibetern gestärkt und eine Schwächung des Widerstandes innerhalb der tibetischen Diaspora zur Folge gehabt - zwei Faktoren, die für die innenpolitische Einheit Chinas von Bedeutung waren [3]. Zweitens wäre die ausländische Kritik an der chinesischen Tibet-Politik eingedämmt worden, was gerade im Hinblick auf den wieder ausbrechenden indisch-chinesischen Konflikt von Bedeutung gewesen wäre. Schliesslich hätten sowohl die Rückkehr des Dalai Lama als auch das Einlenken der chinesischen Regierung in dieser Frage Taiwan bezüglich der Durchführbarkeit einer friedlichen Wiedervereinigung nach tibetischem Muster positiv beeinflussen sollen.

Ab 1978 waren weitere Anzeichen für eine erneute Auseinandersetzung mit der Tibetfrage zu beobachten. Nachdem im November 1977 - allerdings noch unter Berufung auf Mao - in einem Artikel unter dem Titel "Die Maotsetungideen: Leitlinie der Revolution in Tibet" eine erneute Beachtung der nationalen und religiösen Aspekte in Tibet gefordert worden war [4], erfolgte am 25. Februar 1978, einen Tag vor Beginn der 1. Tagung des V. Nationalen Volkskongresses [5], auf Veranlassung Deng Xiaopings die Freilassung des Panchen Lama aus seiner zwölfjährigen Haft [6], was als erste konkrete Massnahme der chinesischen Regierung hinsichtlich einer Lösung des Tibetproblems verstanden werden kann [7]. Laut Avedon fand parallel dazu unter Ausschluss der Oeffentlichkeit ein weiteres

---

1 vgl. S.34 FN 2 d.A.

2 BR, Nr.19, 10.5.1977, S.14; vgl. Uebersetzung, S.29

3 vgl. Schier (II), S.484

4 Peking Rundschau, Nr.48, 29.11.1977, S.14 ff. Avedon weist darauf hin, dass Hua Guofeng bereits im Sommer 1977 für eine Wiederbelebung der tibetischen Bräuche eingetreten sei (Avedon (I), S.397).

5 26.2.-5.3.1978. Auf dem V. NVK wurden die notwendigen Verfassungsänderungen zur Durchführung der Vier Modernisierungen (Landwirtschaft, Industrie, Landesverteidigung, Wissenschaft und Technik) beschlossen und die neue Verfassung der VR China verabschiedet. Betreffend die Nationalitäten hielt Artikel 4 der Verfassung die Prinzipien der Gleichberechtigung und Einheit, der gegenseitigen Hilfe und Zusammenarbeit sowie des gemeinsamen Fortschrittes der Minderheiten fest (Epstein, S.507 ff.; BR, Nr.6, 13.2.1979, S.18) (vgl. S. 53 u. 54 f. d.A.).

6 BR, Nr. 15, 12.4.1988, S.12

7 Nach seiner Freilassung wurde er zunächst Mitglied, dann Stellvertretender Vorsitzender des "Ständigen Ausschusses des Landeskomitees der Politischen Konsultativkonferenz des

Ereignis von Bedeutung statt: Deng Xiaoping habe den Dalai Lama durch Kontaktnahme mit dessen älteren Bruder Gyalo Thondup wissen lassen, dass er an direkten Verhandlungen mit ihm interessiert sei und ihn zur Rückkehr nach China einlade [1]. Ihrerseits betont die chinesische Seite allerdings, dass der Dalai Lama selbst die ersten Schritte zu bilateralen Gesprächen unternahm [2].

Das Jahr 1978 brachte eine Reihe weiterer Zugeständnisse an Tibet, die von Dengs Reformabsichten auch in der Tibetfrage zeugten. Als der Dalai Lama in seiner Rede vom 10. März 1978 [3] die chinesische Regierung aufrief, den Tibetern in und ausserhalb Tibets freie Reiseerlaubnis zu erteilen, fiel die Reaktion Beijings positiv aus: Im Juni 1978 gab die chinesische Regierung bekannt, dass zum ersten Mal seit 1959 Verwandtenbesuche ins Ausland wieder ermöglicht würden [4]. Am 4. November 1978 meldete die Nachrichtenagentur Xinhua die Freilassung von vierundzwanzig Inhaftierten, den sogenannten "Rädelsführern der 59er-Revolte", unter welchen sich ehemalige Beamte der alten Lokalregierung und hohe buddhistische Persönlichkeiten befanden, und betonte, dass diese Geste "ein Ausdruck der Milde" darstelle [5]. Das eigentliche Ziel dieses politischen Zuges wird aus einem zweiten Bericht der Agentur ersichtlich, in welchem Tian Bao [6] anlässlich der Freilassungszeremonie im Namen der Regierung verkündete, dass alle im Exil lebenden Tibeter einschliesslich jenen aus der Oberschicht unter der Bedingung, dass sie ihren Beitrag zum Aufbau des chinesischen Sozialismus leisten würden [7], zur Rückkehr nach China eingeladen seien [8].

Als weiteres Zeichen des Willens Beijings zu einer Verarbeitung der politischen Vergangenheit erschienen in der zweiten Hälfte des Jahres 1978 ausserdem verschiedene Artikel in der Zeitschrift "Renmin Ribao", in denen zum ersten Mal seit dem Ende der

---

Chinesischen Volkes". Heute ist er Vizevorsitzender des Ständigen Ausschusses des Nationalen Volkskongresses; vgl. BR, Nr.15, 12.4.1988, S.12.

[1] Avedon (I), S.398

[2] An Zhiguo, *"Die Politik gegenüber dem Dalai Lama"*, in: BR, Nr.46, 16.11.1982, S.3

[3] Der 10. März ist der von den Exiltibetern zelebrierte Jahrestag des tibetischen Volksaufstandes vom 10.3.1959.

[4] Avedon S.402; vgl. LM, 17.11.1978 (SA)

[5] BR Nr.47, 28.11.1978, S.3 f.; BR Nr.48, 5.12.1978, S.28; LM,17.11.1978 (SA); NZZ Nr.268, 17.11.1978 (SA). Die letzten 376 Gefangenen der 59er-Revolte wurden im März 1979 freigelassen (BR Nr.13, 3.4.1979, S.6), nachdem am 10. März 1979 Tausende von Exiltibetern in Indien und in der Schweiz für die Unabhängigkeit Tibets und für die Freilassung der politischen Gefangenen in Tibet demonstriert hatten (LM, 13.3.1979 (SA)).

[6] Der Tibeter Tian Bao, mit tibetischem Namen Sangay Yeshe, wurde auf der 2. Sitzung des 3. Volkskongresses der ART in Lhasa (6.-14.8.1979) zum Vorsitzenden der ART gewählt (BR, Nr.37, 18.9.1979, S.3 f.). Ueber ihn sagte der Dalai Lama in seinem Gespräch mit Avedon: *"Zufällig kenne ich den Mann sehr gut. Ein freundlicher (...) Mensch - nur, dass wir leider einen Dolmetscher brauchten, um uns zu unterhalten. Er sprach kein Tibetisch. (...) Er hat sein ganzes Leben in der Roten Armee verbracht"*; in: Avedon (II), S.31.

[7] LM, Nr. 513, 17.11.1978 (SA)

[8] NZZ, Nr. 268, 17.11.1978 (SA); Avedon (I), S.402

GPKR auf Unzulänglichkeiten in der Nationalitätenarbeit und der Kaderausbildung in Tibet hingewiesen wurde [1].

Dieser Liberalisierungsprozess wurde Ende des Jahres 1978 auf dem historischen 3. Plenum des XI. ZK der Partei bestätigt und erweitert. Als wichtigste Punkte beschloss die Partei die Korrektur der sogenannten linksabweichlerischen Fehler vor und während der Kulturrevolution, die Durchführung der "Vier Modernisierungen" [2] und das Ersetzen der sogenannten "Zwei Alle"-Politik [3] durch eine Neuorientierung der ideologischen, politischen und organisatorischen Linie auf der Grundlage des Marxismus [4]. Verschiedene andere Beschlüsse bezüglich der Minderheitenpolitik waren ebenfalls von ausserordentlicher Bedeutung, so zum Beispiel die Distanzierung von der Betonung des Klassenkampfes, die zu Zeiten des Grossen Sprungs und der Kulturrevolution die Diskussion um die Minderheitenfrage ersetzt hatte [5] sowie die Ausarbeitung verschiedener Massnahmen zur Entwicklung der landwirtschaftlichen Produktion [6].
Parallel zu diesen Entschlüssen zeugte eine beachtliche Anzahl von minderheitenspezifischen Artikeln in den Zeitschriften "Renmin Ribao" und "Beijing Rundschau" von einer zunehmenden Bereitschaft der Partei und der Regierung zur Auseinandersetzung mit der Nationalitätenfrage [7]. Als weiteres Zeichen für die Kursänderung wurde anlässlich des 30. Gründungsjahres der VR China in einer Rede des Vorsitzenden des Ständigen Ausschusses des NVK, Ye Jianying, zum ersten Mal die Partei für vergangene Fehler mitverantwortlich gemacht:

---

[1] *"Xizang Peiyang Chu Si Wan Duo Shaoshu Minzu Ganbu"* (In Tibet werden über 40'000 Minderheitenkader ausgebildet) (RMRB, 14.8.1978, S.1); *"Xizang Shenru Jinxing Minzu Zhengce Zai Jiaoyu"* (In Tibet wird die erneute Schulung der Minderheitenpolitik gründlich durchgeführt) (RMRB, 9.12.1978, S.2).

[2] vgl. S.51 FN 5 d.A.

[3] Die "Zwei Alle"-Politik war im Leitartikel der Zeitschriften Renmin Ribao, Hongqi und Jiefangjun Bao vom 7.2.1977 definiert worden: *"Alle politischen Entscheidungen, die der Vorsitzende Mao getroffen hat, müssen entschieden unterstützt und alle seine Weisungen müssen unerschütterlich befolgt werden"* (Uebersetzung in: BR, Nr.39, 30.9.1986, S.23).

[4] Liu, S.448 ff.

[5] vgl. Kap. 2.3.3. u. 4.3. d.A.

[6] vgl. Tang, S.189 ff.

[7] Siehe u.a. : *"Lun Shehui Zhuyi Shiqi Minzu Wenti De Changqixing"* (Diskussion um die Langwierigkeit der sozialistischen Uebergangsphase in der Nationalitätenfrage); in: RMRB, 6.4.1979, S.3; *"Ulanfu Tongzhi Jiejian Shaoshu Minzu Canguantuan Daibiao"* ("Genosse Ulanfu empfängt Delegierte der Minderheiten-Besucherdelegation); in: RMRB, 1.4.1979, S.4; *"Hua Guofeng Deng Dang He Guojia Lingdao Ren Jiejian "Wuyi" Jie Shaoshu Minzu Canguantuan"* (Hua Guofeng und andere Führer der Partei und der Nation empfangen eine Minderheiten-Besucherdelegation zum 1. Mai-Fest); in: RMRB, 12.5.1979, S.1; *"Qing Tingting Shaoshu Minzu Renmin de Husheng"* (Hört auf die Stimmen der Nationalitätenvölker"); in: RMRB, 15.10.1979, S.2; *"Den nationalen Minderheiten helfen"* (Bericht über die Tagung der Staatlichen Kommission für Nationalitätenangelegenheiten (22.5.-7.6.1979), die Anfang 1978 zur Unterstützung der kulturellen und wirtschaftlichen Entwicklung der Minderheiten eingerichtet worden war); in: BR, Nr.25, 26.6.1979, S.5 f.

"It is true that the people's interests have sometimes been seriously harmed as a result of mistakes in our work in certain periods since liberation" [1].

Die neue Politik wurde am 24. Januar 1979 vom Dalai Lama in einem Interview mit Associated Press explizit gelobt [2]. Gleichzeitig erklärte er aber, dass er erst in sein Heimatland zurückkehren werde, wenn die Lebensbedingungen "für die sechs Millionen Tibeter und für die Chinesen" verbessert worden wären und die Mehrheit des Volkes zufrieden sei [3] - ein Standpunkt, von dem er bis heute nicht abgewichen ist [4].

5.2. Die Einführung der Reformpolitik in der Autonomen Region Tibet im Jahre 1980

Tatsächlich wurde Tibet erst im Jahre 1980 von der landesweiten Liberalisierungs- und Reformwelle erfasst. Allerdings deuten bereits verschiedene Ereignisse im Jahre 1979 auf die bevorstehende einschneidende Wende der Tibetpolitik Beijings hin.
So fielen zu Beginn des Jahres die Pressemitteilungen über eine erhoffte Rückkehr des Dalai Lama und der "tibetischen Landsleute im Ausland" in der chinesischen Presse ausserordentlich zahlreich aus. Die Zeitschrift Renmin Ribao berichtete im Januar gleich in drei Ausgaben über die Gründung eines Empfangskomitees für tibetische Delegationen und Heimkehrer unter dem Vorsitz von Tian Bao [5], während die Zeitschrift "Beijing Rundschau" Erleichterungen beim Erhalten von Ein- und Ausreisevisas für Auslandtibeter ankündigte [6]. Wie ein weiterer Artikel in der Renmin Ribao vermuten lässt, wurde mit dieser neuen Massnahme allerdings in erster Linie die endgültige Rückkehr und Niederlassung von Exiltibetern nach Tibet angestrebt [7]. Um allfällige Missverständnisse zu vermeiden, die sich dadurch bezüglich des Status Tibets ergeben konnten, wurde unter Bezugnahme auf historische Aspekte ("China als einheitlicher Nationalstaat seit der Qin-Dynastie") und unter Hinweis auf Artikel 4 der neuen

---

[1] BR, Nr. 40, 9.10.1979, S.16

[2] NZZ, Nr. 20, 25.1.1979 (SA)

[3] ebenda. In seinem Gespräch mit Avedon Ende 1979 wiederholte der Dalai Lama, dass an eine Rückkehr gegenwärtig nicht zu denken sei: "Zuerst muss sich die Lage im Land selbst ändern, dann wird man weitersehen" (Avedon (II), S.33).

[4] vgl. BaZ, 16.6.1988, S.5

[5] RMRB, 8.1.1979, S.1; 17.1.1979, S.4; 22.1.1979, S.4

[6] BR, Nr.3, 23.1.1979, S.3 f.

[7] "Liang Wei Zangbao Cong Guowai Huigui Xizang Dingju. Ren Rong Zhuren Qinqie Jiejian Tamen, Zanyang Tamen De Aiguo Xingdong, Guli Tamen Yu Gezu Renmin Yiqi, Tongxin Tongde, Canjia Zuguo Xiandaihua Jianshe" ("Zwei tibetische Blutsverwandte kehren aus dem Ausland zurück und lassen sich in Tibet nieder. Der Vorsitzende Ren Rong emfpängt sie warmherzig, lobt ihre patriotische Tat und spornt sie an, in Eintracht mit den Völkern aller Nationalitäten an der Modernisierung und am Aufbau des Vaterlandes teilzunehmen"); in: RMRB, 2.3.1979, S.4; vgl. Tsultrim C. Tersey, *"One Month In Tibet"*, in: From Liberation To Liberalisation, S.50.

Verfassung [1] mehrfach betont, dass Tibet weiterhin ein unabtrennbarer Bestandteil Chinas bleiben werde [2].

Als erster Exiltibeter machte der in der Schweiz lebende Tsultrim Tersey von der neuen Visaregelung Gebrauch, als er im Mai 1979 für einen Monat nach Tibet reiste. Das Fazit seiner Reise, welche er in einem ausführlichen Bericht festhielt [3], kontrastierte ebenso mit den positiven Bilanzen einer Han Suyin [4], eines Neville Maxwell [5] oder eines Eugenio Anguiano [6] aus den Jahren 1975/1976, als auch mit den Berichten westlicher Korrespondenten, die nach einem von den chinesischen Behörden organisierten Tibetbesuch im Juli 1979 zum Schluss kamen, dass es den Tibetern materiell weit besser gehe als vor 1959 [7]. Da der Bericht Terseys eine Neubeurteilung der politischen und wirtschaftlichen Lage in Tibet einleitete, die nach dem Tibetbesuch von Hu Yaobang im Mai 1980 auch von der chinesischen Seite selbst übernommen wurde, soll an dieser Stelle kurz auf dessen wichtigste Punkte hingewiesen werden.

Zum einen hielt Tersey fest, dass in wirtschaftlicher Hinsicht die Bilanz der zwanzigjährigen chinesischen Herrschaft in Tibet negativ ausfalle. So seien die angekündigten Forschritte seit 1959 weit hinter dem Erwarteten zurückgeblieben: Nahrungsmittel seien knapp und, wie auch Textilien, teilweise rationiert [8]; in Nepal hätten geflüchtete Tibeter fast ausnahmslos Nahrungsmittelknappheit als Fluchtgrund angegeben [9]. Fabriken seien eine Seltenheit, landwirtschaftliche Maschinen überaltert und Verkehrswege so gut wie inexistent [10]. Zum anderen berichtete er, dass in kultureller und religiöser Hinsicht trotz gewissen Lockerungen [11] nach der Liberalisierung auch weiterhin eine Politik der kulturellen und religiösen Unterdrückung betrieben werde [12], was jedoch die religiösen und nationalistischen

---

[1] vgl. S. 51 FN 5 d.A.

[2] BR, Nr.3, 23.1.1979, S.4; BR, Nr.6, 13.2.1979, S.18 ff.

[3] Tsultrim C. Tersey, *"One Month In Tibet"*, in: "From Liberation To Liberalisation", S.20 ff.

[4] Han, S.95 ff.

[5] Der britische Journalist Neville Maxwell hatte Tibet im Jahre 1976 während fünf Wochen bereist und war in seiner in der "New York Times" veröffentlichten Reportagenserie zu einer weitgehend positiven Beurteilung der Lage in Tibet gekommen; Auszüge in: TA, 9.2.1977 (SA); vgl. Stellungnahme Gyaltsen Gyaltags unter dem Titel: *"Keine Rede von "sozialer Befreiung" Tibets"*, in: TA, 1.3.1977 (SA).

[6] Anguiano, zu dieser Zeit mexikanischer Botschafter in China, berichtet unter anderem, während seiner fünftägigen Reise durch Tibet nur Zeichen "versöhnlicher Zusammenarbeit zwischen Chinesen und Einheimischen" erkannt und keine Spur von Armut gesehen zu haben; in: FA Nr.35, 11.2.1976 (SA).

[7] TA, 20.8.1979 (SA)

[8] Tsultrim C. Tersey, *"One Month In Tibet"*; in: From Liberation To Liberalisation, S.35, 53f.

[9] TA, 10.8.1979 (SA)

[10] ebenda; vgl. DW, Nr.145, 25.6.1980 (SA)

[11] Wie u.a. die Wiedereröffnung des Tempels Jokhang und der Klöster Sera und Drepung im März 1979 (BR, Nr.12, 27.3.1979, S.30) oder das wieder erlaubte Feiern traditioneller tibetischer Feste (vgl. RMRB, 28.2.1979, S.4).

[12] From Liberation To Liberalisation, S.34, 47, 57. In der Tat hatte Radio Tibet Anfang Mai 1979 über das Ausmass der religiösen Betätigung der tibetischen Bevölkerung geklagt und

Aktivitäten der Tibeter in keiner Weise vermindert, sondern im Gegenteil wieder entfacht habe: laut einer Gruppe junger Untergrundaktivisten seien 99% aller Tibeter bereit, gegen die chinesische Besatzung und für die Unabhängigkeit Tibets zu kämpfen [1]. Die offensichtliche Diskrepanz zwischen der liberaleren Politik Beijings unter der neuen Führung und der in Tibet effektiv praktizierten Minderheitenpolitik führte Tersey auf die mangelhafte Ausführung der Direktiven aus Beijing durch hohe Lokalkader zurück [2], welche befürchteten, dass eine Ausweitung der Liberalisierung einen Ausbruch offenen Widerstandes unter den Tibetern zur Folge gehabt hätte [3]. Dass auch die chinesische Regierung Mängel in der Durchführung ihrer Tibetpolitik erkannt hatte, geht aus einem kurz darauf erschienenen Artikel in der "Renmin Ribao" hervor, in welchem Ren Rong [4] zur weiteren Schulung der Nationalitätenpolitik in diesem Gebiet aufrief [5].

Der Bericht Tsultrim Terseys wurde wenige Monate später durch eine fünfköpfige offizielle Delegation des Dalai Lama bestätigt, die Tibet unter der Leitung eines Bruders des Dalai, Lobsen Samten, von August bis Dezember 1979 bereiste [6]. Es war die erste von insgesamt vier Delegationen, die auf Ersuchen des Dalai Lama hin von der chinesischen Regierung die Bewilligung erhielten, die Lebensbedingungen in der ART zu untersuchen und den Kontakt zwischen der Exilregierung und der nicht exilierten tibetischen Bevölkerung wieder herzustellen [7]. Versuche der lokaltibetischen Führung, Kontakte zwischen Tibetern und Delegationsmitgliedern durch Verhaftungen zu verhindern, wurden nach Protesten der tibetischen Delegation auf Veranlassen der Parteizentrale in Beijing eingedämmt, was den obenerwähnten Eindruck verstärkt, dass sich die lokale Parteiführung den neuen Richtlinien widersetzt hatte und eigenhändig ihre frühere Politik der Mao-Aera weiterpraktizierte [8]. Wie schon Tsultrim Tersey kam auch die Delegation zum Schluss, dass die jahrelange Unterdrückung der Tibeter durch die Han-Chinesen eine starke Wiederbelebung der Religion und des Nationalismus in der tibetischen Bevölkerung zur Folge gehabt hatte und dass auch die Existenz einer Untergrundbewegung nicht auszuschliessen sei. Diese Schlussfolgerungen dürften für die

---

"energische Massnahmen zur Propagierung des Atheismus" befürwortet (Radio Tibet, 8.5.1979, nach SWB, 15.5.1979; in: Schier (II), S.491, Anm. 5).

[1] ebenda, S.45. Bereits im November 1978 hatte der Dalai Lama darauf hingewiesen, dass der Widerstand der tibetischen Bevölkerung hauptsächlich auf ihre Benachteiligung gegenüber den Han-Chinesen in Tibet zurückzuführen sei; in: The Times, Nr.60470, 28.11.1978, S.3.

[2] Tersey gab an, dass zwar 90% der unteren Kader Tibeter seien, die hohen Kaderpositionen jedoch nach wie vor von Han-Chinesen besetzt seien (TA, 20.8.1979 (SA).

[3] TA, 20.8.1979 (SA)

[4] s. Biographie in Bartke, S.389

[5] *"Ren Rong Tongzhi Qiangdiao, Yao Zai Xizang Junmin Zhong Jinxing Minzu Zhengce Zai Jiaoyu"* (Genosse Ren Rong betont, dass in Tibet innerhalb des Volkes und der Armee die Durchführung der Nationalitätenpolitik weiter geschult werden muss); in: RMRB, 3.6.1979, S.3.

[6] Ausführlicher Bericht in AW, 15.2.1980, S.8 ff. sowie bei Avedon (I), S.404 ff.

[7] vgl. AW, 15.2.1980, S.8 ff.

[8] Avedon (I), S.410; Schier (II), S.481

daraufhin einsetzende ernsthafte Auseinandersetzung des Zentralkomitees mit der Tibetfrage ausschlaggebend gewesen sein und zur einschneidenden Wende in der Tibetpolitik Beijings geführt haben [1].

5.3. Die Auswirkungen der Reform in der Autonomen Region Tibet zwischen 1980 und 1988

5.3.1. Beijings neue Tibetpolitik

Am 31. Dezember 1979 erschien als Leitartikel der Parteizeitung "Renmin Ribao" ein Artikel Zhou Enlais zur Nationalitätenpolitik aus dem Jahre 1957, der am 1. Januar 1980 u.a. auch von der Zeitschrift Hongqi übernommen wurde [2]. Dieser Artikel stimmte inhaltlich mit der Minderheitenpolitik der Fraktion um Deng Xiaoping vollkommen überein. Zhou Enlai hatte darin für die nationalen Minderheiten im Rahmen der nationalen Einheit der VR China das Recht auf Selbstverwaltung und Selbstbestimmung (worunter auch die Ausbildung von Kadern aus den nationalen Minderheiten fiel), auf wirtschaftliches Wachstum, auf Religionsfreiheit und auf kulturelle Autonomie gefordert. Obwohl die Tibetfrage in diesem Artikel nicht speziell erwähnt wurde, kann seine Veröffentlichung doch als Vorbote für die im Frühjahr 1980 einsetzende Neuevaluation der Lage in Tibet gewertet werden [3]. Nachdem im April 1980 auf einem vom ZK der KP Chinas einberufenen Forum über den künftigen Kurs der Partei in der ART diskutiert worden war, wurde Mitte Mai verschiedenen Parteiorganen ein zusammenfassender Bericht zugestellt, in dem verschiedene Forderungen nach einer neuen Tibetpolitik gestellt wurden, die im wesentlichen mit denjenigen Zhou Enlais übereinstimmten. Als zentrale Punkte wurden die Stärkung der Einheit zwischen den Kadern und der Bevölkerung sowie die wirtschaftliche, kulturelle und bildungsspezifische Entwicklung der Autonomen Region zur Hebung des allgemeinen Lebensstandards in Tibet gefordert. Um diese Ziele zu erreichen, sollten acht Prinzipien durchgeführt werden, von denen an dieser Stelle die sechs wichtigsten wiedergegeben werden [4]:

1. Bei der Ausarbeitung der politischen Massnahmen für die ART seien die zentralen Behörden gehalten, von den nationalen kulturellen und wirtschaftlichen Gegebenheiten in

---

[1] ZM, Nr.33, 1.7.80, S.20; Schier (II), S.481

[2] Zhou Enlai: *"Guanyu Woguo Minzu Zhengce De Jige Wenti"* (Zu einigen Fragen der Nationalitätenpolitik); Uebersetzung in: BR, Nr.9, 4.3.1980, S.13 ff; BR, Nr.10, 11.3.1988, S.18 ff. (vgl. S.6 d.A.)

[3] vgl. LM, 13.6.1980 (SA)

[4] vgl. BR, Nr.24, 17.6.1980, S.4; Chang, S.8 f.; Schmick, S.311 f.; Schier (II), S.485 f.

diesem Gebiet auszugehen und sowohl das ideologische Bewusstsein als auch die Lebensverhältnisse aller dort lebenden Minderheiten zu berücksichtigen. Die Beschlüsse der Zentralverwaltung bedürften der Zustimmung und Unterstützung der Kader und des tibetischen Volkes, ansonsten sie zu revidieren oder aufzuschieben seien.

2. Die Nationalitätenkommission des Staatsrates und die Einheitsfrontabteilung des ZK sollten den Staatsrat und das ZK bei der Untersuchung der Verhältnisse in Tibet unterstützen.

3. In wichtigen Fragen solle die Parteizentrale von der Partei, der Regierung und den Massenorganisationen in Tibet konsultiert werden; bei normalen Angelegenheiten reiche ein nachträglicher Bericht. Weiter seien die Verwaltung zu vereinfachen, die Verwaltungskosten zu senken und die Qualität des Verwaltungspersonals zu erhöhen.

4. Der Ausbildung von Kadern tibetischer Nationalität und anderer nationaler Minderheiten in Tibet müsse der Vorrang gegeben werden. Angestrebt sei eine Uebernahme der Hauptverantwortung für den Aufbau Tibets durch lokale Kader. Die Zahl der nach Tibet entsandten Han-Kader sei gering zu halten, wobei man vermehrt auf ihre Effizienz achten müsse. Neben den in Tibet benötigten Führungskadern der Han-Nationalität seien hauptsächlich Hoch- und Fachschulabsolventen nach Tibet zu schicken [1].

5. Gemäss den besonderen Bedürfnissen Tibets seien die Zentralbehörden, insbesondere die Abteilungen für Planung, wirtschaftliche Entwicklung, Kultur, Erziehung und Gesundheit angehalten, aktive materielle und technische Hilfe zu leisten und die gerechtfertigten Wünsche Tibets zu erfüllen.

6. Die bisherige Arbeit in Tibet müsse durch das Arbeitskomitee der ART systematisch untersucht und insbesondere die Entwicklung von Landwirtschaft und Viehzucht sowie die Entwicklung des Aussenhandels verbessert werden. Linkstendenzen seien in verschiedenen Fragen, so z.B. bezüglich von Privatparzellen, von Privatvieh und von häuslichem Nebengewerbe, zu korrigieren. Ausserdem seien die von der Parteizentrale seit dem Sturz der Viererbande ergriffenen politischen Massnahmen auf dem Gebiete der Landwirtschaft und der Viehzucht, des Handels und der Finanzen, der Kultur und der Erziehung, der Nationalitäten, der Religion und der Einheitsfront auch vom Parteikomitee der ART zu verwirklichen.

---

[1] Laut chinesischen Darstellungen befanden sich in den Jahren 1979 und 1980 rund 130'000 han-chinesische Kader bzw. Regierungsangestellte in der ART (P.A. Donnet, *"Tibetan Traditions Slowly Disappearing"*, SCMP, 23.9.1985; in: Van Walt Van Praag (II), S.9.

Dieser Bericht war umso beachtlicher, als er schon vor dem Besuch Hu Yaobangs in Tibet auf Missstände und Unzulänglichkeiten in der Tibetpolitik seit dem Tode Maos hinwies. In der Tat gab die chinesische Regierung nun indirekt zu, dass bisher keine oder nur geringe Veränderungen und Verbesserungen in der ART stattgefunden hatten, was zu einer wirtschaftlichen und kulturellen Rückständigkeit in diesem Gebiet geführt habe, die es nun zu überwinden gelte. Bemerkenswert ist auch die Tatsache, dass die neuen Richtlinien eine offensichtliche Aufforderung an die tibetische Parteiführung waren, endlich den Kurs der "Vier Modernisierungen" zu verwirklichen [1], was die bereits oben erwähnte Diskrepanz zwischen den Richtlinien der Parteizentrale und deren Ausführung durch die lokaltibetische Parteiführung bestätigt und deshalb darauf hindeutet, dass die Kursänderung auf dem Hintergrund des innerparteilichen Machtkampfes gesehen werden muss.

In der Tat galt Tibet als eine der "letzten Bastionen der kulturrevolutionären Linken", da der Erste Sekretär des Tibetischen Regionalkomitees, Ren Rong, als einziger Provinz-Parteiführer, der während der Kulturrevolution und als Anhänger Lin Biaos ins Amt gesetzt worden war, im April 1980 noch amtierte [2]. Als wichtigste Massnahme der neuen Tibetpolitik Beijings und als offensichtlicher Schachzug der Fraktion um Deng Xiaoping wurde Ren Rong Ende Mai 1980 von Hu Yaobang im Namen des ZK seines Postens enthoben und an seine Stelle Yin Fatang, ebenfalls Han-Chinese [3], als amtierender Erster Sekretär des tibetischen Parteikomitees eingesetzt [4]. Gegen Ren Rong wurde später implizit der Vorwurf erhoben, nach 1978 die neue Politik der Zentrale missachtet, gegen die Interessen des Volkes gehandelt und einen linksabweichlerischen Kurs verfolgt zu haben[5]. Kurz nach der Veröffentlichung des Tibet-Rundschreibens reiste vom 22.-31.Mai eine offizielle chinesische Delegation unter der Leitung von Hu Yaobang, damals noch Generalsekretär des ZK der KP Chinas, und von Vizepremier Wan Li [6] zur Beurteilung der reellen Lage und zur Durchsetzung der neuen Richtlinien nach Tibet [7]. In einer Rede vor 4'500 Funktionären liess Hu Yaobang am 29. Mai in Lhasa wissen, dass er zur Revidierung unbefriedigender und inadäquater Zustände, die nicht zuletzt auf das Versagen

---

[1] vgl. RMRB, 27.5.1980, S.3

[2] Domes (I), S.98, 145; Schmick, S.312

[3] Yin Fatang, der eine zwanzigjährige Arbeitserfahrung in Tibet mit sich brachte, soll im Gegensatz zu Ren Rong allerdings fliessend Tibetisch gesprochen haben (Grundfeld, S.208); vgl. Kurzbiographie in BR, Nr.24, 17.6.1980, S.5.

[4] ebenda, sowie: NZZ, Nr. 126, 3.6.1980 (SA); LM, 31.5.1980, 13.6.1980 (SA); DW, Nr.145, 25.6.1980 (SA); entgegen verschiedenen Annahmen, dass Yin Fatang nur vorübergehend im Amt bleiben würde (Schmick, S.317, Schier (II), S.488), wurde er erst 1985 durch Wu Jinghua, einem Mitglied der Yi-Minorität, abgelöst; vgl. Jürgen Kremb, *"Mao und Rassismus in Tibet"*, in: TAZ, 8.4.1986, S.5.

[5] Schier (II), S.482

[6] Zu Wan Li s. Bartke, S.451 f.

[7] RMRB, 31.5.1980, S.1; BR, Nr.24, 17.6.1980, S.3 ff. Ein weiteres Mitglied der Delegation war Ngapo Ngawang Jigme.

einiger Kader zurückzuführen seien, nach Tibet gereist sei [1]. Konkretes Ziel sei hierbei die Ueberwindung der Armut in Tibet innerhalb von zwei bis drei Jahren, das Verwirklichen des höchsten je erreichten Lebensstandards in der Geschichte Tibets innerhalb von fünf bis sechs Jahren und eine zufriedenstellende Entwicklung der tibetischen Wirtschaft bis ins Jahr 1990 [2]. Zur Hebung des materiellen und kulturellen Lebensstandards der tibetischen Bevölkerung seien daher in Ergänzung der acht ZK-Prinzipien die folgenden sechs Bedingungen zu realisieren, die an dieser Stelle gekürzt wiedergegeben werden [3]:

1. Das Recht auf regionale Autonomie und Selbstbestimmung (zizhiquan) müsse unter der Führung der KP Chinas vollständig verwirklicht werden. Alle Gesetze und Anweisungen der Zentrale seien den Kriterien der regionalen Dienlichkeit unterworfen [4].

2. Zur Entlastung des Volkes und angesichts der prekären wirtschaftlichen Situation in Tibet solle eine Politik der Erholung betrieben werden. Unter anderem seien für mehrere Jahre keine Abgaben oder Verkäufe von Waren an den Staat mehr zu entrichten bzw. zu tätigen, und land- und viehwirtschaftliche Produkte seien nun frei verkauf- und tauschbar.

3. Die Wirtschaft Tibets sei durch eine flexible, liberalere Politik voranzutreiben, die das Selbstbestimmungsrecht der Bauern und der Produktionsgruppen respektiere. Die natürlichen Bedingungen Tibets seien zu beachten (so sei z.B. vom einseitigen Anbau von Getreide statt Gerste abzusehen) und eine diversifizierte Wirtschaft (Verbindung von Landwirtschaft, Viehzucht, Forstwirtschaft und Handwerk) aufzubauen. Die Devise laute: "Keine Angst vorm Reichtum. Erst wenn die Bauern reich sind, kann der Staat reich werden. Die politischen Massnahmen müssen gelockert, gelockert und nochmal gelockert werden" [5].

4. Die staatliche Hilfe für Tibet müsse weiter erhöht werden und zur Entwicklung der Landwirtschaft und der Viehzucht sowie zur Erhöhung des materiellen Lebensstandards des tibetischen Volkes verwendet werden.

---

[1] LM, 13.6.1980 (SA)
[2] BR, Nr.24, 17.6.1980, S.3 f.
[3] ebenda; vgl. Chang, S.9 f., Schier (II), S.486 ff., LM, 13.6.1980 (SA)
[4] vgl. DW, Nr.145, 25.6.1980 (SA)
[5] RMRB, 31.5.1980; Uebersetzung in: Schier (II), S.487

5. Die traditionelle Kultur, Erziehung und Wissenschaft Tibets sei wieder zu pflegen und weiterzuentwickeln und die in Tibet wirkenden Han-Kader zu verpflichten, die tibetische Schrift und Sprache zu erlernen [1].

6. Die Politik der Partei betreffend die Kader nationaler Minderheiten sei korrekt durchzuführen und die Beziehungen zwischen Kadern tibetischer und der Han-Nationalität seien zu verstärken. Die Anzahl der tibetischen Kader solle innerhalb von zwei bis drei Jahren auf zwei Drittel anwachsen und die durch sie abgelösten Han-Funktionäre müssten anschliessend ins Landesinnere zurückkehren [2].

Ohne Zweifel handelte es sich bei diesen Zugeständnissen um die weitreichendsten Liberalisierungsmassnahmen, die seit 1978 in der VR China ergriffen worden waren [3]. Sie wurden noch dadurch unterstrichen, dass das 2. Parteikomitee der ART auf seiner 5. Plenartagung (15. Mai - 3. Juni 1980) in schonungsloser Selbstkritik verschiedene schwerwiegende Fehler in seinem bisherigen politischen Kurs eingestand, was, wie schon erwähnt, auch einer Abrechnung mit dem ehemaligen Ersten Parteisekretären Ren Rong gleichkam. Kritisiert wurde neben der anhaltenden Linkstendenz des Parteikomitees und der mangelnden Durchsetzung des ideologischen Kurses der Deng Xiaoping-Fraktion seit 1978 in erster Linie die Tatsache, dass die Landwirtschaft und Viehzucht ungeachtet der realen Verhältnisse und zum Schaden des tibetischen Volkes umstrukturiert und das tibetische Handwerk für die Produktion wichtiger Konsumgüter für die tibetische Bevölkerung stark vernachlässigt worden seien.
Die neue Einstellung der Regierung lässt sich am Ausspruch des Parteisekretärs Guo Xilan illustrieren, der in diesem Zusammenhang mit seiner rhetorischen Frage nach den effektiven Produktionszielen in Tibet die Politik der GPKR endgültig der Vergangenheit zuschrieb:

"Was sind unsere Produktionsziele? Bestehen unsere Ziele darin, von Daqing und Dazhai zu lernen, die Ziele des nationalen Entwicklungsprogramms der Landwirtschaft zu erreichen, die Lücken zu stopfen und die Planziffern zu erfüllen, oder bestehen unsere Ziele nicht vielmehr darin, die materiellen und kulturellen Lebensbedürfnisse des Volkes zu befriedigen?" [4].

---

[1] vgl. RMRB, 23.5.1980, S.4: *"Xizang Zizhiqu Dangwei Fachu Tongzhi, Jin Zang Hanzu Ganbu He Zhugong Yao Xuexi Zangyu Zangwen"* (Das Parteikomitee der ART gibt ein Rundschreiben heraus, wonach Kader sowie Angestellte und Arbeiter der Han-Nationalität die tibetische Sprache und Schrift lernen müssen).
[2] vgl. Kap. 5.3.4.3. d.A.
[3] vgl. DW, Nr.145, 25.6.1980 (SA)
[4] in: Schier (II), S.489, Quelle unbekannt.

In den folgenden Kapiteln soll nun untersucht werden, wie und in welchem Masse sich diese selbstkritische Haltung konkret auf die wirtschaftliche, politische, kulturelle und religiöse Lage in der ART auswirkte.

5.3.2. Die Politik der Gebietsautonomie

Eine direkte Folge der Wende in der Tibetpolitik Beijings im Jahre 1980 war die neue Politik der Gebietsautonomie der Partei, die 1982 in der Verfassung der VR China und 1984 im "Gesetz über die Gebietsautonomie der VR China" verankert wurde. Da die Politik der Gebietsautonomie von den Chinesen selbst als Kernpunkt ihrer Minderheitenpolitik bezeichnet wird [1], soll sie an dieser Stelle kurz dargestellt und ihre praktische Anwendbarkeit in den folgenden Kapiteln am Beispiel Tibets aufgezeigt werden.

Hatten sich die Forderungen der Partei und der Regierung im Frühjahr 1980 nach einer radikalen Modifizierung der Nationalitätenpolitik noch auf die ART beschränkt, wurde diese Forderung auf der 3. Tagung des V. Nationalen Volkskongresses (30. Aug. bis 10. Sept. 1980) nun auf die gesamte Nationalitätenpolitik der Partei ausgedehnt, indem erstmals in der Tagespresse Kritiken und Forderungen der Abgeordneten aus Minderheitengebieten publiziert wurden [2]. Daraus ging hervor, dass die Nationalitätenpolitik der KP Chinas bisher nur unzulänglich durchgeführt worden bzw. inexistent war [3]. Entgegen der allgemeinen Liberalisierungswelle, die sich ab 1978 auch auf die Minderheitenpolitik ausgewirkt hatte, waren die Rechte der Nationalitäten auf regionale Autonomie und Selbstbestimmung in die Verfassung von 1978 nicht aufgenommen worden. Im Gegenteil scheinen gewisse Bestimmungen aus der Verfassung von 1954 diesbezüglich weitergehende Konzessionen an die Autonomie der Minderheiten gemacht zu haben, so z.B. die Abschnitte über die Selbstverwaltung der Finanzen und der lokalen Sicherheitskräfte oder diejenigen, welche das Erstellen von eigenen, den politischen, wirtschaftlichen und kulturellen Bedingungen angepassten Bestimmungen durch die lokalen Regierungsorgane betrafen [4].

Eine entscheidende Wende in der minderheitenspezifischen Gesetzgebung trat erst im Jahre 1984 mit dem Erlass des oben erwähnten "Gesetzes über die Gebietsautonomie der

---

[1] BR, Nr.47, 24.11.1987, S.23; vgl. Ulanhu: *"Nationale Gebietsautonomie in China"*, in: BR, Nr.46, 17.11.1981, S.14; sowie BR, Nr. 20, 18.5.1982, S.28; BR, Nr.40, 8.10.1985, S.4.

[2] Für Voten tibetischer Abgeordneter (Panchen Lama, Ngapo Ngawang Jigme u.a.) s. RMRB, 5.9.1980, S.2; RMRB, 8.9.1980, S.2; RMRB, 10.9.1980, S.2.

[3] vgl. Heberer (II), S.8

[4] Verfassung von 1954, Art. 70; in: FNPC, S.155 f.; Verfassung von 1978 (Art. 4, 39, 40 und 46) in: Epstein, S.507 ff.

Nationalitäten der VR China" ein, welches zum Leitfaden der weiteren Gesetzgebung für die nationalen Minderheiten wurde [1]. Es enthielt 67 Artikel, die zwar auf denen der Verfassung von 1982 gründeten [2], aber ausführlicher und weitgehender waren als diese. Darin wurden in erster Linie die Selbstverwaltungsrechte der Minoritäten ausgeweitet, die Funktionen und Rechte der Selbstverwaltungsorgane spezifiziert und ihre Beziehungen zu den Staatsorganen höherer Ebene definiert. Die wichtigsten Punkte waren hierbei die Bestimmungen, dass Führungskader Angehörige der Nationalität sein sollten, die die Autonomie in einem autonomen Gebiet ausübten (Art. 16-18), und dass Anweisungen höherer Staatsorgane nicht durchzuführen oder abzuändern seien, wenn sie den lokalen Bedingungen nicht entsprächen; allerdings bedürfe es hierzu der Zustimmung der höheren Staatsorgane (Art. 20). Dieser Punkt stellt eine beträchtliche Einschränkung des vorher Genannten dar, da die höheren Staatsorgane nach wie vor von Han-Chinesen dominiert sind. Weiter wurden den autonomen Gebieten weitgehende Rechte bei der Planerstellung (Art. 26), bei der Wirtschaftsentwicklung (Art. 25, 27), beim Schutz und der Verwaltung ihrer Naturresourcen (Art. 28,29), im Aussenhandel (Art. 32), im Finanz- und Steuernbereich (Art. 33-35) sowie im Erziehungs- (Art. 36, 37) und im Gesundheitswesen (Art. 40) zugesprochen. Ausserdem wurde in Art. 55 ff. der Staat zu vermehrter Unterstützung und Hilfeleistung an die autonomen Regionen aufgefordert. Gleichzeitig wurde betont, dass die Gebiete mit nationaler Autonomie unveräusserliche Teile der VR China darstellten (Art. 2) und die Selbstverwaltungsorgane der nationalen Minderheiten als lokale politische Machtorgane der Zentralregierung untergeordnet seien (Art. 3).

Dennoch ist das Autonomiegesetz von 1984 sowohl inhaltlich als auch vom Umfang her in seiner ausgedehnten Wahrnehmung der Nationalitätenfrage und seinen weitreichenden Zugeständnissen an die ethnischen Minderheiten in der Geschichte der VR China einmalig. Ausschlaggebend ist allerdings die Frage seiner Verwirklichung, denn wie die vorhergehenden minderheitenspezifischen Gesetze und Verfassungen ist auch dasjenige von 1984 zum grossen Teil derart generell gefasst, dass seine Auslegung und Umsetzung in die Praxis stark von zusätzlichen Bestimmungen abhängen [3]. In der Tat wurden Ende 1987 in einem Bericht in der Zeitschrift "Beijing Rundschau" neben den verschiedenen "bemerkenswerten Erfolgen", die seit Inkrafttreten des Gesetzes erzielt worden seien, auch Probleme bei dessen Durchführung genannt:

---

[1] Uebersetzung des Gesetzes in: Heberer (III), S.601 ff.;; vgl. Shi Yun, *"On the law of regional autonomy for minority nationalities of the PR of China"*, in: MZYJ, Nr.5, 20.9.1984, S.1 ff.; An Zhiguo: *"Regionalautonomie für nationale Minderheiten"*, in: BR, Nr.24, 12.6.1984, S.4 f.; ChA, Mai 1984, S.248 f.

[2] vgl. "Die Verfassung der VR China" von 1982, Art.4, 30, 52, 59, 65 ff., 95 ff., 112 ff.

[3] vgl. Heberer (III), S.601. Ende 1987 waren entsprechende Ergänzungsvorschriften erst in 14 autonomen Bezirken und 6 autonomen Kreisen ausgearbeitet worden und in Kraft getreten; s. An Zhiguo, *"3 Jahre 'Gesetz über die nationale regionale Autonomie'"*, in: BR, Nr.47, 24.11.1987, S.4 f.

"Die übergeordneten Staatsorgane haben bei der Durchführung der Reform das Recht auf Autonomie und die Besonderheiten in den Regionen mit nationaler Autonomie nicht immer genügend beachtet und berücksichtigt. (...) In den letzten Jahren wurden die konkreten Bedürfnisse der Regionen mit nationaler Autonomie bei der Durchführung der Reform vernachlässigt, so dass die obenerwähnten Vorschriften in den Regionen mit nationaler Autonomie häufig nur noch dem Namen nach existieren" [1].

Im April 1988 führte der neue Generalsekretär des ZK der KP Chinas, Zhao Ziyang, mit überraschender Offenheit aus, dass diese mangelhafte Durchführung ihren Grund "im Denken und im Bewusstsein der Kader" habe; noch wichtiger aber sei es, dass der Gesetzgebung keine entsprechende Strukturreform gefolgt sei. Daher müsse das Gesetz über die nationale Regionalautonomie mit der Reform der wirtschaftlichen und der politischen Struktur verbunden werden. Hierzu forderte er die Beachtung folgender Massnahmen:

"Alle betroffenen Abteilungen müssen in Verbindung mit ihren Arbeitssystemen konkrete Methoden und detaillierte Bestimmungen für die Durchführung des Gesetzes über die nationale Regionalautonomie ausarbeiten. Bei der Ausarbeitung der konkreten Bestimmungen und bei der Arbeitsplanung darf man die von nationalen Minderheiten bewohnten Gebiete, das Landesinnere und die Küstengebiete nicht gleich behandeln" [2].

Als "Schlüsselfrage" für die erfolgreiche Durchsetzung der Regionalautonomie bezeichnete Zhao Ziyang die Ausbildung von Kadern der nationalen Minderheiten "in grosser Zahl für alle Ebenen"; in dieser Sache sei noch mehr Energie aufzuwenden als bisher, und es seien "noch grössere Erfolge" zu erzielen. Seinerseits beschuldigte der Panchen Lama anfangs April 1988 in einer Presseansprache gewisse lokale Funktionäre "linker Missgriffe" und forderte sie auf, sich für eine wirksame Nationalitätenpolitik einzusetzen. Gleichzeitig verlangte er die Weiterentwicklung des Verwaltungssystems zu einer echten regionalen Autonomie [3].

Die Tatsache, dass gerade bezüglich der Regionalautonomie zwischen der Gesetzgebung und ihrer Umsetzung in die Praxis zum Teil eine beträchtliche Kluft besteht, führte in der ART dazu, dass die Bilanz der wirtschaftlichen, politischen, kulturellen und religiösen Situation der letzten Jahre insgesamt weit negativer ausfällt, als aufgrund der

---

[1] BR, Nr.47, 24.11.1987, S.5

[2] vgl. Zhao Ziyangs Rede vor der Nationalen Versammlung des Staatsrates für die Einheit und den Fortschritt der Nationalitäten (25.-29. April 1988 in Beijing); in: BR, Nr.20, 17.5.1988, S.16.

[3] NZZ, Nr.78, 5.4.1988, S.2

liberaleren Politik Beijings zu erwarten gewesen wäre - ein Umstand, der u.a. auch für den wachsenden Widerstand der tibetischen Bevölkerung verantwortlich ist.

5.3.3. Wirtschaftspolitik

Mitte des Jahres 1987 stellte der Panchen Lama öffentlich fest, dass Tibet in wirtschaftlicher Hinsicht insgesamt als unterentwickelt und rückständig bezeichnet werden müsse: China sei "ein Land der Dritten Welt", und Tibet gehöre zu den "'Dritte-Welt'-Gebieten Chinas" [1]. Hiermit wiederholte er seine Feststellung vom April desselben Jahres, dass Tibet den Erfordernissen der ""Vier Modernisierungen"" noch bei weitem nicht genüge [2]; trotz verstärkter staatlicher Unterstützung lebten 10% aller Tibeter unter dem Existenzminimum, welches bei einem jährlichen Pro-Kopf-Einkommen von 300 RMB angesetzt ist [3]. Als Gründe führte der Panchen Lama nicht nur Naturkatastrophen (wie die Dürre, die Frosteinbrüche und die Insektenplage vom Jahre 1986 [4]), sondern auch eine rückständige Produktionsweise und den Mangel an Produktionskapazität, Verwaltungserfahrung und Arbeitselan an [5]. Das Eingestehen von wirtschaftlichen Fehlschlägen in der ART ist bemerkenswert, insbesondere darum, weil der wirtschaftliche Aufbau Tibets als Kernstück der neuen Minderheitenpolitik in diesem Gebiet gilt [6] und weil der Staat nach wie vor enorme finanzielle Mittel in diesen Aufbau investiert.

5.3.3.1.Finanzielle Unterstützung der Autonomen Region Tibet durch den Staat

In der Tat ergriff die Zentralregierung ab 1980 zu verschiedenen Hilfeleistungen, um die wirtschaftliche Entwicklung der fünf Autonomen Regionen zu fördern. So wurden diesen zwischen 1983 und 1986 über RMB 12 Milliarden an regelmässigen Subventionen und über RMB 1,2 Milliarden an Bankkrediten gewährt [7]. In bezug auf die ART überstieg laut

---

[1] BR, Nr.28, 14.7.1987, S.15

[2] BR, Nr.17, 28.4.1987, S.7

[3] BR, Nr.28, 14.7.1987, S.15; laut statistischen Angaben derselben BR-Ausgabe lebten im Jahre 1987 80 Mio. Menschen in der VR China unter dem Existenzminimum. 1986 wurde auf der Grundlage der realen Kaufkraft in der ganzen VR China ein Pro-Kopf-Einkommen von RMB 740 errechnet (BR, Nr.42, 20.10.1987, S.22). Ueber das niedrige Durchschnittseinkommen der Bevölkerung in Tibet vgl. auch BR, Nr.48, 1.12.1987, S.23.

[4] BR, Nr.48, 1.12.1987, S.23

[5] vgl. Grunfeld, S.212

[6] vgl. Xu Zugen, *"Xizang Lishi Xin Jieduan Yu Dang De Minzu Zhengce"* (Ein neuer Abschnitt in der Geschichte Tibets und die Nationalitätenpolitik der Partei), in: MZYJ, 6/1985, S.1

[7] BR, Nr.52, 30.12.1986, S.35

offiziellen chinesischen Angaben die Summe der staatlichen finanziellen Zuschüsse zwischen 1952 und der ersten Hälfte des Jahres 1987 RMB 10 Milliarden [1]; hinzu kamen für dieselbe Zeitspanne finanzielle Mittel für den Investbau in Höhe von RMB 3,43 Milliarden [2]. Mehr als ein Drittel der Gesamtsumme, welche Unterstützungsbeiträge für unterentwickelte Regionen, Grenzgebiete und Naturkatastrophengebiete einschliesst - nämlich RMB 5,91 Milliarden - wurde seit 1979 entrichtet [3] und wächst seit 1981 jährlich um 10% [4].

Weiter wurden bereits zu Beginn des Jahres 1980 als konkreter Unterstützungsbeitrag 520 Arbeitsgruppen nach Tibet entsandt, die über 4'000 Tonnen Getreide und Tausende von Kühen, Schafen, Haushaltgeräten und Kleidung in die ART transportierten. Seither werden jährlich, je nach Quellenangabe, zwischen 200'000 und 500'000 Tonnen an Nahrungs- und Lebensmittel nach Tibet verschickt [5].

Zwei weitere Massnahmen zur finanziellen Entlastung der ART waren die neuen Bestimmungen über Steuern und Deviseneinnahmen, wobei letztere von chinesischer Seite als erfolgreiche Auswirkung des Gesetzes über die Regionalautonomie von 1984 gewertet wird [6]. Bereits am 20. Juni 1980 waren von der Regierung der ART als konkrete Umsetzung der acht ZK-Prinzipien und der sechs Voraussetzungen Hu Yaobangs verschiedene Massnahmen zur Ueberwindung der katastrophalen wirtschaftlichen Lage Tibets getroffen worden [7], die unter anderem den Erlass von Landwirtschafts- und Viehzuchtsteuern für die nächsten Jahre vorschrieben [8]. Im Jahre 1984 wurde beschlossen, diese Begünstigung angesichts des anhaltenden wirtschaftlichen Tiefs in der ART für weitere fünf Jahre zu verlängern: bis 1990 sind somit tierische und pflanzliche Produkte steuern- und abgabenfrei, was sich auf eine Steuererleichterung von rund RMB 10 Mio. jährlich beläuft [9]. Ende 1987 wurde ausserdem zugesichert, dass in den

---

[1] Der Panchen Lama sprach 1987 von RMB 8,8 Milliarden seit 1959 (exklusive Bauprojekte) (BR, Nr.17, 28.4.1987, S.7). Im Jahre 1980 machte der jährliche Unterstützungsbeitrag des Staates 94% des Gesamtbudgets der ART aus (Grunfeld, S.212).

[2] BR, Nr.48, 1.12.1987, S.22

[3] vgl. Uebersetzung, S.27; BR, Nr.48, 1.12.1987, S.22. Dies deckt sich mit Angaben aus dem Jahre 1980, laut denen zwischen 1952 und 1980 Zuschüsse in Höhe von RMB 6, 39 Milliarden in die ART investiert wurden (vgl. David Bonavia, *"Mistakes On The Roof Of The World"*, in: FEER, 109, 33, 1980, p.16).

[4] BR, Nr.47, 24.11.1987, S.4. Nach derselben Quelle betrug der staatliche Zuschuss an die fünf Autonomen Gebiete im Jahre 1986 RMB 7,9 Milliarden.

[5] Grunfeld, S.212; BR, Nr.48, 1.12.1987, S.22

[6] ebenda

[7] Schier (II), S.490 f.

[8] RMRB, 23.6.1980, S.1; vgl. Uebersetzung S. 28 sowie Punkt 2 der "Sechs Bedingungen" Hu Yaobangs, S. 60 d.A.

[9] BR, Nr.47, 24.11.1987, S.24; SDZ, Nr.204, 4.9.1984 (SA)

nächsten Jahren auch privat und kollektiv produzierte Gebrauchsartikel der nationalen Minderheiten von der Industrie- und Handelssteuer befreit würden [1].

Die zweite Massnahme, welche die Deviseneinnahmen betraf, wurde im Rahmen einer Lockerung der Bestimmungen zur Aussenhandelspolitik der ART im Sinne des neuen Autonomiegesetzes getroffen. Danach ist die ART berechtigt, eigenständig (d.h. innerhalb der von den oberen Staatsorganen vorgegebenen Grenzen!) eine eigene Aussenhandelspolitik auszuarbeiten, den grenzüberschreitenden Handel mit Nepal, Indien, Bhutan, Sikkim und Burma zu entwickeln [2], Lizenzen zu vergeben, mit den in Tibet hergestellten und mit importierten Waren zu handeln und Zölle niedriger anzusetzen als z.B. für die Küstenstädte der VR China [3]. Hierbei gehen sämtliche Aussenhandelsdevisen zu 100% an die ART, womit diese im Vergleich zu den Provinzen, Städten und anderen vier Autonomen Regionen, die zwischen 25% und 50% ihrer Aussenhandelsdevisen einbehalten können, privilegiert ist [4]. Allerdings besagt gerade diese andauernde Vorzugsbehandlung, dass die wirtschaftliche Lage in der ART nach wie vor als unbefriedigend taxiert wird, auch wenn einzelne Zahlen, deren Aussagekraft mangels Quervergleichen jedoch gering ist, darüber hinwegtäuschen könnten [5]. Diese Behauptung wird durch verschiedene chinesische Darstellungen der letzten Jahre untermauert.

5.3.3.2. Chinesische Kritik an der Unterstützungspolitik Beijings in der Autonomen Region Tibet

Die Wirksamkeit der Sanierungspolitik der Partei zugunsten der ART wurde schon im Jahre 1984 von offizieller chinesischer Seite in Frage gestellt. So verglichen Hu Qili vom Sekretariat des ZK der KP Chinas und Vizepremier Tian Jiyun am Ende ihrer zweiwöchigen Inspektionsreise in die ART im August dieses Jahres Tibet mit einem Kranken, der dauernd Bluttransfusionen bekomme; die Transfusionen genügten aber nicht, um dem Patienten seine Kräfte wiederzugeben [6]. Zur Behebung der aktuellen Missstände verlangten sie eine generelle Erweiterung des marktwirtschaftlichen

---

[1] BR, Nr. 47, 24.11.1987, S.24

[2] vgl. Schier (II), S.491

[3] BR, Nr.42, 20.10.1987, S.20

[4] ebenda; BR, Nr.47, 24.11.1987, S. 4 u.24; Uebersetzung, S.28

[5] So soll z.B. der Exportwert der staatlichen Exportgesellschaften zwischen 1981 und 1986 von RMB 4,06 Mio. auf RMB 19,2 Mio., das Grenzhandelsvolumen, das auch den kollektiven und privaten Grenzhandel einschliesst, bis 1986 auf RMB 70 Mio. gestiegen sein; wichtigste Exportartikel waren Wolle und Rapssamen (BR, Nr.42, 20.10.1987, S. 20).

[6] RMRB, 20.8.1984, S.1

Bereiches und die Realisierung der individuellen Bewirtschaftung im Ackerbau und in der Viehzucht, eine Forderung, die auf eine völlige Reprivatisierung der Viehzucht hinauslief. Da sie aber schon unter dem letzten Punkt der acht Prinzipien des ZK vom Mai 1980, allerdings am Rande, gestellt worden war [1] und auch in den wirtschaftspolitischen Massnahmen der tibetischen Regierung vom 20. Juni 1980 genannt wurde [2], richtete sich die Kritik von Hu und Tian nicht so sehr gegen den "Sozialismus in Tibet im grossen und ganzen" [3], als vielmehr gegen die bereits erwähnte allgemeine Vernachlässigung bei der Durchführung der Reformpolitik Deng Xiaopings.

Nicht weniger schonungslos ging Anfang des Jahres 1985 die in Shanghai erscheinende "Weltwirtschaftszeitung" mit der Unterstützungspolitik der Partei und der Regierung an die ART ins Gericht. Sie stellte fest, dass Tibets gesamte Wirtschaft verfallen und von staatlichen Zuschüssen immer abhängiger geworden sei; für die geleistete chinesische Wirtschaftshilfe, die hauptsächlich für den Strassenbau und für die Errichtung von Schulen, Krankenhäusern und anderen öffentlichen Bauten verwendet würde, könne die ART nicht einmal die Folgekosten aufbringen. Weiter zeigte sie auf, dass die Entwicklungshilfe in diesem Gebiet unsinnige Ausmasse angenommen habe: um den Produktionswert in der ART um einen Yuan zu steigern, würden durchschnittlich 1,21 Yuan aufgewendet. Dieser Missstand sei hauptsächlich auf die unterentwickelte Warenwirtschaft zurückzuführen: einerseits stammten 96% aller in Tibet auf den Markt gebrachten Waren aus den übrigen Regionen Chinas, wie zum Teil aus dem entfernten Shanghai, und andererseits sei der Absatz tibetischer Produkte in das Landesinnere aus Transportgründen nicht möglich oder unwirtschaftlich. Als Fazit ihres Berichtes kam die Wirtschaftszeitung zum vernichtenden Schluss, dass nur durch eine zügige Entwicklung der Warenwirtschaft, und nicht durch eine Erhöhung der finanziellen Zuschüsse, die Aussicht darauf bestehe, den Lebensstandard in der ärmsten Region Chinas endlich über das Niveau vor 1959 steigen zu lassen [4]. Zu dieser grundlegenden Hinterfragung der Wirksamkeit von Finanzspritzen stellen sich offenbar auch Probleme im Zusammenhang mit der Verwendung der Zuschüsse. 1987 wurde von offizieller chinesischer Seite zugegeben, dass bei der Verwendung der staatlichen Finanzzuschüsse in der ART nach wie vor Verschwendungen existierten; allerdings wurde weder auf deren Ausmass noch auf ihre Hintergründe eingetreten [5].

---

[1] *"Hinsichtlich einer Reihe von Fragen, z.B. die Privatparzellen, privat genutzte Berge, Privatvieh und das häusliche Nebengewerbe betreffend, müssen verschiedene Linkstendenzen korrigiert werden"* (in: Schier (II), S.486).

[2] *"Die neuen politischen Massnahmen hinsichtlich der Privatparzellen, des Privatviehs, der Privatbäume und des häuslichen Nebengewerbes müssen gewissenhaft ausgeführt werden"* (in: Schier (II), S.491); vgl. BR, Nr.47, 24.11.1987, S.24.

[3] Karl Kränzle, *"Tibets Bauern müssen keine Steuern zahlen"*, in: SDZ, Nr.204, 4.9.1984 (SA)

[4] Karl Grobe, *"'Dach der Welt' blieb arm"*, in: FR, Nr.52, 2.3.1985 (SA)

[5] BR, Nr.47, 24.11.1987, S.5

5.3.3.3.Die wirtschaftliche Entwicklung in der Autonomen Region Tibet seit 1965

Diese massive Kritik kontrastiert auf den ersten Blick stark mit anderen Darstellungen der letzten Jahre in chinesischen Zeitschriften, die eine durchwegs positive wirtschaftliche Bilanz der letzten 30 Jahre ziehen. In diesem Kapitel sollen einander deshalb zwei Tabellen mit Angaben über die wirtschaftliche Entwicklung in der ART gegenübergestellt werden, die diesen Widerspruch ansatzweise zu erklären vermögen. Die Angaben in der ersten Tabelle stammen aus einem Artikel von Duojie Caidan [1] in der Zeitschrift "Hongqi" anlässlich des 20. Jahrestages der ART, in dem die Wirtschaftslage des Jahres 1965 mit der Situation im Jahre 1984 verglichen wird [2]. Bis auf wenige Ausnahmen, auf die in den Fussnoten hingewiesen wird, stimmen die dort aufgestellten Werte mit denjenigen überein, die von Vertretern der Staatlichen Kommission für Angelegenheiten der Nationalitäten Ende 1987 in verschiedenen Interviews in der Zeitschrift Beijing Rundschau geäussert wurden und die als offiziell repräsentativ gelten.

Diesen offiziellen Werten soll eine weitere chinesische Darstellung gegenübergestellt werden, die das positive Ergebnis der ersten weitgehend relativiert. Die Angaben in dieser zweiten Tabelle (Tabelle 3) sind einem für die interne Verteilung bestimmten Buch (Chin.: neibu kanwu) [3] vom Oktober des Jahres 1986 entnommen und betreffen die Entwicklung der Landwirtschaft, der Viehwirtschaft und der Industrie in der ART in den Jahren 1978, 1981 und 1984 . Sie werfen nicht so sehr durch ihren Inhalt (die Angaben stimmen mit den offiziellen Werten überein) als vielmehr durch die Auswahl der untersuchten Stichjahre ein neues Licht auf die wirtschaftliche Entwicklung der letzten zehn Jahre in diesem Gebiet. Tatsächlich ergibt sich aus der zweiten Tabelle eine weitgehend negative Bilanz der Entwicklung in verschiedenen Sektoren der Landwirtschaft und der Industrie in den Jahren 1978 bis 1984, ein Resultat, das aus offiziellen Darstellungen nicht herauszulesen ist. Dieses Resultat soll aber ausdrücklich nicht als abschliessendes Urteil über die Wirtschaftsentwicklung dieser Jahre in der ART gewertet werden. Erstens würde eine vollständige statistische Auswertung des vorliegenden Materials den Rahmen und die Möglichkeiten dieser Arbeit bei weitem sprengen; zweitens ist eine umfassende Bilanz nicht möglich, solange das obenerwähnte Buch sowie ein weiteres, 1985 ebenfalls für den internen Gebrauch erschienenes Werk

[1] zu Duojie Caidan vgl. Uebersetzung, S.33

[2] Duojie Caidan: *"Zou Gaige Zhi Lu, Zhenxing Xizang Jingji"* (Auf dem Weg der Reform die Wirtschaft Tibets zügig vorantreiben), in: HQ, 17/1985, S.34; der Text wurde von der Verf. d.A. übersetzt und adaptiert; chinesischer Text s. Anhang Nr.15.

[3] s. Xinan Minzu Diqu Jingji Gaikuang (XMDJG)

zur tibetischen Wirtschaftsentwicklung der Jahre 1965-1985 [1] nicht offiziell herausgegeben werden, was bis zu Beginn des Jahres 1988 nicht der Fall war.

Tabelle 2

Erfolge im zwanzigjährigen Aufbau der ART (1965-1985)

	1984 [2] (in 10'000, falls die Masseinheit in Klammern [ ])	Steigerung gegenüber 1965 um:
1.	Industr. und landw. BPW: 98'487 [Yuan [3]]	119.75%
	hiervon:	
	- land- u. viehwirtsch. BPW: 63'818 [Yuan] (sein Anteil innerhalb des industr. und landw. BPW von 92.14% (1965) auf 79.13% (1984) gesunken)	88.71% [4]
	- industr. BPW: 16'832.3 [Yuan] [5] (sein Anteil innerhalb des industr. und landw. BPW von 7.86% auf 20.87% angestiegen)	13'949.6 [Yuan]
2.	Volkseinkommen in der ganzen Region: 90'991 [Yuan]	131.12%
3.	Getreideproduktion: 98'898 [Jin [6]] [7] (590 Jin pro Kopf)	58'145 [Jin] (166 Jin pro Kopf)
4.	Viehbestand: 2'168.43 [Stück]	467.33 [Stück]
5.	Durchschn. Jahreseinkommen: 466.83 Yuan [8]	Jahresdurchschn. Anstieg von 16.8% (Anstieg seit 1979 um 251.83 Yuan)
6.	Produktionswert der nationalen Handwerks-Industrie: 1'412 [Yuan]	das 3.8-fache
7.	Gesamtstrassennetz: 21'611 Kilometer	6'890 Kilometer
	Gesamtvolumen Gütertransporte: 80.25 [Tonnen]	das 6.34-fache
8.	Anzahl Elektrizitätswerke (keine Angabe für 1984)	das 35-fache
	Installierte Leistung (keine Angabe für 1984)	das 14-fache
9.	Post- und Telegraphenämter: 120	30
	Fernmeldeleitungen: 1'266 Kilometer	1'064 Kilometer

---

[1] s. Xizang Jingji Gaikuang 1965-1985

[2] Für gesamtchinesische Vergleichswerte vgl. Liu, S.448-466

[3] Chin. Geldwährung

[4] Verglichen mit den Angaben in BR, Nr.48, 1.12.1987, S.22 f., scheinen diese Werte etwas konfus zu sein. Der BPW der Landwirtschaft und Viehzucht wird für 1985 mit 909 Millionen Yuan angegeben, was allerdings einem Zuwachs von lediglich 70% seit 1965 entsprochen habe.

[5] Dieser Wert stimmt mit den Angaben in der obenerwähnten Ausgabe der "Beijing Rundschau" überein (BR, Nr.48, 1.12.1987, S.22 f.).

[6] 1 Jin entspricht 0,5 Kilogramm

[7] vgl. entsprechende Angaben in BR, Nr.48, 1.12.1987, S.23: für 1985 wird die Getreideproduktion mit 532 Mio. Kilogramm (bzw. 106'400 (Wan Jin) angegeben.

[8] vgl. u.a. Uebersetzung S. 36, wonach Bauern und Hirten ein durchschnittliches Jahresgehalt von 350 beziehen, was bereits einer Steigerung um 84% seit 1980 entsprechen soll (vgl. Doje Cering: *Eine Region im Wandel*, in: China im Aufbau-Verlag, S.60; zu Doje Cering (Chin.: Duojie Cairang) vgl. Uebersetzung, S.33).

10. Einzelhandelsvolumen: 105'758 [Yuan] [1]
hiervon:
Nettogesamtumsatz an Waren im Volkseigentum: 61'819 [Yuan] das 5.6-fache
Handelsnetzpunkte: 22'520 das 7.68-fache
11. Sparkassendepositen der Stadt-u. Landbevölkerung: 15'461 [Yuan] [2] das 5.8-fache
hiervon:
-Spareinlagen Stadtbevölkerung: 12'622 [Yuan] das 4.02-fache
-Spareinlagen Landbevölkerung: 2'839 [Yuan] mehr als das 18-fache
12. Schulen aller Typen: 2'547 Schulen
hiervon:
-Fachhoch- und -mittelschulen: 16 das 8-fache
-Mittelschulen: 56
-Staatliche Grundschulen: 625
-Von den Einwohnern betriebene Grundschulen: 1'580
Hoch- und Fachschullehrer: 920
(hiervon sind 304 Angehörige nationaler Minderheiten)
Schüler der Hoch- und Fachschulen: 3'196
(hiervon sind 2'042 Anghörige nationaler Minderheiten)
Schüler der Mittel- und Grundschulen: 144'356 das 1.1-fache
13. Ambulatorien: 928 735
Spitäler: 520 434
Spitalbetten: 4'619 2'988
Spitalbetten pro 1000 Patienten: 2.35 1.19
Pflegepersonal: 6'725 - -

Tabelle 3 [3]

	1978	1981	1984	1986
Landwirtschaft:				
Getreideanbaufläche in 10'000 Mu [4] :	307.5	289.96	287.62	
Getreideproduktion in Jin pro Mu [5]:	334	334	344	
= Total in 1'000 Tonnen:	513.525	484.33	494.706	405 [6]
(alle Getreidesorten im Durchschnitt)				
davon Gerste:	307	324	333	

[1] Auch für 1986 belief sich laut Angaben des Panchen Lama das Einzelhandelsvolumen der ART auf 1 Milliarde Yuan (BR, Nr. 42, 20.10.1987, S.7).

[2] vgl. Uebersetzung S.37

[3] Angaben zu den Jahren 1978-1984 aus XMDJG, zu 1986 aus BR, Nr.42, 10.10.1987

[4] 1 Mu = 1/15 ha; Angaben aus: XMDJG, S.34

[5] ebenda, S.39

[6] in: BR, Nr.42, 20.10.1987, S.7; darin begründet der Panchen Lama diesen massiven Rückgang (den er allerdings nicht als solchen darstellt) mit einer grossen Naturkatastrophe, von der Tibet im Jahre 1986 heimgesucht worden sei.

Erträge der Forstwirtschaft in 10'000 Yuan [1] (entsprechende Abholzung!)	215.8	529.2	1400	
Viehhaltung in 10'000 Stück [2] (nur grössere Tiere wie Schafe, Kühe etc.)	2348.7	2347.59	2168.43	2258 [3]
Fischereiertrag in 10'000 Yuan [4]	23.2	15.4	19.87	
Industrie:				
Beton in Tonnen [5]	62000	53536	46600	
Mehl in Tonnen [6]	17486	12807	5755	
Rohsalz in Tonnen [7]	10000	3452	1519	
Bergbauertrag in 10'000 Yuan [8]	2832.24	2410.41		

Die Beispiele, welche die obenerwähnte Diskrepanz zwischen der offiziellen und der internen Darstellungsweise (bei weitgehend übereinstimmenden Zahlenangaben! [9]) am deutlichsten illustrieren, sind diejenigen der Viehwirtschaft und der Getreideproduktion. Während die Viehwirtschaft in der ersten Tabelle unter Punkt 4 als unangefochtener Erfolg dargestellt wird, geht aus der zweiten Tabelle ein klarer Rückgang des Viehbestandes zwischen 1978 und 1984 hervor. Unter dieser Optik wird auch der Ende Jahr 1987 gepriesene Anstieg des Viehbestandes auf 22,57 Millionen Stück im Jahre 1986 relativiert, da zwar der Stand von 1984 übertroffen, jedoch weder der von 1981 noch der von 1978 erreicht wurde [10]. Ebenso verhält es sich bei der Getreideproduktion: In der Tat wird erst bei Durchsicht der zweiten Tabelle ersichtlich, dass die Produktion der Jahre 1978 bis 1986 insgesamt rückläufig war.

---

[1] ebenda, S.59
[2] ebenda, S.83
[3] in: BR, Nr.42, 20.10.1987, S.7; Gesamtfläche Grasland: 800 Mio. ha
[4] ebenda, S.115
[5] ebenda, S.190
[6] ebenda, S.190
[7] ebenda, S.190
[8] ebenda, S.136
[9] Die Angaben zum Viehbestand im Jahre 1984 stimmen völlig überein, während die Angaben zur Getreideproduktion im selben Jahr nur minim voneinander abweichen: 988'980'000 Jin in der ersten Tabelle bei einem Total von 989'412'800 Jin in der zweiten Tabelle. Die Uebereinstimmung der Zahlen belegt die Auffassung, dass es sich auch bei den Angaben der zweiten Tabelle um unumstrittene offizielle Werte handelt.
[10] BR, Nr.48, 1.12.1987, S.23

Der wohl einzige bedeutende wirtschaftliche Zweig, der in den letzten Jahren einen rapiden Aufstieg erlebte, ist der Tourismus, der nach Aussagen des Panchen Lama heute als wichtigster Wirtschaftssektor Tibets gilt [1]. Die Zahlen über den Touristenstrom variieren je nach Quelle. Gemäss chinesischen Angaben reisten zwischen 1980 und 1984 rund 1'500 Touristen jährlich nach Tibet; ihre Zahl soll sich im Jahre 1986 gegenüber dem Vorjahr (15'000 für das Jahr 1985) auf 30'000 verdoppelt haben, was der ART 29 Mio. Yuan einbrachte [2]. Eine Darstellung der "Gesellschaft für bedrohte Völker" und des "Vereins der Tibeter in Deutschland" spricht sogar von 120'000 Reisenden im Jahre 1985; ihre Zahl soll sich nach den Plänen des "Tibetan Economic Development Office" bis 1990 auf 500'000 jährlich steigern [3]. Unbestritten dürfte sein, dass der Tourismus, der in der ART im Zuge der Oeffnungspolitik der VR China auch unter Bezugnahme der chinesischen Angaben immens angewachsen ist, noch schwer abzuschätzende Auswirkungen in dieser Region zur Folge haben wird [4]. Grundsätzlich begrüsst auch der Dalai Lama die Oeffnung Tibets, da sie mehr Leuten die Möglichkeit gebe, sich ein Bild von der Wirklichkeit in seiner Heimat zu machen [5].

Sieht man vom Tourismus ab, wird aber von der chinesischen Seite in wirtschaftlicher Hinsicht weder die aktuelle Situation noch die Bilanz der letzten zehn Jahre vollauf positiv bewertet, wie aus den in diesem Kapitel zitierten chinesischen Kritiken ersichtlich geworden ist. Dies bedeutet allerdings nicht, dass mit dieser Kritik auch die Politik der Partei angegriffen würde. Auf eine Frage an den Panchen Lama, wie er Hu Yaobangs Arbeit in Tibet dort einschätze, antwortete dieser:

Der Fehlschlag und die Fehler bei der Arbeit gehören zu seinen persönlichen Angelegenheiten. Das bedeutet nicht, dass die Politik der Partei falsch ist. Gerade durch die gewissenhafte Durchsetzung der verschiedenen Richtlinien und politischen Massnahmen des ZK der Partei hat sich die Arbeit in allen Bereichen Tibets beträchtlich verbessert. Wir müssen weiterhin die Richtlinien und politischen Massnahmen der Partei durchsetzen und in Tibet gute Arbeit leisten [6].

---

1 BR, Nr.42, 20.10.1987

2 ebenda, S.7 und 18, sowie Uebersetzung, S.33

3 Gesellschaft für bedrohte Völker, S.182

4 ebenda

5 Beat Wieser: *"Der Dalai-Lama in Wartestellung; Pressekonferenz des tibetischen Oberhauptes in Rikon"*; in: NZZ, Nr. 160, 13.7.1985 (SA)

6 BR, Nr.28, 14.7.1987, S.16; die Tatsache, dass von Fehlschlägen Hu Yaobangs die Rede ist, lässt auf Machtkämpfe im Politbüro kurz vor dem 13. Parteitag schliessen; Hu, der im Januar 1987 nach einer Serie von Studentenunruhen als Parteichef abgesetzt worden war, wurde im November 1987 überraschend wieder als Vollmitglied des Politbüros gewählt (vgl. NZZ, Nr.255, 3.11.1987, S.1).

Als jüngster Schritt in dieser Arbeit wurde am 15. April 1987 "zur Entlastung des Staates" ein Vorbereitungsausschuss zur Gründung einer regierungsunabhängigen und somit inofiziellen "Stiftung zur Unterstützung der Entwicklung Tibets" unter dem Vorsitz des Panchen Lama und von Ngapo Ngawang Jigme gebildet [1]. Ziel der Stiftung ist es, finanzielle Fonds aus dem Ausland für die wirtschaftliche und kulturelle Entwicklung Tibets zu erhalten, wobei auch die wirtschaftliche Hilfe des Dalai Lama und der Tibeter im Ausland willkommen sei [2]. Durch die Gewinnung finanzieller Mittel aus "anderen Kanälen" solle die Abhängigkeit Tibets von der finanziellen Unterstützung des Staates verringert werden. Die daraus gewonnenen Geldmittel würden hauptsächlich für den Bau von Schulen, Altersheimen und Waisenhäusern und für die Renovation von Tempeln verwendet. Bemerkenswert ist dieser Schritt, weil die wirtschaftliche Rückständigkeit Tibets und die Unzulänglichkeit des finanziellen Unterstützungssystems der Zentrale nun auch an die Weltöffentlichkeit getragen werden. Allerdings stellt sich die Frage, ob die Beiziehung ausländischer Unterstützung nicht lediglich eine weitere Symptombekämpfung darstellt und unter Umständen dazu führen wird, dass die notwendigen Massnahmen zur wirtschaftlichen Sanierung Tibets - wie z.B. die oben erwähnte Ausdehnung der autonomen Entscheidungsbefugnisse oder der zunehmende Einsatz von Kadern der nationalen Minderheiten auf allen Ebenen - weiterhin vernachlässigt werden.

5.3.4. Bevölkerungspolitik und Kaderausbildung in der ART: Wird Tibet sinisiert?

Beijing wird heute von der exiltibetischen Regierung angegriffen, seit 1983 unter dem Deckmantel der wirtschaftlichen und kulturellen Unterstützung Tibets eine heimliche Ueberfremdungs- und Sinisierungspolitik in diesem Gebiet begonnen zu haben [3]. Der Dalai Lama selbst beklagte, dass die Chinesen "die grosse Zahl der chinesischen Kolonialisten in Tibet" vertuschen würden [4], und forderte 1987 in seinem Fünfpunktefriedensplan die Aufgabe der chinesischen Siedlungspolitik [5]. Die Einwanderung von Han-Chinesen in Tibet, so auch Van Walt Van Praag in seiner Studie über den Bevölkerungstransfer in Tibet, habe erschreckende Ausmasse angenommen und liesse die Befürchtung aufkommen, dass die Tibeter auf Kosten ihrer kulturellen und

---

[1] BR, Nr.17, 28.4.1987, S.7; BR, Nr. 28, 14.7.1987, S.15

[2] BR, Nr.17, 28.4.1987, S.8; dieser Punkt lässt vermuten, dass eines der Ziele der Stiftung auch der erneute Versuch einer Annäherung zwischen der Exilregierung und der VR China ist.

[3] Kelsang Gyaltsen, "Sinisierungspolitik in Tibet", in: Die Tibeter-Gemeinschaft Zürich (Hg.); NZZ, Nr.244, 21.10.1986 (SA); ZO, Nr.54, 6.3.1987 (SA); Tibet-Info, Mai 1988, Kap.: *"Population Transfer"* (ohne Seitenangaben)

[4] NZN, Nr.126, 4.6.1986 (SA) (Interview mit dem Dalai Lama für den ZO: Urs Müller)

[5] Statement Of His Holiness The Dalai Lama, S.5

religiösen Identität zur Minderheit im eigenen Land reduziert würden [1]. Ziel dieser Sinisierungspolitik sei es, durch eine nicht mehr rückgängig zu machende Ansiedlung von Han-Chinesen in Tibet die territorialen Ansprüche Chinas über dieses Gebiet definitiv zu sichern [2]. Die chinesische Seite weist diese Anschuldigungen mit der Begründung zurück, dass über 96% der Bewohner der ART tibetischer Nationalität und lediglich 3,5% han-chinesischer Abstammung seien [3].

5.3.4.1.Widersprüchliche Angaben zur Zahl der tibetischen Bevölkerung

In welchem Masse tatsächlich eine neue Einwanderungswelle besteht, kann theoretisch nur anhand von statistischen Angaben überprüft werden. Gerade im Falle der Bevölkerungspolitik in der ART sind aber solche Angaben äusserst konfus, da sie, wie kaum in einer zweiten auf Tibet bezogenen Frage, je nach Auslegung des zwar reichlich vorhandenen Zahlenmaterials und der ihm zugrundeliegenden Faktoren, von der chinesischen oder der exiltibetischen Seite zu ihren Gunsten beansprucht werden. Ausserdem fehlen verbindliche Daten über die Militärpräsenz in der ART, was die Statistiken ebenfalls verfälscht.

Tabelle 4

Tabelle: Militärpräsenz in der ART [4]

Quelle	Jahr	Soldaten VBA (Schätzung)
Chinesische Regierung	1959	14'000
Gyalo Thondup	1959	500'000
Thubten Norbu	1959	600'000
Taiwanesische Quellen	1959	750'000
Noel Barber	1959	750'000
U.S. Geheimdienst	1960	60'000
Indischer Geheimdienst	1960	150'000
Wallace Liu	1960	300'000
The Guardian (Manchester)	1964	300'000
George Patterson	1965	250'000
Ngawang Thubtob	1965	300'000
Sovietisches Radio	1969	300'000
Tibetan Youth Congress (Dharamsala)	1982	500'000

[1] Van Walt Van Praag (II), S.1; vgl. NZZ, Nr.47, 26.2.1988, S.83

[2] Van Walt Van Praag, ebenda

[3] BR, Nr.1, 5.1.1988, S.6

[4] Tabelle übernommen und chronologisch adaptiert aus: Grunfeld, S.222 (Quellenangaben ebenda, S.267 f., FN 13); eigene Angaben mit Fussnoten.

Phuntsog Wangyal [1]	1982	600'000
Dalai Lama [2]	1987	250'000
Oskar Weggel [3]	1987	300'000

Der wohl wichtigste Faktor, der zu unterschiedlichen Beurteilungen der Lage führt, ist jener der Definition des tibetischen Gebietes. Während sich die chinesische Regierung für ihre Angaben in der Regel auf das Gebiet der ART beschränkt, gehen die Exiltibeter von der Grenzlinie Tibets vor 1951 aus, die auch die ehemalige Nordost-Provinz Tibets, Amdo (heute Qinghai) und die ehemalige Ost-Provinz Tibets, Kham (Sikang), einschloss [4] Die Diskrepanz zwischen den chinesischen und den exiltibetischen Angaben bleibt aber auch bestehen, wenn sich beide Seiten auf die gesamttibetische Bevölkerung der VR China beziehen: wie aus der folgenden Tabelle hervorgeht, belaufen sich die chinesischen Zahlen auf ca. 3,8 Mio., die exiltibetischen hingegen auf ca. 6 Mio Menschen [5]. Im Jahre 1981 erklärte der Dalai Lama, dass seine Angaben aus chinesischen Geheimdokumenten der späten Fünfzigerjahre stammten und sich die chinesischen Daten von ca. 3 Mio., trotz gegenteiligen Behauptungen der chinesischen Regierung, lediglich auf die Bevölkerung der ART beziehen würden; weitere 3 Mio. seien in anderen Gebieten der VR China verstreut [6]. Andere exiltibetische Stimmen, wie z.B. die Zeitschrift "Tibetan Bulletin", kamen sogar zum Schluss, dass die Differenz zwischen den chinesischen und den exiltibetischen Angaben als "Verschwinden" von Millionen von Tibetern und somit als genügender Beweis für einen Völkermord in Tibet interpretiert werden könne [7]. Allerdings scheinen die tibetischen Zahlenangaben aus folgendem Grunde zu hoch gegriffen zu sein: Geht man nämlich von der u.a. durch Richardson vertretenen Annahme aus, dass vor 1950 ungefähr ein Achtel der männlichen tibetischen Bevölkerung dem Mönchsstand angehörte [8], wobei sich dessen Gesamtzahl laut tibetischen Angaben auf 120'000 belief [9], ergibt sich eine männliche Bevölkerungszahl von knapp einer Million. Sogar eine Verdoppelung oder Verdreifachung dieser Zahl würde aber noch näher bei den chinesischen als bei den exiltibetischen Angaben liegen [10].

---

[1] Generalsekretär des "Office of Tibet" in London; in: NZZ, Nr.58, 11.3.1982 (SA)

[2] Statement Of His Holiness The Dalai Lama, S.8; für das ganze frühere tibetische Gebiet belaufe sich die Truppenkonzentration auf 300'000-500'000. vgl. FEER, 19.11.1987, S.60.

[3] in: WEWO, Nr.41, 8.10.1987, S.3

[4] vgl. Anhang Nr. 2 u.5

[5] vgl. Grunfeld, S.219

[6] in: Grunfeld, S.220

[7] Gyaltsen Gyaltag, S.34 f.

[8] Richardson, S.14

[9] vgl. Kap. 5.3.6. d.A.

[10] vgl. Grunfeld, S.220

Tabelle 5

Tabelle: Die tibetische Bevölkerung (in der ART:*; in der VR China [1]:**; Exiltibeter:***)

Quelle	Tibeter		Jahr
Mao Zedong [2]	2 od. 3 Mio.	* *	1952
angestrebt: Zuwachs auf	10'000'000		- -
Zhou Enlai [3]	1'000'000	4	1957
	2'000'000	* *	1957
BR, Nr.33, 18.8.1987, S.24	4'620'000	5	7.Jh.
	560'000		13.Jh.
	940'000		18.Jh.
	1'208'700		1964
	1'786'500		1982
	1'920'000		1985
RMRB, 29.5.1978, S.3	1'630'000	*	1978
Zhonghua Renmin Gongheguo	2'753'081	* *	1953
Xingzheng Quhua Shouce,	2'504'628	* *	1964
S.649 u. 652	3'870'100	* *	1982
Scharping, S.49 [6]	2'780'000	* *	1953
	2'500'000	* *	1964
	3'870'000	* *	1982
BR, Nr.41, 13.10.1987, S.4	1'937'379	*	1986
Pan Haifeng [7]	1'270'000	*	1953
	1'930'000	*	1987
Jahrbuch "Stateman" [8]	6'350'000	* *	1972-73
TR, 11.8.1976, S.15, u. Gyaltag, S.34	ca. 6 - 7 Mio.	* *	bis1959
Kelsang Gyaltsen [9]	1'700'000	*	1986
	4,5 5,5 Mio.	10	1986
Van Walt Van Praag (II), S.2	ca. 6 Mio.	* *	1986
	ca. 115'000*	* *	1986
Grunfeld, S.219	max. 55'000*	* *	1986
Dalai Lama [11]	6'000'000	* *	1987

1 inkl. die ART sowie hauptsächlich die tibetischen autonomen Bezirke und Kreise der Provinzen Qinghai, Gansu, Sichuan und Yunnan.

2 RMRB, 22.11.1952, in: URI, S.45

3 Rede vom 4.8.1957, in: HQ, 1/1980, S.8

4 Vermutlich handelt es sich um das Gebiet der heutigen ART.

5 Es wird nicht präzisiert, auf welches Gebiet sich die folgenden Angaben beziehen. Den Zahlen zwischen 1964 und 1985 nach zu urteilen, und da global von "Tibet" die Rede ist, handelt es sich mit grösster Wahrscheinlichkeit bei allen Angaben um die ART.

6 Quellenangaben ebenda (hauptsächlich chinesische Quellen (Guangming Ribao und MZYJ) sowie eigene Berechnungen).

7 1. Sekretär der chinesischen Botschaft in Bern und Pressesprecher; Sendung "Rundschau" (DRS) vom 13.10.1987; Pans Angabe deckt sich mit derjenigen in der Uebersetzung, S.1.

8 in: Gyaltag, S.35

9 Vertreter des Dalai Lama in der Schweiz, in: NZZ, Nr.244, 21.10.1986 (SA)

10 ART, Qinghai und ehemalige tibetische Ostprovinz Kham.

11 FEER, 19.11.1987, S.60

Der Anschuldigung des Völkermordes begegnet die chinesische Seite, indem sie in Zeitungsartikeln regelmässig über den Zuwachs der tibetischen Bevölkerung berichtet. So sei die Bevölkerungszahl von 1964 bis 1982 von 1,2 Mio. auf 1,8 Mio. und bis 1985 auf 1,9 Mio. gestiegen, was einerseits auf die Ausschliessung der tibetischen Bevölkerung aus der Familienplanungspolitik der VR China, andererseits auf das Sinken der Sterblichkeitsrate als Folge der Verbesserungen im Gesundheitswesen zurückzuführen sei [1]. Da sich diese Zahlen aber lediglich auf die Bevölkerung in der ART beschränken und die tibetische Bevölkerung der ehemaligen tibetischen Regionen Kham und Amdo nicht berücksichtigt werden, ist der Stein des Anstosses für die Tibeter im Exil, die eine zunehmende Sinisierung dieser Gebiete beklagen, nicht beseitigt [2]..

5.3.4.2.Han-Chinesen in der Autonomen Region Tibet

Die Tatsache, dass die ART im Vergleich zu diesen Regionen die niedrigste Konzentration von han-chinesischen Zivilisten aufweist und zudem die einzige Autonome Region der VR China ist, deren einheimische Bevölkerung eine solide Mehrheit darstellt [3]., wurde bis vor kurzem auch von der exiltibetischen Seite anerkannt. Diese wies auf eine Ueberzahl von Han-Chinesen lediglich in einigen Gegenden der ART hin, was auf die starke chinesische Truppenkonzentration in diesen Gebieten - so z.B. im Lhasa-Tal - zurückzuführen sei [4]. In seinem Bericht vom 21. September 1987 hielt der Dalai Lama nun aber fest, dass im ganzen früheren tibetischen Gebiet ein Verhältnis von 7,5 Mio. chinesischen Siedlern zu 6 Mio. Tibetern bestehe; ausserdem sei chinesischen Quellen zu entnehmen, dass die tibetische Bevölkerung von 1,9 Mio. selbst in der ART nur noch eine Minderheit darstelle [5]. Diese Aussage wurde von der chinesischen Seite unter Aufwendung umfangreichen Zahlenmaterials kürzlich heftig widerlegt und als Lüge bezeichnet; im Jahre 1986 hätten in der ART 1,93 Mio. Tibeter und lediglich 73'000 Han-Chinesen gelebt, "die hauptsächlich beim wirtschaftlichen Aufbau und bei der Entwicklung der Wissenschaft, Bildung und Kultur Tibets helfen". [6]

---

[1] Zhang Tianlu, *"Die Bevölkerungsentwicklung in Tibet"*, in: BR, Nr.33, 18.8.1987, S.25; vgl. CA, Nr.2, Feb.1988, S.30 ff.

[2] Kelsang Gyaltsen, *"Sinisierungspolitik in Tibet"*, in: NZZ, 21.10.1986 (SA); vgl. Van Walt Van Praag (II), S.12

[3] vgl. Scharping, S.45

[4] Kelsang Gyaltsen, *"Sinisierungspolitik in Tibet"*, in: NZZ, 21.10.1986 (SA)

[5] Statement Of His Holiness The Dalai Lama, S.8; chinesische Militärangehörige seien in dieser Rechnung nicht eingeschlossen.

[6] BR, Nr.14, 5.4.1988, S.24 f.

Tabelle 6

Tabelle: Tibeter und Han in der ART - ein Zahlenvergleich (Armee ausgenommen [1])

Quelle	Tibeter	Han-Chinesen	Jahr
Schier [2]	1'680'000 (92%)	120'000 (7%)	1980
Scharping [3]		90'000 (unter 5%)	1982
Phuntsog Wangyal [4]	ca. 1,7 Mio.	120'000 (Facharbeiter) sowie unbekannte Zahl chinesicher Siedler	1982
BR, Nr.33, 18.8.1987, S.24		92'000	1982
		71'000	1985
Oskar Weggel [5]		30'000	1950
		400'000 [6]	1982
Kelsang Gyaltsen [7]		230'000 (neue chin. Arbeitskräfte in der ART)	1983-1985
BR, Nr.41, 13.10.1987, S.4	1'937'379	75'534 (3.6%)	1986
Pan Haifeng [8]	1'930'000	73'000	1987
	1,9 Mio.	über 1,9 Mio. (ohne Armeeangehörige)	1987

Es dürfte unbestritten sein, dass die chinesische Regierung die Einwanderung jüngerer Fachleute aus dem Inland nach Tibet aktiv fördert, um dem Mangel an Fachkräften zu begegnen. Dieses Phänomen erstreckt sich allerdings auf die ganze VR China, da der Mangel an Fachkräften, zusammen mit dem Geldmangel, landesweit als das Hauptproblem

[1] Ausnahme: Weggel (s. entsprechende Fussnote)

[2] Schier (I), S.581; Quellenangabe ebenda

[3] Scharping, S.45

[4] Generalsekretär des "Office of Tibet" in London; in: NZZ, Nr.58, 11.3.1982 (SA).

[5] Oskar Weggel: *"Konfuzius und Mao haben in Tibet nichts zu suchen"*, in: WEWO, Nr.41, 8.10.1987, S.3

[6] Sowohl Weggel als auch Scharping stützen sich für ihre Angabe aus dem Jahre 1982 auf den Zensus vom Juli 1982. Weggel zählt für seine Angaben die chinesischen Armeeangehörigen vermutlich mit, denn auch Scharping betont, dass der han-chinesische Bevölkerungsanteil auf 16-18% klettern würde, wenn man die Militärangehörigen in die Zählung miteinbeziehen würde (Scharping, S.45).

[7] in: Die Tibeter-Gemeinschaft Zürich, Kap. *"Sinisierungspolitik in Tibet"*, S.3

[8] vgl. Ma Rong & Pan Naigu: *"Die Bevölkerungsbewegung in den von Tibet bewohnten Gebieten"*, in: BR, Nr.14, 12.4.1988, S.25; zu Pan Haifeng vgl. S.77 FN 7 d.A.

bei der Modernisierung Chinas betrachtet wird [1]. Qualifizierte Fachkräfte gelten als "das Rückgrat für den wirtschaftlichen Aufbau"; deshalb wird heute in der ganzen VR China, inklusive den Sonderwirtschaftszonen, auf eine Intensivierung des Beizuges von Fachkräften aus anderen Landesteilen in diesen Zonen oder in wirtschaftlich unterentwickelten Gebieten hingearbeitet [2]. Die Frage nach der Einschätzung und der Tragweite dieser Massnahme dürfte sich jedoch für Tibet aufgrund der Erfahrungen der letzten Jahrzehnte auf spezielle Weise stellen, und es geschieht daher mit gutem Grund, wenn die han-chinesische Präsenz in Tibet heute von den (Exil-)Tibetern als indirekter Kolonisationsversuch gewertet wird; eine Anschuldigung, deren Berechtigung durch die Tatsache unterstrichen wird, dass tibetische Städte wie Lhasa und Xigaze zu 60-70% von Han-Chinesen bevölkert sind [3]. Als Folge der Einwanderungswelle von chinesischen Fachkräften beklagt die exiltibetische Seite eine zunehmende Arbeitslosigkeit unter den Tibetern in der ART. So hätten in Lhasa 30'000 Tibeter ihren Arbeitsplatz verloren [4], während in den ersten Augustwochen des Jahres 1985 in anderen Gebieten der ART etwa 20'000 Tibeter arbeitslos geworden seien [5]. Die chinesische Seite weist diese Anschuldigungen kategorisch zurück. Im Gegenteil mangle es in Tibet an Arbeitskräften, und die Mehrheit der neu eingestellten Arbeiter und Angestellten seien Tibeter. Deshalb bestehe in Tibet "überhaupt kein Arbeitslosenproblem" [6].

5.3.4.3.Kaderfrage

Innerhalb der Diskussion um eine eventuelle Sinisierung der ART ist die Frage der Kaderausbildung von zentraler Bedeutung. Schon 1957 hatte Zhou Enlai festgehalten, dass die Heranbildung von Kadern aus den nationalen Minderheiten eine der Grundvoraussetzungen für die Durchsetzung des Rechtes auf nationale Autonomie sei [7]. Diese Forderung wurde, wie bereits dargestellt, im Jahre 1980 im Rahmen der neuen Tibetpolitik wiederholt und konkretisiert. Die Ausbildung von Kadern tibetischer Nationalität und anderer nationaler Minderheiten in Tibet sollte nun auch im Hinblick auf hohe Positionen intensiviert und das Kontingent der tibetischen Kader innerhalb von zwei bis drei Jahren von 60% auf zwei Drittel erhöht werden [8]. In der Tat arbeiteten im

---

[1] BR, Nr.2, 14.1.1986, S.15f. ("Fachkräfte - Schlüssel zum Erfolg")

[2] ebenda, S.16

[3] Urs Müller, *"Pekings liberalere Tibetpolitik"*, in: ZO, Nr.52, 4.3.1987 (SA); vgl. Kelsang Gyaltsen, *"Peking will Tibet überfremden"*, in: ZO, Nr. 54, 6.3.1987 (SA)

[4] The Economist, 15.6.1985, in: Van Walt Van Praag (II), S.19

[5] News Tibet 1, at 2 (Jan.-April 1985), in: Van Walt Van Praag (II), S.19

[6] BR, Nr.47, 24.11.1987, S.24

[7] Zhou Enlai: *"Guanyu Wo Guo Minzu Zhengce De Jige Wenti" (Zu Einigen Fragen Der Nationalitätenpolitik)*, in: HQ, 1/1980, S.14

[8] vgl. S.61 d.A.

Jahre 1980 ca. 66'000 Funktionäre in der ART, wovon 39'000 [1] tibetischer und über 25'000 han-chinesischer Nationalität waren [2]. Die Führungspositionen fielen mehrheitlich den Han-Kadern zu: lediglich 800 tibetische Funktionäre nahmen laut Schier Führungspositionen auf und über der Kreisebene und 100 auf der Bezirksebene ein, und nur 16 waren Mitglieder von Führungsorganen der ART [3]. Laut offiziellen chinesischen Angaben erhöhte sich der Prozentsatz der tibetischen Kader bis ins Jahr 1986 auf 62% [4], womit dem Anspruch auf eine Erhöhung auf zwei Drittel nicht gerecht wurde. Vermutlich zur Vertuschung dieser Tatsache war im Herbst 1987 verschiedentlich von einem Anstieg auf 80% die Rede [5]; da in dieser Zahl aber auch Kader anderer Nationalitäten eingeschlossen sind, ist sie als Vergleichsbasis unbrauchbar. Dasselbe Problem stellt sich beim Berechnen eines eventuellen Anstiegs tibetischer Kader in Führungspositionen. Neben der Angabe, dass 1986 alle Kreis-, Bezirks- und Gemeindevorsteher Tibeter seien [6], war 1987 zu erfahren, dass von den 41 führenden Mitgliedern der ART 77% bzw. 31 tibetische Kader und Kader anderer Nationalitäten seien [7]. Wenn diese Zahlen auch keinen wirklichen Aufschluss über die effektive Anzahl und über das Ausmass der Kompetenzausübung tibetischer Kader geben können [8], stellt man doch fest, dass die Richtlinien von 1980 zwar weiterhin verfolgt, aber nur langsam in die Tat umgesetzt werden. Ausserdem darf die angestrebte Erhöhung des tibetischen Kaderkontingentes nicht zum Schluss verleiten, dass durch diese Massnahme das Ziel einer allmählichen Ersetzung sämtlicher Han-Kader durch lokale Kader verfolgt werde. Bezüglich der zunehmenden Anzahl von tibetischen Kadern in leitenden Posten schrieb im Jahre 1982 ein Korrespondent der Zeitschrift Beijing Rundschau:

"Bedeutet dies, dass Tibet keine Han-Kader mehr benötigt? Natürlich nicht. (...) Es ist so, wie ein Verantwortlicher tibetischer Herkunft mir sagte: "Wir benötigen immer noch die Hilfe der Han-Genossen. Der Generalsekretär des ZK der Partei Hu Yaobang hat

---

1 bzw. 29'500, wenn die Kommunenkader, "die sich teils von der produktiven Arbeit loslösen", ausgeklammert werden; vgl. Beijing Rundschau (Hrsg.), S.18, sowie BR, Nr.48, 30.11.1982, S.14ff *("Kader tibetischer Herkunft sind herangewachsen").*

2 ebenda, sowie Schier (II), S.492, Anm. 26; Schier weist darauf hin, dass die Zahl der tibetischen Funktionäre mit der Zahl der tibetischen KPCh-Mitglieder übereinstimmt, was, ausgehend von einer tibetischen Gesamtbevölkerung in der ART von 1,67 Mio., einen Prozentsatz von 2,4% ausmache, während der Landesdurchschnitt bei 3,9% liege(ebenda; vgl. RMRB, 30.6.1980, S.1: *"Xizang Shaoshu Minzu Gongchangdangyuan Da Si Wan Duo Ren"* (Ueber 40'000 KP-Mitglieder tibetischer Nationalität).

3 Schier, ebenda

4 bzw. auf 32'000 tibetische Kader (ohne Kommunenkader), in: ChA, Nr.1, Jan. 1988, S.9.

5 vgl. Uebersetzung, S.33; BR, Nr.47, 24.11.1987, S.4

6 ChA, Nr.1, Jan. 1988, S.9

7 BR, Nr.47, 24.11.1987, S.4; vgl. Uebersetzung, S.33, wo unter Bezugnahme anderer Berechnungsfaktoren von 83,8% die Rede ist.

8 Wie schon erwähnt, unterstehen ausserdem alle autonomen Entscheide den Machtbefugnissen der oberen Staatsorgane, die ihrerseits von Han-Chinesen dominiert sind (vgl. Punkt 3 der "Acht Prinzipien", S.58 d.A.).

richtig gesagt, beide Seiten könnten sich nicht voneinander trennen". Hiermit ist gemeint, dass sich die Han-Nationalität von der Hilfe der nationalen Minderheiten und die nationalen Minderheiten sich von der Hilfe der Han-Nationalität nicht trennen können". [1]

Diese Bindung versucht die Zentralregierung durch verschiedene Massnahmen zu untermauern. Einerseits werden Han-Kader und -Arbeiter durch verschiedene Privilegien zu einem Aufenthalt im - von ihnen wenig geschätzten - Gebiet der ART motiviert, so z.B. durch die Erteilung von staatlichen Höhenzulagen, die die han-chinesischen Saläre in der ART bis um das Vierfache der üblichen Ansätze steigen lässt [2]. Umgekehrt werden tibetische Studenten zur Ausbildung an verschiedene Hochschulen und Institute des ganzen Landes geschickt, womit ebenfalls ein "sinisierender" Einfluss angestrebt wird [3]. Ausserdem scheinen chinesisch-tibetische Mischehen zwar nicht offen gefördert, von der Partei aber auch nicht ungern gesehen zu werden [4].

Abschliessend lässt sich sagen, dass auch in den Bereichen der Bevölkerungspolitik und der Kaderausbildung die Praxis weit hinter der Theorie zurückbleibt. Weder wurde das, schon von Mao angestrebte [5] und im Ansatz auch heute noch gültige Ziel einer massgeblichen Erhöhung der tibetischen Bevölkerung erreicht, noch konnte bis heute das Kontingent der tibetischen Kader auf zwei Drittel aufgestockt werden. Dennoch lässt sich die Frage nach der Sinisierung Tibets anhand der Bevölkerungspolitik nicht eindeutig beantworten, da aus den stark voneinander abweichenden chinesischen und exiltibetischen Zahlenangaben nur spekulative Schlüsse gezogen werden können. Für eine umfassende Beurteilung des Sinisierungsgrades in der ART müssen somit weitere Faktoren, wie die Kultur- und Religionspolitik Beijings in diesem Gebiet, untersucht werden.

5.3.5. Kulturpolitik

Die chinesische Regierung scheint heute mehr denn je bemüht zu sein, ein positives Bild ihrer Kulturpolitik in Tibet zu vermitteln. Davon zeugen zahlreiche Artikel zur

---

[1] Beijing Rundschau (Hrsg.), S.20

[2] Urs Müller: *"Pekings liberalere Tibetpolitik"*, in: ZO, Nr.52, 4.3.1987 (SA)

[3] Ob eine Sinisierung auch tatsächlich stattfindet, ist eine andere Frage; der Dalai Lama z.B. vertritt die Meinung, dass gerade unter den Tibetern, die im Landesinneren studiert haben, nationalistische Gefühle am ausgeprägtesten sind; in: BaZ, 16.6.1988, S.5.

[4] Qu Ni: *"Ich heiratete einen Han-Chinesen"*, in: China im Aufbau-Verlag, S.74 ff.

[5] vgl. Tabelle 5

tibetischen Kultur [1] und Berichte über die Gründung verschiedener Tibet-Institute, wie dem im Jahre 1985 eröffneten Chinesisch-Tibetischen Forschungsinstitut in Beijing unter der Leitung von Duojie Caidan [2] oder der 1986 in Lhasa gegründeten Gesellschaft für das Tibetische Studium [3].

In der Tat wurden in Tibet gemäss Artikel 4 der Verfassung von 1982, in welchem der Staat verpflichtet wird, die verschiedenen nationalen Minderheiten aufgrund ihrer Besonderheiten und Bedürfnisse bei der Entwicklung ihrer Wirtschaft und Kultur zu unterstützen [4], und gemäss einem gleichlautenden Beschluss der Staatlichen Kommission für Nationalitätenangelegenheiten bereits aus dem Jahre 1979 [5] seit 1980 eine Reihe von Massnahmen zur Unterstützung verschiedener kultureller Zweige eingeführt. So wurden z.B. seit 1980 vom Staat 12 Mio. Yuan für den Schutz von Kulturgegenständen zur Verfügung gestellt [6], wobei für die Renovation von Tempeln und Klöstern zusätzlich noch zwischen 24 und 27 Mio. Yuan hinzukamen [7]; ein Krankenhaus für traditionelle tibetische Medizin wurde wieder eröffnet [8], und man registrierte eine Zunahme der Publikationen in Sprachen der nationalen Minderheiten [9]. Diesen letzten Punkt bestätigte in seiner Ansprache vom 10. März 1984 auch der Dalai Lama; gleichzeitig verwies er aber darauf, dass in der politischen und wirtschaftlichen Verwaltung Tibets nach wie vor die chinesische Sprache dominiere [10]. Bereits 1982 hatte der Verein Tibeter Jugend in Europa die Bilanz gezogen, dass zahlreiche höhere Beamte in der ART der tibetischen Schrift und Sprache nicht mächtig seien. Da ausserdem auch in den Grund- und Mittelschulen überwiegend han-chinesische Kräfte tätig seien, habe dies zur Uebernahme der chinesischen Sprache und Kultur durch die tibetischen Schüler geführt [11].

Seit 1984 wurden nun verschiedene kulturpolitische Massnahmen getroffen, die auf den Willen der chinesischen Regierung zur Behebung dieser Missstände schliessen lässt. Obwohl die Einführung dieser Massnahmen mit der massiven Zunahme des

---

[1] BR, Nr.28, 14.7.1987, S.18ff.; BR, Nr.3, 12.1.1988, S.30f.; BR, Nr.16, 19.4.1988, S.39f.; BR, Nr.19, 10.5.1988, S.29f.

[2] Zu Duojie Caidan vgl. Uebersetzung, S.33

[3] BR, Nr.19, 10.5.1988, S.30

[4] Die Verfassung der VR China von 1982, S.14

[5] BR, Nr.25, 26.6.1979, S.5f

[6] BR, Nr.19, 10.5.1988, S.30

[7] vgl. S.91 d.A.

[8] BR, Nr.25, 22.6.1982, S.19ff.

[9] BR, Nr.11, 13.3.1984, S.33f.

[10] TF, 2/1984, S.17f. (*"Auszüge aus der Erklärung S.H. des Dalai Lama anlässlich des 25. Jahrestages des tibetischen Nationalaufstandes am 10.3.1984"*)

[11] NZZ, Nr.58, 11.3.1982 (SA); diesen Punkt hatte auch schon Tsultrim Tersey im Jahre 1979 kritisiert (TA, 20.8.1979 (SA)).

Touristenstromes in Tibet ab 1984 zusammenfällt [1] - was zur Annahme verleitet, dass die neuen kulturpolitischen Zugeständnisse auch Vorzeigezwecke zu erfüllen haben -, stellen sie zweifellos eine echte Chance dar, langfristig eine konkrete Verbesserung der kulturpolitischen Situation in Tibet zu erreichen. Allerdings scheint auch in diesem Bereich die Praxis noch weit hinter der Theorie zurückzubleiben, wie im folgenden Abschnitt anhand verschiedener Beispiele aufgezeigt werden soll.

Im Mai 1984 wurde die Gewährung eines jährlichen Kredites in Höhe von 20 Mio. Yuan für die Förderung des Schulwesens in Tibet beschlossen: 500 staatliche Grund- und Mittelschulen sollten damit schulgeldfrei gemacht werden und für die unentgeltliche Unterkunft und Kleidung der Schüler aufkommen [2]. In diesem Rahmen wurde gleichzeitig die Einführung des Tibetischen als Unterrichtssprache an allen tibetischen Grund- und Mittelschulen bekanntgegeben, ein Beschluss, der angesichts des exiltibetischen Vorwurfes einer zunehmenden Sinisierung bei tibetischen Schülern von ausserordentlicher Bedeutung ist. Wie die chinesische Seite aber gleich selber feststellte, werde eine effiziente Durchführung dieser Richtlinie noch Jahre beanspruchen, da der Mangel an tibetischen Lehrkräften zunächst durch eine Erhöhung der Zahl tibetischer Studenten an pädagogischen Hochschulen und Seminaren behoben werden müsse [3]. Ausserdem wurden han-chinesische Schüler von dieser Massnahme ausgenommen: laut einer Bestimmung aus dem Jahre 1987 müssen sie zwar Tibetisch als Hauptfach belegen, werden aber sonst in Hochchinesisch unterrichtet [4]. Diese Faktoren (Mangel an tibetischen Lehrkräften und getrennte Erziehung für tibetische und han-chinesische Schüler) werden sich zwangsläufig auch auf den Betrieb an Hochschulen auswirken. Schon heute lässt sich am Beispiel der ersten tibetischen Universität, die am 20. Juli 1985 mit rund 130 tibetischen und 90 chinesischen Studenten in Lhasa offiziell eingeweiht wurde [5], erkennen, dass eine wirkliche Priorität der tibetischen Sprache und Kultur vorderhand auch auf Hochschulebene illusorisch ist. Berichten einer dort lehrenden ausländischen Englischdozentin zufolge hat sich die Universität eindeutig zu einer chinesischen Einrichtung entwickelt; so sei ein Grossteil der tibetischen Studenten, deren Anzahl sich heute auf rund 500 von insgesamt 1'000 beläuft, Kaderkinder oder Kinder aus tibetisch-chinesischen Mischehen, die als Umgangssprache hauptsächlich das Chinesische pflegen [6].

---

[1] vgl. S.73 d.A.

[2] Xinhua, 23.5.1984, in: ChA, Juni 1984, S.313; vgl. Uebersetzung, S. 26

[3] Radio Lhasa, 28.5.1984, nach SWB, 4.6.1984, in: ChA, Juni1984, S.313

[4] BR, Nr.33, 18.8.1987, S.7

[5] NZZ, Nr.169, 24.7.1985 (SA)

[6] Julie Brittain, *"Experience of an English Teacher at Lhasa University"*, in: TR, April 1988, S.11ff.

Als Widerspiegelung der in Tibet vorherrschenden Machtstrukturen war dieses Phänomen auch im administrativen Bereich zu beobachten, welcher nach wie vor von der chinesischen Sprache dominiert wird. Daher kann als bisher wohl einschneidendste kulturpolitische Massnahme die Einführung des Tibetischen als Amtssprache auf allen Ebenen der Regierungsorgane in Tibet bezeichnet werden, wie es auf Vorschlag des Panchen Lama und von Ngapo Ngawang Jigme im Sommer 1987 vom IV. Volkskongress der ART verabschiedet wurde [1]. Gemäss diesem Beschluss gilt die tibetische Sprache nun auch als Amtssprache in den örtlichen Postämtern, in den Banken, in den Läden, bei Tagungen und am Gericht. Auch diese Richtlinie wird aber Jahre, wenn nicht Jahrzehnte beanspruchen, bevor sie in die Praxis umgesetzt werden kann: In der Tat werden lediglich sprachunkundige Beamte unter 45 Jahren dazu angehalten, einen Tibetischkurs zu absolvieren [2]!

Die chinesische Regierung selbst ist sich der mangelhaften Durchführung der Richtlinien auch auf kultureller Ebene offenbar bewusst. So warf der Panchen Lama anlässlich seiner Tibetreise im Januar und Februar dieses Jahres den Parteikadern vor dem regionalen Volkskongress in Lhasa neben Nichtbeachtung der tibetischen Sitten auch Unkenntnis der tibetischen Sprache vor. Dies sei auf eine allzu bequeme Haltung sowie auf Ueberbleibsel der linken Ideologie zurückzuführen und könne ernsthafte Konsequenzen nach sich ziehen [3]. Seine Befürchtungen scheinen sich mit den letzten Unruhen, die zweifellos auch eine Reaktion auf die vom Panchen Lama suggerierte Arroganz der han-chinesischen Kader darstellten, bewahrheitet zu haben.

5.3.6. Religionspolitik

Während in der Verfassung von 1978 lakonisch von Glaubensfreiheit sowie von der "Freiheit, nicht zu glauben und den Atheismus zu propagieren", die Rede war [4], fiel der Artikel über die Religion in der heute gültigen Verfassung von 1982 ausführlicher aus als je zuvor [5]. Neben der Glaubensfreiheit wurde unter anderem gefordert, dass "kein Staatsorgan, keine gesellschaftliche Organisation und keine Einzelperson" das Recht hätten, jene Bürger zu benachteiligen, die sich zu einer Religion bekannt bzw. nicht bekannt hätten. Diesen begrüssenswerten Forderungen folgte allerdings ein weiterer Paragraph, der die zugestandene Glaubensfreiheit durch seine breiten Auslegungsmöglichkeiten stark relativierte. Darin hiess es, dass der Staat "normale

---

1 BR, Nr.33, 18.8.1987, S.7; TA, 27.7.1987, S.5
2 BR, Nr.33, 18.8.1987, S.7
3 TA, 7.3.1988, S.3
4 Art. 46 der Verfassung von 1978, in: Epstein, S.509
5 Die Verfassung der VR China 1982, Art.36, S.35 f.

religiöse Tätigkeiten" (was immer darunter zu verstehen ist!) schütze und dass keine Religion dazu benutzt werden dürfe, "Aktivitäten durchzuführen, die die öffentliche Ordnung stören, die körperliche Gesundheit von Bürgern schädigen oder das Erziehungssystem des Staates beeinträchtigen". Gerade dieser letzte Punkt weist auf das fundamentale Problem hin, das sich in bezug auf eine wirkliche Gewährleistung der Glaubensfreiheit in Tibet stellt: so ist es offensichtlich, dass die im Lamaismus traditionelle Ueberschneidung von religiöser und weltlicher Macht dem Passus über die Priorität des staatlichen Erziehungssystemes diametral entgegensteht. In der Tat ist der Dalai Lama für die überwiegende Mehrheit der in- und ausserhalb der VR China lebenden Tibeter nach wie vor nicht nur das religiöse, sondern auch "das einzige anerkannte und legitime Oberhaupt der Nation" [1] - eine Ueberzeugung, die der ursprünglichen theokratisch-lamaistischen Staatsform Tibets entspringt und sich ohne Zweifel bis heute erhalten hat, obwohl sie von der chinesischen Seite als feudalistisch (und heute daher inexistent) verurteilt wird [2]. Während der Dalai Lama selbst bereits im Jahre 1981 bekanntgegeben hat, dass er ohne Anspruch auf die Unabhängigkeit Tibets, mit anderen Worten auch unter Verzicht seiner weltlichen Machtansprüche nach Tibet zurückkehren würde [3], machte die chinesische Regierung seine Rückkehr bis vor kurzem noch davon abhängig, dass er sich in Beijing niederlasse [4]. Daraus zog der Vertreter des Dalai Lama in der Schweiz, Kelsang Gyaltsen, den Schluss, dass die neue chinesische Religionspolitik keine grundlegenden Veränderungen für die Tibeter in der VR China bringen könne:

"Die Institution des Dalai Lama ist eine geschichtlich und glaubensmässig tief im Selbstverständnis des Tibets verankerte, nationale Einrichtung. Mit dem Rückkehrangebot demonstrierte auch die neue Führung Chinas eine solche Geringschätzung für die tibetische religiöse und geschichtliche Tradition sowie für die religiösen und politischen Gefühle unseres Volkes, dass wir Tibeter (uns) keine Hoffnungen auf grundsätzliche Verbesserungen der Situation unseres Volkes machen können" [5].

Der tiefen Verwurzelung der Religiosität im Leben des tibetischen Volkes [6] und der engen Verknüpfung von religiöser und politischer Tradition in Tibet begegnet die chinesische Regierung seit 1980 nicht nur mit Geringschätzung, sondern auch mit offensichtlicher Besorgnis, worauf unter anderem ein Aufruf des Panchen Lama aus dem Jahre 1981

---

[1] Kelsang Gyaltsen: *"China schätzt Tibets Tradition gering"*, in: TA, 26.3.1985 (SA)
[2] Jing Wei, "Glaubensfreiheit wiederhergestellt", in: BR, Nr.51, 21.12.1982, S.47
[3] Sunday Times, 5.7.1981, genannt in: Terry Cannon, *"Tibet - Development and Nationalism"*, in: CN, Nr.99, Nov./Dec. 1981, S.23
[4] Uebersetzung, S.30; BR, Nr.42, 20.10.1987, S.17 (vgl. S.91 d.A.)
[5] Kelsang Gyaltsen: *"China schätzt Tibets Tradition gering"*, in: TA, 26.3.1985 (SA)
[6] vgl. Yuan Li: *"All Tibetans Are Believers"*, in: WOC, Nr.11, Nov.1985, S.34 ff.

schliessen lässt, in welchem er die tibetische Bevölkerung davor warnte, die Religion zu Sabotagezwecken zu benützen oder Klöster und Tempel willkürlich wieder in Betrieb zu nehmen [1]. Diese Besorgnis manifestiert sich sowohl durch religiöse Repression (wie z.B. durch die wiederholte Festnahme, Umerziehung oder Ermordung von Mönchen [2]) als auch durch Einschränkungen in der Religionsausübung: die Zahl des Nonnen- und Mönchsnachwuchses ist staatlich kontrolliert und bleibt streng begrenzt [3]; die Durchführung des Kalachakra-Kultes, einer buddhistischen Initiationszeremonie, die im Lamaismus eine zentrale Rolle einnimmt [4], ist in Tibet seit der GPKR nicht erlaubt [5]; und schliesslich sei, so Kelsang Gyaltsen, die "Essenz der buddhistischen Religion, nämlich das Unterrichten und das Studium der Philosophie, nach wie vor verboten" [6]. Ein im Jahre 1983 in Tibet gegründetes Institut für Buddhismus, an dem 1987 gemäss chinesischen Angaben 170 tibetische Studenten studierten [7], bezeichnete er hierbei als "Alibiübung" [8].

Diesen massiven Kritiken der exiltibetischen Regierung begegnet die chinesische Seite seit Jahren mit der Beteuerung, dass "der Schutz der Glaubensfreiheit eine grundlegende Politik Chinas" sei [9], "dem Wunsch der Massen nach religiösen Aktivitäten im allgemeinen entsprochen" und die Politik der Glaubensfreiheit von den "Partei- und Regierungsführern aller Ebenen" respektiert und verwirklicht werde [10]. Allerdings werden Verzögerungen bei der Durchsetzung dieser Politik in "wenigen Arbeitsbereichen" zugegeben; hierfür sei die in Tibet nach wie vor bestehende "linke" Ideologie vieler Kader verantwortlich zu machen, die dem Willen der Zentralbehörden, "das Chaos durch Ordnung zu ersetzen und die richtige Politik durchzuführen", im Wege stünden [11]. Die liberalere Haltung der Zentralregierung drückt sich in erster Linie durch die finanzielle Unterstützung des Staates beim Wiederaufbau von Klöstern und Tempeln aus, für deren Zerstörung die chinesische Seite hauptsächlich tibetische

---

1 Bainqen Erdeni, *"A Great Turning Point for the Development and Prosperity of the Tibetan Nationality"*, Radio Peking, 23.5.1981, in FBIS, OW241912, 28.5.1981, p.Q1, in: Grunfeld, S.212.

2 AI, S. 18 u. 83; TA, 27.10.1987, S.5 (*"Umerziehung und Razzien in Tibet"*); TA 30.11.1987, S.5 über die Festnahme von 80 Mönchen im Kloster Ganden, sowie "Observer" vom 8.5.1988 (SA) über die Ermordung von 30 Mönchen in Lhasa am 5.3.1988.

3 DW, Nr.164, 18.7.1987 (SA); Wewo, Nr.41, 8.10.1987, S.3

4 vgl. Snellgrove, S.130; NZZ, Nr.160, 13.7.1985 (SA)

5 Der Kalachakra-Kult wurde 1985 unter Beisein zahlreicher Tibeter auch aus der VR China in Bodhgaya (Nordindien) durchgeführt, nachdem er zuvor, ebenfalls unter der Leitung des Dalai Lama, in Rikon (Schweiz) zelebriert worden war (NZZ, ebenda).

6 TA, 7.10.1987, S.2

7 BR, Nr.43, 27.10.1987, S.24

8 Gespräch der Verf. mit Kelsang Gyaltsen vom 24.11.1987

9 Jing Wei, *"Glaubensfreiheit wiederhergestellt"*, BR, Nr.51, 21.12.1982, S.44

10 BR, Nr.43, 27.10.1987, S.25; vgl. BR, Nr.46, 17.11.1981, S.20-22 (*"Ueber die Religionsfreiheit"*)

11 BR, Nr.15, 12.4.1988, S.10

Rotgardisten verantwortlich macht [1]. Gemäss chinesischen Angaben blieben nach der Kulturrevolution nur zehn Klöster und Tempel mit rund 1'000 Mönchen und Nonnen unbeschädigt [2]; 1984 waren 45 Klöster mit 1'400 Mönchen und Nonnen wieder in Betrieb [3]. Im selben Jahr verkündete Yin Fatang, dass als Zeichen der Politik der Glaubensfreiheit bis 1988 200 Klöster restauriert werden sollten [4], eine Zahl, die Ende 1987 bestätigt wurde: seit 1980 habe man 200 Klöster und 700 religiöse Stätten unter staatlicher Aufwendung von 24-27 Mio. Yuan seit 1980 renoviert und wiedereröffnet [5].

Dennoch bleibt die Anzahl der heute betriebenen Klöster gegenüber ihrem ursprünglichen Kontingent verschwindend klein: während die exiltibetische Seite von ehemals 7'000 Klöstern mit 120'000 Mönchen und 15'000 Nonnen spricht [6], belaufen sich chinesische Angaben immerhin auf 2'700 Klöster mit 114'400 Mönchen vor 1959 [7]. Dies mag mitunter erklären, warum der Dalai Lama im Jahre 1984 die Propagierung der Religionsfreiheit in Tibet als beeindruckendes Schlagwort, aber als nach wie vor leeres Gerede bezeichnete [8]. Für den Rückgang von Mönchen und Nonnen macht die chinesische Regierung interessanterweise nicht nur die Kulturrevolution verantwortlich. Bereits vor 1966 habe es in Tibet nur noch 550 Klöster mit 6'900 Mönchen und 400 "Lebenden Buddhas" gegeben, da infolge der demokratischen Reform viele Mönche freiwillig ins weltliche Leben zurückgekehrt und zahlreiche Tempel von "aufgebrachten Leibeigenen" beschädigt worden seien [9]. Denselben Angaben gemäss sollen sich heute auf 200 Klöster 14'000 Mönche und Nonnen verteilen [10], eine Zahl, die, gemessen an den obgenannten chinesischen Angaben, aus zwei Gründen zu hoch gegriffen scheint: Während die Anzahl der Mönche und Nonnen zwischen 1980 und 1984 lediglich um das 0,7-fache angewachsen war, müsste sie sich nun innerhalb von drei Jahren (1984-1987) von 1'400 auf 14'000 verzehnfacht haben. Andererseits müssten sich heute durchschnittlich 70 Mönche und Nonnen pro Kloster aufhalten, während es vor 1959 (unter Einbezug der

---

[1] vgl. S.46 f. d.A.
[2] *"Changing Life of Lamas in Tibet"*, Xinhua, 24.3.1979, S.16; in: Grunfeld, S.211; vgl. Fraser, S.79
[3] *"New Monks and Nuns Tonsured"*, China Daily, 8.8.1981, S.1, u.a.; in: Grunfeld, S.212
[4] NZZ, Nr.114, 17.5.1984 (SA)
[5] BR, Nr.43, 27.10.1987, S.22; Uebersetzung, S.29; vgl. Anita von Arx, *"Tibet ein Jahrzehnt nach der Kulturrevolution"*, in: NZZ, Nr.261, 9.11.1985 (SA); Jochen Hehn spricht 1987 von lediglich 26 renovierten Klöstern (DW, Nr.164, 18.7.1987 (SA)).
[6] Kelsang Gyaltsen: *"China schätzt Tibets Tradition gering"*, in: TA, 26.3.1985 (SA)
[7] BR, Nr.43, 27.10.1987, S.22
[8] TF, 2/1984, S.17
[9] BR, Nr.43, 27.10.1987, S.22; in TRPC, S.4, wird darauf hingewiesen, dass Repressionsmassnahmen und Zerstörungsaktionen, allerdings von chinesischer Seite, schon vor der Kulturrevolution stattgefunden hatten.
[10] vgl. Uebersetzung, S.29

Klöster Ganden, Sera und Drepung mit je mehreren Tausend Mönchen [1]) gemäss chinesischen Angaben nur 42 waren. Umgekehrt verleitet diese Angabe zur Frage, ob denn das Kontingent von Mönchen und Nonnen vor 1966 wirklich freiwillig auf 6'900 reduziert worden sei, wenn sich diese Anzahl heute tatsächlich bereits wieder verdoppelt hat.

Neben der Wiedereröffnung von Klöstern wurde neben dem bereits erwähnten, 1983 gegründeten Institut für Buddhismus am 20. Juli 1985 ein buddhistisches Forschungsinstitut eröffnet, an dem 120 Studenten zehn Jahre in Philosophie und tibetischem Buddhismus unterrichtet werden sollen, um später ihre Arbeit in Klöstern und Tempeln wieder aufzunehmen [2]. Als weitere positive Entwicklung ist die wieder erlaubte Durchführung von religiösen Festen zu werten, die während (und zum Teil noch lange nach) der Kulturrevolution verboten waren, wie zum Beispiel das Moinlam-Quenmo-Gebetsfest, das zu den wichtigsten religiösen Festen Tibets gehört und erst ab 1986 wieder zugelassen wurde [3]. Gerade am diesjährigen Gebetsfest aber prallten die tibetische und die chinesische Auffassung von Religionsfreiheit einmal mehr mit solcher Gewalt aufeinander, dass sie die Hoffnungen auf einen effektiven Fortschritt in Sachen Religionspolitik auf Jahre hinaus zunichte machen. Um der Oeffentlichkeit zu beweisen, dass sich die Lage in Tibet nach den Herbst-Unruhen wieder normalisiert habe, war das Fest entgegen dem Willen der lokalen Behörden unter der Leitung des tibetischen Zweiges der Chinesischen Buddhistenvereinigung durchgeführt worden [4]; allerdings hatten zahlreiche Mönche wegen der massiven Präsenz chinesischer Polizeikräfte nicht daran teilgenommen [5]. Die Forderung nach der Freilassung eines hohen Lamas durch tibetische Mönche, Randalierakte und die Ermordung eines chinesischen Polizisten [6] quittierten die chinesischen Sicherheitskräfte nach Angaben der Londoner Zeitschrift "Observer" am 5. März mit der Ermordung von dreissig Mönchen und der Verhaftung von mehreren hundert Tibetern [7]. Dieser Vorfall illustriert auf tragische Weise die anfangs dieses Kapitels aufgezeigten Mechanismen von religiösem Freiheitsstreben einerseits, das in Tibet als ehemals theokratischem Staat traditionell mit einem politischen Aspekt behaftet ist, und den massiven Repressionsmassnahmen andererseits, mit denen die chinesische Seite auf die dadurch zwangsläufig entstehende Verletzung der in der Verfassung postulierten

---

[1] Von den ehemals 3'330 Mönchen der Klosterstadt Ganden blieben 1984 noch 186 übrig; NZZ, Nr.114, 17.5.1984 (SA).

[2] NZZ, Nr. 169, 24.7.1985 (SA)

[3] vgl. Uebersetzung, S.9 und 29; BR, Nr.43, 27.10.1987, S.21

[4] BR, Nr.11, 15.3.1988, S.10; TA, 7.3.1988, S.1; nach Angaben der Nachrichtenagenturen AP/Reuter wird diese Organisation von einem Grossteil der Bevölkerung verdächtigt, gegen das tibetische Unabhängigkeitsstreben zu arbeiten (TA, ebenda).

[5] TA, 7.3.1988, S.1; TA, 10.3.1988, S.3

[6] BR, Nr.11, 15.3.1988, S.10

[7] Observer, 8.5.1988; vgl. GDL, 9.5.1988, S.3; Libération, 9.5.88, S.31

Wahrung der öffentlichen Ordnung reagiert. Die Aussage Zhou Enlais aus dem Jahre 1957, dass der religiöse Glauben "eine Frage des Glaubens des Volkes" sei und dass es sich "um keine politische Frage" handle, hat somit zumindest für Tibet keine Gültigkeit [1].

Eine wirkliche Verbesserung der religiösen Lage wird ausserdem solange nicht möglich sein, als die Religion in Tibet von der chinesischen Regierung lediglich als historisches Produkt gewertet wird [2], da dieser Haltung die ebenfalls von Zhou Enlai zitierte materialistische Auffassung zugrunde liegt, dass es Religion nur solange geben werde, als "die Gesellschaft noch nicht soweit entwickelt ist, dass die Bedingungen für die Existenz der Religion beseitigt sind" [3]. Eine Aufhebung der Religion in Tibet ist aber unter keinen Umständen denkbar, weil sie der Aufhebung der tibetischen nationalen Identität und somit einer radikalen Sinisierung gleichkäme und schon aus diesem Grunde auf den Widerstand der tibetischen Bevölkerung stossen würde.

Abschliessend kann gesagt werden, dass eine effektive Religionsfreiheit in Tibet nicht nur durch Toleranz gegenüber formalen Aspekten erreicht werden kann, wie dies heute geschieht; vielmehr sollten im Rahmen einer allgemein erweiterten Autonomie für Tibet politische Aspekte - darunter eine Rückkehr des Dalai Lama nach Tibet - in die Diskussion miteinbezogen werden. Solange dies nicht der Fall ist, wird sich weder die religiöse noch die politische Lage in diesem Gebiet grundlegend verbessern.

5.3.7. Beijing und der Dalai Lama [4]

Einen zentralen Platz in dieser Diskussion nehmen die (indirekten) Verhandlungen zwischen der chinesischen Regierung und dem Dalai Lama ein, die schon seit Jahren mit unterschiedlicher Intensität im Gange sind, bisher aber zu keinem konkreten Ergebnis geführt haben [5]. Dieser Status quo ist nicht nur auf Meinungsverschiedenheiten zwischen den beiden Parteien, sondern auch auf zeitweise parteiinterne Machtkämpfe zurückzuführen, bei denen sich noch im Jahre 1985 reformwillige Anhänger Dengs mit der Forderung konfrontiert sahen, die Verhandlungen mit dem Dalai Lama bedingungslos abzubrechen [6] - eine Haltung, die stark an den Ausspruch Maos aus dem Jahre 1957 erinnert, dass "das chinesische Festland auch nicht versinken" werde, wenn der Dalai

---

1 HQ, 1/1980, S.13; Uebers. in: BR, Nr.10, 11.3.1980, S.21

2 NZZ, Nr.261, 9.11.1985 (SA)

3 Zhou Enlai, *"Zu einigen Fragen der Nationalitätenpolitik"*, in: BR, Nr.10, 11.3.1980, S.21

4 Ueber den Dalai Lama vgl. u.a. S.32, 41, 51, 52, 54, 56, 76, 78, 83 u. 86 d.A.

5 Ueber die Gründe für das Interesse der chinesischen Regierung an einer Rückkehr des Dalai Lama vgl. S.51 d.A.

6 NZZ, Nr. 26, 13.2.1985 (SA)

Lama nicht zurückkehren sollte [1]. Diese Position ist aber seit dem 13. Parteitag vom Oktober 1987, an dem die Reformer ihre Mehrheit im Politbüro und in der Partei trotz den vorangegangenen Lhasa-Unruhen behaupten konnten, bis auf weiteres in den Hintergrund gedrängt worden.

Davon zeugt unter anderem die kürzliche Zusicherung des Panchen Lama, dass der Dalai Lama bei seiner Rückkehr unter Berufung auf die in der Verfassung garantierte Niederlassungsfreiheit "in Beijing, in Tibet oder sonstwo in China" leben könne [2]. Diese Zusicherung, die auf einer Pressekonferenz für chinesische und ausländische Journalisten anlässlich der 1. Tagung des VII. Nationalen Volkskongresses am 4. April 1988 gemacht wurde, ist umso bemerkenswerter, als noch Ende 1987 in einem Fünfpunkteprogramm [3] des Zentralkomitees für die Politik der Partei gegenüber dem Dalai Lama betont worden war, dass dieser nach seiner Niederlassung in der VR China weder ein Amt in Tibet übernehmen noch sich dort niederlassen dürfe [4]. Obwohl der Panchen Lama anfangs April betonte, dass diese fünf Richtlinien zur Frage des Dalai Lama auch weiterhin gelten würden [5], scheint seine Zusicherung bezüglich der Niederlassungsfreiheit verbindlich zu sein, da sie vom chinesischen Ministerpräsidenten Li Peng auf einer Pressekonferenz am 13. April 1988 bestätigt wurde [6].
Als weiteres Entgegenkommen der chinesischen Regierung kann die im Fünfpunkteplan gemachte Zusicherung gelten, dass man Vergangenes ruhen lassen müsse [7]. Noch im Jahre 1985 war als Bedingung für eine Rückkehr des Dalai Lama gefordert worden, dass dieser seine früheren Fehler eingestehe [8], was ihn, zusammen mit der Forderung seiner Niederlassung in Beijing, veranlasst hatte, seinen für 1985 geplanten Tibetbesuch abzusagen [9].

Ob diese Zugeständnisse vom Dalai Lama selbst als solche erkannt werden, bleibt noch offen. In der Tat betont er seit Jahren, dass für ihn die Frage nach seinem eigenen Status und nach den Bedingungen für seine Rückkehr ohne Bedeutung seien; in erster Linie gelte es, den Status Tibets zu klären und die Rechte des tibetischen Volkes festzulegen [10]; eine

---

[1] Mao Zedong: *"Zai Sheng Shi Zizhiqu Dangwei Shuji Huiyi Shang De Chahua He Zongjie"*, 27.1.1957 (Zwischenbemerkungen und Zusammenfassung auf einer Konferenz von Sekretären der Parteikomitees der Provinzen, Städte und Autonomen Gebiete), in: Martin (Helmut), S.123
[2] BR, Nr.15, 12.4.1988, S.9f.
[3] Für die fünf Richtlinien der chinesischen Politik gegenüber dem Dalai Lama s. Uebersetzung, S.29 f., sowie BR, Nr.42, 20.10.1987, S.17.
[4] ebenda, sowie Uebersetzung, S.30
[5] BR, Nr.15, 12.4.1988, S.11
[6] BR, Nr.17, 26.4.1988, S.13; über Li Peng s. Bartke, S.235
[7] Uebersetzung, S.30
[8] NZZ, Nr. 36, 13.2.1985 (SA)
[9] ebenda
[10] Tibet-Info, May 1988 (Special Issue), S.2

Rückkehr werde er erst ins Auge fassen, wenn er sich des Wohlbefindens der Bevölkerung unter der chinesischen Herrschaft vergewissert habe [1]. Allerdings dürfte es auch der exiltibetischen Regierung klar sein, dass die Person des Dalai Lama als unentbehrlicher Bestandteil der nationalen tibetischen Identität für die chinesische Seite von ausserordentlicher Bedeutung ist, da für Beijing sowohl seine Abwesenheit als auch seine Rückkehr Probleme in sich birgt. Während seine Abwesenheit zweifellos zu den Ressentiments der tibetischen Bevölkerung gegen die Han beigetragen hat [2], würde seine Rückkehr vom Grossteil des Volkes als Rückkehr des Gottkönigs empfunden [3], was im Falle eines gespannten Verhältnisses zwischen der chinesischen Regierung und dem Dalai ebenfalls kaum zum Abbau der antagonistischen Tendenzen beitragen würde. Deshalb ist die chinesische Regierung vor allem daran interessiert, dass der Dalai Lama die "Stabilität der politischen Lage", die "grossen wirtschaftlichen Fortschritte" und das "harmonische Zusammenleben der Nationalitäten" in Tibet anerkenne und zur Verwirklichung der "Vier Modernisierungen" sowie zur Festigung der Einheit zwischen Han-Chinesen und der tibetischen Bevölkerung beitrage [4]. Diese Forderungen, die schon in den oben erwähnten fünf Richtlinien der Partei zur Tibetpolitik gestellt worden waren [5], wurden im April dieses Jahres vom Panchen Lama unmissverständlich wiederholt: solange der Dalai Lama auf Unabhängigkeit und Spaltertum bestehe, seien Verhandlungen überflüssig und ohne Grundlage [6]. Auch Li Peng betonte, dass die Hauptvoraussetzung für einen Dialog die Bereitschaft des Dalai Lama sei, Tibet als Bestandteil des Territoriums Chinas anzuerkennen und für den Aufbau eines sozialistischen Tibets bemüht zu sein [7].

Die Haltung des Dalai Lama zu dieser Frage ist gespalten. Einerseits befürchtet er, dass eine Forderung nach der Unabhängigkeit Tibets das Ende der Verhandlungen mit der chinesischen Regierung bedeuten könnte. Andererseits stösst er aber mit Konzessionen an die chinesische Seite unter Tibetern selbst auf Widerstand (in der Tat hatte der Dalai Lama bereits 1979 festgestellt, dass er mit seinen liberalen Ideen und seiner Offenheit für den Sozialismus und für gewisse marxistische Aspekte [8] nicht bei allen Exiltibetern auf Zustimmung stiess [9]):

---

[1] FA, Nr.151, 5.7.1982 (SA)

[2] vgl. CN, Nr.99, Nov./Dec. 1981, S. 22

[3] vgl. TDG, Nr.207, 4.9.1984 (SA)

[4] Uebersetzung, S.30; BR, Nr. 42, 10.10.1987, S.17

[5] BR, Nr.42, 20.10.1988, S.17; Uebersetzung, S.29 f.

[6] BR, Nr.15, 12.4.1988, S.11f.; vgl. BR, Nr.16, 22.4.1986, S.9 (*"Dalai Lama jederzeit willkommen"*), sowie Alo Chonzed, *"Unabhängigkeit von Tibet - eine Sackgasse"*, in: BR, Nr.26, 26.6.1984, S.23f.

[7] BR, Nr.17, 26.4.1988, S.13

[8] vgl. Dalai Lama, *"Geistiger Beitrag zur gesellschaftlichen Weiterentwicklung"*, in: TF, 1/1982

[9] Nancy Nash, *"The Dalai Lama Weighs the Chances of Return"*, in: FEER, 105, 31, 1979, S.23, in: Grunfeld, S.215

"It is theoretically possible that 6 million Tibetans may have more benefit by remaining with the 1'000 million of China, instead of a shaky, unmanageable independence. But it will depend very much upon circumstances in China and will take time, many more years(...) I do not want to cut off dialogue with Beijing entirely, unproductive as it ist (...) At the same time, I cannot say anything to discourage the Tibetan people. If I say 'complete independence', that leaves no room for negotiation with China... On the other hand, how can I set autonomy as a goal, when Tibetan heroes are sacrificing their lives for independence while I sit here in freedom" [1].

In seinem Fünfpunkte-Friedensplan, den er am 21. September 1987 vor dem Menschenrechtsausschuss des amerikanischen Kongresses in Washington vorstellte, forderte der Dalai Lama deshalb die Umwandlung des gesamten Gebiets von Tibet in eine Friedenszone durch den Abzug der chinesischen Truppen aus Tibet sowie die Aufnahme ernsthafter Verhandlungen über den künftigen Status Tibets [2]. Auf die Frage, wie im Falle einer Unabhängigkeit Tibets die ideale Regierungsform aussehen würde, hatte der Dalai Lama bereits 1979 geantwortet, dass diese Entscheidung "aus verschiedenen Gründen" den Tibetern in China überlassen würde [3].
Die Tatsache, dass eine Delegation der tibetischen Exilregierung im Jahre 1982 nicht die Unabhängigkeit, sondern lediglich eine Erweiterung der Autonomie Tibets durch die Umwandlung dieses Gebiets in eine administrative Spezialzone verlangt hatte [4], (die gesetzliche Grundlage zu diesen Zonen, die über eine breite Autonomie verfügen, war im Hinblick auf die Wiedervereinigung mit Hong Kong und mit Taiwan in der Verfassung von 1982 verankert worden), lässt aber eher vermuten, dass die tibetische Exilregierung auf eine Forderung Beijings nach dem Verzicht jeglicher Unabhängigkeitsabsprüche verzichten wird. Einzig dieser Entschluss würde den Weg zu direkten Verhandlungen zwischen der chinesischen Regierung und dem Dalai Lama freigeben, denn es ist ganz klar, dass China aus sicherheitspolitischen Gründen und aus Angst vor einem Gesichtsverlust Tibet nie auf freiwilliger Basis in die Unabhängigkeit entlassen wird [5].
Allerdings ist zu hoffen, dass im Falle eines tibetischen Verzichts auf Unabhängigkeit auch die chinesische Seite Zugeständnisse an eine erweiterte Autonomie Tibets machen wird. Sowohl im Jahre 1982 als auch kürzlich fiel die Reaktion der chinesischen Regierung auf diesbezügliche Ansprüche vor allem aus dem Grunde eindeutig negativ aus,

---

[1] Myriam Kaye, *"What they are saying at the Yak Restaurant"*, in: FEER, 19.11.1987, S.60

[2] Statement Of His Holiness The Dalai Lama, S.5; schon im November 1984 hatte eine Delegation des Dalai Lama in Beijing den Vorschlag unterbreitet, Nepal und Tibet in einer Friedenszone zu vereinigen (vgl. NZZ, Nr.36, 13.2.1985 (SA)).

[3] Avedon (II), S.32; 1961 war in einer "Deklaration des Dalai Lama über die Prinzipien einer Verfassung Tibets" das Modell einer konstitutionellen Demokratie auf der Grundlage des Buddhismus entworfen worden (Tomson (I), S.182).

[4] Alain Campiotti, *"Le dalaï-lama autorisé à revoir le Tibet?"*, in: TDG, Nr.207, 4.9.1984 (SA)

[5] vgl. Thomas Heberer, *"Keine Rechtfertigung"*, in: DNC, 4/1987, S.15

weil ausser der ART auch die ehemaligen Provinzen Amdo und Kham in den Plan miteinbezogen werden sollen:

"Dieser Vorschlag entbehrt jeder realistischen Grundlage(...) Die von den Tibetern bewohnten Gebiete (...) waren auch in der Vergangenheit nie vereinigt gewesen (...) und haben auch in der Vergangenheit nie eine einheitliche Wirtschaftszone gebildet. (...) Der Umfang eines autonomen Gebietes kann nur unter den Voraussetzungen bestimmt werden, dass nicht nur die Gleichberechtigung und die Einheit der verschiedenen Minderheiten garantiert, sondern auch günstige Bedingungen für die administrative Verwaltung und die wirtschaftliche und kulturelle Entwicklung in diesem autonomen Gebiet geschaffen werden müssen. Eine so grosse Region zu einem autonomen Gebiet zu machen, hemmt nicht nur die wirtschaftliche und kulturelle Entwicklung dieses Gebiets, sondern wirkt sich auch negativ auf die regionale Autonomie der Minderheiten aus" [1].

Dennoch lassen die obenerwähnten Zugeständnisse der chinesischen Regierung an den Dalai Lama bezüglich Niederlassung und Vergangenheitsbewältigung darauf hoffen, dass auch in diesem Punkt eine Kompromisslösung gefunden werden könnte. Vor allem das kürzliche Rückkehrangebot an den Dalai Lama aber kann bereits als Schritt in diese Richtung gewertet werden, wenn man sich vergegenwärtigt, dass die chinesische Regierung noch im Herbst 1987 die schärfsten Angriffe seit zehn Jahren gegen den Dalai Lama und seinen Fünfpunkte-Friedensplan geführt und ihn für die Lhasa-Unruhen verantwortlich gemacht hatte [2]. Das Rückkehrangebot muss daher in erster Linie auf diesem Hintergrund gesehen und gewürdigt werden.

Eine Reise des Dalai Lama nach Europa im Juni 1988, die er zum Anlass nehmen möchte, um verschiedene Ergänzungen zu seinem Friedensplan vorzubringen, wird Aufschluss darüber geben, ob unter diesen Voraussetzungen eine bilaterale Lösung für die nahe Zukunft möglich ist.

---

[1] BR, Nr.42, 20.10.1987, S.16

[2] RMRB, 3.10.1987, S.3; vgl. BR, Nr.15, 12.4.1988, S.11, sowie Hua Chaoqun, *"Xizang De Dongdang Shuomingle Shenme?"* (Was erklären die Unruhen in Tibet?), in: Zhongguo Zhi Chun Yuekan, 12/1987, S.56 f.

6. SCHLUSSWORT

Die am Anfang dieser Arbeit formulierte These, dass die chinesische Regierung in der ART eine Sozialisierung Tibets und seiner Bevölkerung auch nach der Einführung der Reformen anstrebte, soll an dieser Stelle durch die Beantwortung der eingangs gestellten Fragen nach den Massnahmen Beijings zur weiteren Integrierung Tibets in die ART und nach den Hintergründen für den tibetischen Widerstand nun abschliessend nach ihrer Gültigkeit überprüft werden.
Aufgrund der dritten Frage nach einer eventuellen Lockerung der chinesischen Prämisse, dass Tibet ein unabtrennbarer Teil Chinas ist, soll schliesslich kurz auf die politische Zukunft Tibets eingegangen werden.

Die Liberalisierungspolitik der chinesischen Regierung bezüglich Tibets zeichnet sich vordergründig dadurch aus, dass sie einerseits erst 1980 ihren Einzug in die ART hielt, andererseits aber breitere Zugeständnisse an die tibetische Autonomie machte, als es für andere autonome Gebiete der Fall war. So entwickelte sich z.B. das Gesetz über die Gebietsautonomie der VR China von 1984, welches den nationalen Minderheiten ein hohes Mass an wirtschaftlicher, politischer und kultureller Selbstbestimmung zusicherte, auf der Grundlage der sogenannten acht ZK-Prinzipien und sechs Bedingungen Hu Yaobangs aus dem Jahre 1980 zur Verbesserung der allgemeinen Lage in der ART. Die Tatsache, dass die katastrophalen Auswirkungen der Kulturrevolution in Tibet bis 1980 von der Parteizentrale nicht zur Kenntnis genommen wurden, scheint in erster Linie an der Verschleierungspolitik lokaler Kader gelegen zu haben, die zur ungestörten Fortführung ihres bisherigen "linken" Kurses (es sei daran erinnert, dass die ART bis zur Absetzung ihres 1. Parteisekretärs Ren Rong als letzte Bastion der kulturrevolutionären Linken galt) der chinesischen Regierung über Jahre hinweg ein falsches Bild der Situation in diesem von Beijing entlegenen Gebiet vermittelt hatten. Erst die Berichte verschiedener tibetischer Delegationen des Dalai Lama und ein Tibetbesuch Hu Yaobangs führten zu einer radikalen Neueinschätzung der Lage durch die Zentralregierung und zur Einführung verschiedener Massnahmen zur Verbesserung der allgemeinen Situation. Hierbei sollte in erster Linie das Recht der Tibeter auf Selbstbestimmung in wirtschaftlicher, politischer und kultureller Hinsicht massgeblich erweitert werden.

An diesem Punkt ist nun die Frage anzusetzen, die hier vorwiegend interessiert: Stellten diese Massnahmen eine Abkehr vom Bestreben dar, Tibet zu sozialisieren, oder waren sie im Gegenteil Mittel zum Zweck, um diese Sozialisierung auf anderem Wege doch noch zu erreichen? In der Tat hätten die weitgehenden Zugeständnisse an eine regionale Autonomie den Eindruck erwecken können, dass - eventuell als Kompromiss im Hinblick auf eine

von der chinesischen Regierung erwünschte Rückkehr des Dalai Lama - auf das Ziel einer Sozialisierung teilweise verzichtet worden war. Dem war aber aus folgenden Gründen nicht so: Einerseits zeigt die Tatsache, dass die ART sowohl in der Verfassung von 1982 als auch in zahlreichen chinesischen Büchern, Abhandlungen und Artikeln, die nach diesem Zeitpunkt erschienen, als unabtrennbarer Bestandteil der VR China bezeichnet wird, dass die chinesische Regierung nach wie vor weit davon entfernt ist, ihren Anspruch auf Tibet aufzugeben. Andererseits zeugen realpolitische Massnahmen davon, dass im Gegenteil eine Festigung der Bindung zwischen der ART und der chinesischen Regierung angestrebt wird. Als wichtigste Punkte seien sowohl die Finanzspritzen zu nennen, die Tibet in einen wachsenden wirtschaftlichen Abhängigkeitsbereich Beijings gebracht haben, als auch die direkte chinesische Einflussnahme in verschiedenen Bereichen, so z.B. auf den Gebieten der Erziehung, der Hygiene, des Tourismus (Dienstleistungsektor), des Handels, usw. usw.
Somit wird klar, dass die Liberalisierungspolitik keineswegs eine Abkehr von der Prämisse darstellt, Tibet müsse als historischer Bestandteil Chinas in die Volksrepublik integriert werden, sondern dass sie vielmehr dazu dient, durch die Zufriedenstellung der tibetischen Bevölkerung ihre Eingliederung in den chinesischen Vielvölkerstaat und die zur innenpolitischen Stabilität notwendige Einheit zwischen den Nationalitäten zu fördern. Daraus kann auch der Schluss gezogen werden, dass die Reformpolitik der chinesischen Regierung in der ART nur in dem Masse liberal sein und Zugeständnisse an eine tibetische Selbstbestimmung machen kann, solange dadurch keine sozialistischen Grundsätze in Frage gestellt werden.

Dennoch wäre durch eine effektive Durchführung der liberalpolitischen Richtlinien, wie sie heute im Gesetz und auf dem Papier existieren, ein Ausmass an Selbstbestimmung zu erreichen, den die tibetische Bevölkerung heute in Wirklichkeit aber nicht ausübt. Dieser Punkt leitet zur zweiten Frage, die dieser Arbeit zugrunde lag, über. In der Tat konnten in allen untersuchten Bereichen (Wirtschafts-, Bevölkerungs-, Kultur- und Religionspolitik) Mängel bei der Durchführung der Gebietsautonomie festgestellt werden. In wirtschaftlicher Hinsicht kritisiert die chinesische Regierung selbst sowohl linke Tendenzen und Ineffizienz bei der Durchführung der Reformpolitik als auch eine verschwenderische Nutzung der staatlichen Finanzzuschüsse. In bezug auf die Bevölkerungspolitik kommt man zum Schluss, dass die tibetischen Anschuldigungen einer massiven Umsiedlungspolitik von Han-Chinesen in die ART nicht unberechtigt sind, auch wenn sie von chinesischer Seite abgestritten werden. So können zwar aus den widersprüchlichen chinesischen und exiltibetischen Zahlenangaben selbst keine konkreten Schlüsse gezogen werden; es wurde aber gezeigt, dass einerseits Han-Chinesen aus dem Landesinneren von der Regierung durch verschiedene Massnahmen zu

langjährigen Aufenthalten in der ART motiviert werden (neben der Zuteilung von Höhenzulagen sei auch die Zusicherung auf die Auszahlung höherer Pensionsanteile erwähnt, die nur denjenigen versprochen wird, welche sich definitiv in der ART niederlassen), und dass andererseits das Ziel bis heute nicht erreicht wurde, das Kontingent der tibetischen Kader auf zwei Drittel aufzustocken. So ist die Zahl han-chinesischer Kader vor allem in höheren Positionen nach wie vor dominant. In kulturpolitischer Hinsicht werden zwar seit einigen Jahren offensichtliche Anstrengungen unternommen, um dem exiltibetischen Vorwurf der zunehmenden Sinisierungsabsichten entgegenzuwirken (dies hauptsächlich durch die Einführung des Tibetischen als Unterrichts- und Amtssprache in den letzten drei Jahren); dennoch wird auch in diesem Bereich eine effektive Durchsetzung der entsprechenden Richtlinien noch Jahre, wenn nicht Jahrzehnte beanspruchen. Schliesslich kann bezüglich der Religionspolitik gesagt werden, dass Repressionen bei der Religionsausübung durch lokale Kader indirekt durch die Gesetzgebung selbst unterstützt werden, da diese sogenannte Religionsfreiheit nur in dem Masse toleriert wird, als sie sich nicht gegen die Interessen des Staates stellt. Dass die Gleichung für keine der beiden Seiten aufgehen kann, ist augenfällig: Einschränkungen in der Glaubensfreiheit führen in der tibetischen Bevölkerung zu antagonistischen Tendenzen, die wiederum Repressionen der chinesischen Seite nach sich ziehen.
Diese Diskrepanz zwischen den Richtlinien der Regierung und ihrer Durchführung durch lokale Kader einerseits sowie die Tatsache andererseits, dass eine Liberalisierung der Tibetpolitik nur in dem Masse stattfand, als dadurch keine sozialistischen Grundsätze tangiert und verletzt wurden (wofür die Religionspolitik das beste Beispiel ist), sind somit ohne Zweifel für den offenkundig gewordenen Widerstand der tibetischen Bevölkerung gegen die chinesische Herrschaft in Tibet in den letzten Jahren verantwortlich.

Wenn man für die chinesische Tibetpolitik der letzten Jahre sowohl die theoretischen Grundsätze und Zugeständnisse als auch ihre praktische Durchführung berücksichtigt, kann in bezug auf die These, die dieser Arbeit zugrundeliegt, in diesem Sinne zusammenfassend gesagt werden, dass eine Sozialisierung des tibetischen Gebietes und seiner Bevölkerung durch die chinesische Regierung nicht nur angestrebt, sondern bisher auch auf Kosten einer reellen Liberalisierung und Gewährleistung der regionalen Autonomie durchgeführt wurde. Nur dadurch lässt sich die Tatsache erklären, dass die kürzlichen politischen Spannungen in der ART gerade in eine Zeit fallen, da der Eindruck vorherrscht, Liberalisierung und Selbstbestimmung seien in der ART keine leeren Worte mehr. (Mit dieser Feststellung wird der gängigen Theorie, dass der tibetische Widerstand durch die Liberalisierung genährt wurde, bewusst widersprochen: Wie aus der Arbeit deutlich wird, fanden Unruhen und Aufstände in der Tat schon vor der Liberalisierung statt, was jedoch durch die Tatsache, dass Tibet dem Tourismus bis vor wenigen Jahren verschlossen blieb, nur bruchstückhaft an die Aussenwelt drang). Nur eine vollständige Gewährleistung und Durchführung der Richtlinien zur regionalen Autonomie in allen untersuchten Bereichen wird somit zum Abbau der Spannungen in Tibet beitragen können.

Die Frage danach, ob die Liberalisierungspolitik Beijings als Lockerung der chinesischen Prämisse, dass Tibet ein unabtrennbarer Teil Chinas ist, verstanden werden kann, fällt nach den bisherigen Ausführungen rhetorisch aus. Die Tatsache, dass eine Unabhängigkeit Tibets aus chinesischer Sicht ausser Diskussion steht, zeigt sich nicht nur im entsprechenden Artikel der Verfassung von 1982, sondern auch darin, dass die chinesische Regierung in ihren Verhandlungen mit dem Dalai Lama den Riegel bereits bei der Gewährung einer erweiterten Autonomie, wie sie für Hong Kong und Taiwan vorgesehen ist, geschoben hat.

Der Dalai Lama selbst scheint sich mit dieser Tatsache mittlerweile abgefunden zu haben. Am 15. Juni 1988 bot er der chinesischen Regierung Verhandlungen über eine chinesisch-tibetische Assoziation an und verzichtete ausdrücklich auf die Forderung nach einer völligen Unabhängigkeit Tibets [1]. Sein Vorschlag sieht einen Assoziationsvertrag vor, in dem Gesamt-Tibet als "sich selbst regierende demokratische politische Einheit" [2] für die Bereiche wie Religion, Erziehung, Sport, Kultur, Tourismus, Wissenschaft und Handel verantwortlich wäre, während die aussenpolitischen Bereiche von der VR China vertreten würden. Der Dalai Lama selbst würde nach eigenen Aussagen keinen politischen Rang bekleiden. Ausserdem soll im Rahmen einer Friedenskonferenz über die Entmilitarisierung und Neutralisierung Tibets verhandelt werden. Bis in dieser Frage eine konkrete Lösung gefunden werde, könne China eine beschränkte Anzahl militärischer Einrichtungen in Tibet unterhalten.

Wie im letzten Kapitel dargestellt wurde, wird die chinesische Regierung kaum auf die Forderung eingehen, das ehemalige gesamte Gebiet Tibets in diesen Plan miteinzubeziehen. Ebensowenig wird sie bereit sein, auf eine Umwandlung Tibets in eine Friedenszone und auf den Abzug ihrer Truppen aus Tibet zu verzichten, da sie Tibet als Bestandteil der VR China und die Tibetfrage somit als innere Angelegenheit betrachtet. Eine Lösung könnte sich aber vielleicht dahingehend abzeichnen, dass für das Gebiet der ART eine Aufteilung der tibetischen und chinesichen Machtbefugnisse im Sinne einer

---

[1] vgl. Exklusivinterview der BaZ mit dem Dalai Lama vom 16.6.1988, S.3 f.

[2] ebenda, S.1

erweiterten Autonomie für diese Region nach dem Vorschlag des Dalai Lama vorgenommen würde.

Auch wenn es vermutlich noch Jahre brauchen wird, um in dieser Frage eine konkrete Lösung zu finden, wurde mit dem tibetischen Verzicht auf Unabhängigkeit doch der Weg zu ersten direkten Verhandlungen zwischen der chinesischen und der exiltibetischen Regierung geebnet. Die Reaktion Beijngs wird zeigen, ob der Weg einmal mehr in einer Sackgasse zu enden droht, oder ob er im Gegenteil zu einer Lösung führen wird, die beiden Seiten gerecht werden kann.

UEBERSETZUNG

Inhaltsverzeichnis

(Seite 1)

UEBERBLICK UEBER DIE SITUATION IN TIBET

Die tibetische Provinz ist das wichtigste Siedlungs- und Ursprungsgebiet der tibetischen Nationalität; ebenso ist es das wichtigste Herkunftsgebiet der Nationalitäten der Menba und der Luoba. Tibet ist ein autonomes Minderheitengebiet unseres Landes, dessen Politik, Wirtschaft, Kultur und natürliche Bedingungen eine ausgeprägte Eigenart aufweisen. Im Wahren der nationalen Einheit, im Verteidigen des Grenzgebietes im Südwesten des Vaterlandes, in der Verwirklichung der politischen Stabilität und Einheit unseres Landes und in der Durchführung des sozialistischen Aufbaus und der Modernisierung nimmt es eine wichtige Stellung ein.

Das tibetische Volk ist arbeitsam, einfach, klug und mutig; es ist ein wichtiges Mitglied unserer chinesischen Nationalitäten und hat entscheidend an der geschichtlichen und kulturellen Entwicklung des Vaterlandes beigetragen. Gestützt auf eine Volkszählung aus dem Jahre 1982 leben im ganzen Land insgesamt 3'870'068 Tibeter; davon leben 1'786'544 in Tibet, 754'254 in Qinghai, 922'024 in Sichuan, 304'540 in Gansu und 95'915 in Yunnan; die übrigen verteilen sich auf das ganze Land. Seit 1982 ist die Zahl der tibetischen Bevölkerung im ganzen Land erneut gestiegen und erreicht jetzt ungefähr 4 Millionen, wovon über 1,93 Mio. in Tibet leben; sie machen über 95% der 2,02 Mio. zählenden Gesamtbevölkerung Tibets aus.

1. Tibet ist ein unabtrennbarer Teil des Vaterlandes

1.1. Geographischer Ueberblick

Tibet liegt an der südwestlichen Grenze unseres Landes; es ist ein schönes, fruchtbares Gebiet mit einer Fläche von über 1,2 Mio. km2 , die ungefähr einen Achtel der Gesamtfläche des ganzen Landes ausmacht und durchschnittlich 4'000 Meter über dem Meeresspiegel liegt;

(Seite 2)

weil es weltweit das weiteste und höchstgelegenste Hochplateau ist, wird es als "Dach der Welt" bezeichnet.

Im Norden Tibets liegen Xinjiang und Qinghai, im Osten grenzt es an Sichuan und Yunnan, im Westen liegt Kashmir, und im Süden grenzt es an Nepal, Bhutan, Sikkim, Indien und an einen kleinen Teil Burmas. Die Grenzlinie hat eine Länge von 4'000 km.

Innerhalb der Grenzen Tibets reihen sich die Gebirgsketten aneinander, und Ströme und Flüsse fliessen kreuz und quer; die Topographie und die Geomorphologie sind vielfältig, die natürlichen Bedingungen verhältnismässig kompliziert. Im grossen und ganzen kann man zwischen mehreren verschiedenen Naturzonen unterscheiden. Tibets nördliche Hochebene zwischen dem Fengdisi-Gebirge im Süden und dem Kunlun-Gebirge im Norden liegt durchschnittlich 4'500 M.ü.M. und macht ungefähr zwei Drittel der Gesamtfläche (Tibets) aus. Die natürlichen Weideflächen, die durch die ausgedehnten Hochgebirgsebenen gebildet sind, sind Tibets wichtigste Weidegebiete. Das Ali-Gebiet im Westen Tibets unterscheidet sich klimatisch im grossen und ganzen nicht vom Hochplateau im Norden Tibets; es wird dort hauptsächlich Viehzucht betrieben. Im Gebiet des Flusstales wachsen landwirtschaftliche Kulturpflanzen. Im ganzen Gebiet im Süden Tibets gibt es viele breite, Flusstäler, die sich voneinander unterscheiden. So ist das Gebiet am Mittellauf des Yarlungzangbo-Flusses ein wichtiges Gebiet für die Getreideproduktion. Das Klima im Gebiet seines Unterlaufes ist mild: im Winter schneit es selten, und es zeichnet sich durch reiche Niederschläge aus. Der Boden ist fruchtbar, und das ganze Jahr hindurch herrschen frühlingshafte Temperaturen vor. Ursprünglich genoss es den Ruf, Tibets Kornkammer [1] zu sein. Das Gebiet des zerklüfteten Hengduan-Gebirges im Osten Tibets (hingegen) ist das Einzugsgebiet der Flüsse Jinsha [2] , Lancang [3] und Nu [4] und liegt ca. 3'500 M.ü.M.; davon ist ein Grossteil halb Ackerbaugebiet, halb Weidegebiet.

Tibets wichtigste Gebirgsketten sind das Kunlun-Gebirge, das Kalakunlun-Tanggula-Massiv, das Fengdisi-Nianqing-Tanggula-Massiv, das Himalaya-Gebirge und, im Südosten Tibets, das Hengduan-Massiv.

(Seite 3)

Die wichtigsten Flüsse Tibets sind die Flüsse Jinsha, Lancang, Nu und Yaluzangbo. Tibet ist das Gebiet unseres Landes mit den meisten Seen; insgesamt gibt es 1'500 grössere und kleinere Seen, die einen Drittel der gesamten Seenfläche des Landes ausmachen. Die

---

[1] jiangnan: Bezeichnung für das Gebiet südlich des Unterlaufs des Changjiang; traditionell als Kornkammer Chinas bezeichnet.

[2] Oberlauf des Changjiang

[3] Mekong

[4] Salween

bekanntesten unter ihnen sind der Namucuo, der Zarinanmucuo, der Bangongcuo und der Yangzhuoyongcuo ("cuo" ist die Bezeichnung für grosse Seen).

Tibet ist reich an Naturressourcen: Seine nutzbare Weidefläche beträgt 55 Mio. Hektare und macht 44% der gesamten Weidefläche des Landes aus, während seine natürliche Waldfläche mehr als 6,27 Mio. Hektare beträgt und 5,1% der gesamten Waldfläche ausmacht. Der Baumbestand macht 15,% des gesamten Baumbestandes des ganzen Landes aus und steht, nach Heilongjiang, landesweit an zweiter Stelle. Die Anbaufläche beläuft sich auf 228'700 Hektare, was 0.2% der Gesamtfläche darstellt. Bezüglich der Wasserreserven steht (Tibet) an zweiter Stelle: Die (Energiekapazität) der Wasservorräte beläuft sich auf ungefähr 200 Mio. Kilowatt, seine Erdwärmeressourcen sind reichhaltig, und Erdwärme kommt an über 600 Orten vor. Es wurde bereits ein Versuchskraftwerk für Thermoenergie in Yangbajing [1] mit einer Leistung von 7000 Kilowatt gebaut. Die Mineralienressourcen belaufen sich auf 26 Sorten; darunter machen die reichen Ressourcen an Chrom und Erz über 80% der nationalen Ressourcen aus und stehen landesweit an erster Stelle. Die Borax- und Gipsressourcen stehen landesweit ebenfalls an vorderster Stelle, und auch die Vorräte an Eisenerz und Kupfererz sind beachtlich. Die Seenfläche beläuft sich auf fast 24'000 km2. In den Seen befinden sich riesige Salzvorräte und Vorräte rarer (Spuren-) Elemente. Ressourcen an Sonnen- und Windenergie besitzen ein von Natur aus überaus reiches Potential; ihnen steht eine grosse Entwicklung bevor. Ausserdem ist der Wildtier- und Pflanzen-Bestand Tibets auch ausserordentlich vielfältig.

1.2. Der Prozess der historischen Entwicklung

Dass Tibet ein unabtrennbares Gebiet Chinas ist, ist die Folge einer langen historischen Entwicklung. Der Ursprung der Beziehungen zwischen der tibetischen Nationalität und den Nationalitäten des Landesinneren, allen voran die Beziehung mit der Han-Nationalität, reicht weit zurück. Gemeinsam schufen die verschiedenen Nationalitäten ein vereintes Vaterland.

(Seite 4)

Zu Beginn des 7. Jh. wurde Tibet durch den heldenhaften Führer des tibetischen Volkes aus dem Xibuye-Stamm im Yarlong-Flusstal, Songzan Ganbu, vereint und die Staatsmacht der Tufan-Dynastie gegründet; Luosuo (heute: Lhasa) wurde zur Hauptstadt. Beim tatkräftigen

---

[1] Ort im Norden von Lhasa (CH, S.1917)

Fördern der Entwicklung der gesellschaftlichen Produktion der Tufan-Dynastie und beim gleichzeitigen Festigen des Aufbaus eines sklavenhalterischen Regimes legte Songzan Ganbu besonderen Wert darauf, die fortschrittliche Produktionstechnologie und die fortschrittliche Politik sowie die kulturellen Errungenschaften der Tang-Dynastie zu übernehmen. Mehrmals sandte er Boten zu den Tang, um eine Heiratsallianz zu erbeten. Der Tang-Kaiser Tai Zong betrieb seinerseits gegenüber den Tufan eine freundschaftliche Politik. Im Jahre 641 n.u.Z. (im 15. Jahr seiner Herrschaft [1]) schickte er einen Spezialgesandten, um die kaiserliche Prinzessin Wen Cheng nach Tibet zu eskortieren, wo durch ihre Heirat mit Songzan Ganbu die Allianz (zwischen den beiden Herrschaftshäusern) begründet wurde; danach wurde ebenfalls eine grosse Anzahl han-chinesischer Handwerker (nach Tibet) entsandt, was auf die damalige wirtschaftliche und kulturelle Entwicklung Tibets einen äusserst positiven Einfluss hatte.

Im 8. Jh. n.u.Z. dehnte sich der Machtbereich des Königreichs Tufan allmählich nach Gansu und Qinghai bis hin zu den Gebieten im Süden Xinjiangs und im Westen Sichuans und Yunnans aus, was vielschichtige Kontakte der Tibeter mit der über weite Gebiete im Westen des Landes verstreuten Han-Nationalität und mit anderen Nationalitäten bewirkte und gleichzeitig die eigene Entwicklung der tibetischen Nationalität förderte. Zu Beginn des 8. Jh. bat der Tufan-König [2] Chide Zugan [3] den Tang-Hof erneut um eine Heiratsallianz, worauf ihm der Tang-Herrscher Zhong Zong [4] im Jahre 710 n.u.Z. die Prinzessin Jin Cheng zur Frau gab. Von da an kam es verschiedene Male zu Bündnistreffen [5], Heiratsverhandlungen [6] und Gesandtenaustausch zwischen den beiden Höfen, insbesondere in den Jahren 821 und 822, als der Tang- und der Tufan-Herrscher sich zu Bündnistreffen in Changan und Luosuo trafen, "um Gespräche über die Vereinigung der beiden Gebiete zu führen"; die Geschichte der verwandtschaftlich-freundschaftlichen Onkel-Neffen-Beziehung zwischen den Tang und den Tufan wurde dank der Steleninschrift [7] aus dem Jahre 823 über viele Generationen hinweg überliefert und gepriesen.

Die Entwicklung der verwandtschaftlich-freundschaftlichen Beziehungen der Tang mit den Tufan dauerte insgesamt 210 Jahre.

---

1 Zhenguan ist die Bezeichnung für die Herrschaftsperiode des Kaisers Tai Zong (Tang Tai Zong (627-649); CH, S.181

2 Zanpu war der Titel des Oberhauptes der Tufan (CH S.1439)

3 Ueber Chide Zugan bzw. Tride Tsugtsen (reg. 704-755 n.u.Z.) vgl. Shakabpa, S.32 ff.

4 reg. 705-710 n.u.Z.

5 huimeng waren Bündnistreffen von Souveränen im alten China (CH S.316)

6 xu: arrangieren, festsetzen, vereinbaren (M 2842 (a))

7 Engl. Uebersetzung des tibetischen Textes der Steleninschrift in: Richardson, S.259. Für Erläuterungen zum tibetischen und chinesischen Text s. Li fang-kuei, S.1-99.

(Seite 5)

Nach dem Zusammenbruch der Tufan-Dynastie gingen viele der Tufan-Nachkommen nach Gansu, Qinghai und anderen Gebieten im Nordwesten und lebten dort mit lokalen Han-Chinesen, was den Kontakt unter den einzelnen Nationalitäten noch enger werden liess. Insbesondere beim Austauschen von Produktionstechnologien und beim Produkteaustausch fand eine bedeutende Entwicklung statt. Die in der Geschichte bekannten "Märkte, auf denen Tee und Pferde ausgetauscht wurden", wurden eben in dieser Epoche gebildet.

Bis in der Mitte des 9. Jh. (den letzten Jahren der Tang-Dynastie) herrschten in Tibet Chaos und Spaltung. Nachdem die religiösen Gläubigen den Tufan-König Lang Darma [1] ermordet hatten, spaltete sich Tibet in unzählige kleine Stämme auf, die gegeneinander Strafexpeditionen unternahmen und sich 400 Jahre lang unaufhörlich bekriegten.

Dank der Stärke der Yuan-Dynastie konnte den Kriegswirren in Tibet ein Ende gesetzt werden. Nachdem der Mongolenführer Dschingis Khan im Norden das Mongolenreich gegründet hatte, bezwangen er und seine Nachfolger nacheinander alle Staatsmächte des Nordens und drangen sogar nach Westen in das nordwestliche Gebiet Tibets ein. Sie setzten ihre Kräfte für die Vereinigung des ganzen Landes ein und beendeten die chaotischen Zustände in Tibet.

Im 13. Jh. gründete der mongolische Adel die Yuan-Dynastie, deren Zusammenschluss der verschiedenen Gebiete innerhalb des chinesischen Territoriums und der verschiedenen Nationalitäten ohne Beispiel ist. Die Zentralmacht der Yuan-Dynastie legte bei der Vereinigung [2] des ganzen Landes speziellen Wert auf die Wahl des politischen und religiösen Oberhauptes Tibets. Die führenden Persönlichkeiten Tibets förderten und unterstützten ebenfalls aktiv die Bemühungen der Yuan um die Einheit des ganzen Landes.

Nachdem der Begründer der Yuan-Dynastie, Kublai, im Jahre 1260 den Titel eines Khans übernommen hatte, verlieh er dem tibetischen Abt von Sakya, Phatspa [3], den Titel eines

---

[1] Lang Darma regierte von 838?-842 n.u.Z.; Shakabpa, S.50 ff.

[2] wörtlich: "...bei der Sache der Errichtung der Vereinigung..."

[3] Phatspa (chin: Basiba)(1235-1280) war ein Neffe des berühmten tibetischen Lamas und Begründers des Klosters Sakya, Sakya Pandita, und selber Abt des Sakya-Klosters. Im Jahre 1260 erhielt er von Kublai Khan, dem er seit 1253 als Kaplan diente, den Titel eines "Guoshi" (CH, S.767: "Guoshi: Bezeichnung für buddhistische Mönche in Staatsgewalt"); im selben Jahr wurde er vom Khan auch zum "Dishi" (Tisri, kaiserlicher Mentor; CH, S. 353) ernannt (CH, S.272); ausführlich bei Shakabpa, S.64 ff.

Guoshi [1] (später mit dem eines Dishi [2] verbunden). Im Jahre 1264 richtete (er) ein Amt für buddhistische Angelegenheiten ein und wies Phagpa gleichzeitig die Führung der Amtsangelegenheiten zu. Der Yuan-Hof errichtete ausserdem auf tibetischem Gebiet drei Friedensverwaltungsdistrikte unter einem Oberbefehlshaber [3]. Es war das erste Mal, dass die Zentralmacht über tibetisches Gebiet offizielle Kontrolle errichtete und volle Souveränität ausübte. Bis 1268 schickte Kublai Leute nach Tibet, um die Einwohnerliste zu kontrollieren und die Steuern und Abgaben zu

(Seite 6)

bestimmen; es wurden 13 Wanhu [4] abgedeckt, und der Abt (Vorsteher) von Sakya mit der Verwaltung und dem Eintreiben der Steuern in den verschiedenen Wanhu beauftragt. Ausserdem wurde das alte Gebiet Tufan als Lehensgut dem siebten Kaiserssohn vererbt. Das tibetische Gebiet stand unter dem Zuständigkeitsbereich der Zentralmacht, die ein lokales Verwaltungssystem errichtete, in dem Politik und Religion vereint waren.

Die Zentralmacht der Ming-Dynastie legte grössten Wert darauf, die wirtschaftlichen Beziehungen zwischen Tibet und den zentralen Gebieten Chinas zu fördern. Mit grosszügigen Geschenken wurden die religiös-politischen Oberhäupter [5] Tibets zu wiederholten Tributleistungen an den Kaiserhof angespornt; im Verlaufe der Jahre stieg die Zahl der Tribut-Gesandten auf über Tausend. Von den Gegengeschenken machte allein der Tee über 100'000 Jin aus. Ausserdem richtete die Ming-Dynastie auch im Nordwesten und Südwesten Pferde- und Teemärkte ein und pflegte und erweiterte das Poststrassennetz zwischen Tibet und dem Landesinneren. Diese Massnahmen förderten die Entwicklung des gegenseitigen Tee- und Pferdehandels und bewirkten, dass Tibet mit den Nationalitäten des Landesinneren im wirtschaftlichen Bereich unauflöslich enge Beziehungen knüpfte.

Aufgrund des alten Systems der Yuan- und Ming-Dynastien und der reellen Umstände in Tibet vollzog die Qing-Dynastie in ihrer Verwaltung Tibets bedeutende Reformen. Zu Beginn der Qing-Dynastie bildete die Zentralregierung das Lifanyuan [6] (später wurde es

---

1 vgl. S.106 FN 3 d.A.

2 ebenda

3 xuanweishi: Befriedungsbeauftragter ("Pacification Commissioner"); M 2890.34; yuanshuai: Oberbefehlshaber (M 5909); xuanwei sibu yuanshuaifu: diese Gebiete wurden zu Beginn der Yuan-Dynastie in Minderheitengebieten zur Verwaltung der militärischen und zivilen Angelegenheiten durch Yuan-Beamte eingerichtet (CH, S.1019)

4 wörtlich: "10'000 Familien"; Bezeichnung für grösseren administrativen Bezirk; CH, S.25

5 bzw.: "die Priesterherrscher..."

6 Bezeichnung eines Amtes bzw. Büros, das zu Beginn der Qing-Dynastie zur Verwaltung der Mongolei, Tibets und Xinjiangs gegründet wurde. Im Jahre 1906 wurde es zu

zum Lifanbu [1]) speziell für die Verwaltung der mongolischen und tibetischen Angelegenheiten. Offiziell wurde das System der beiden grossen Lebenden Buddhas der Gelugpa-Sekte, des Dalai Lama (1653 n.u.Z.) und des Panchen Lama (1713 n.u.Z.), institutionalisiert. Von da an wurde die Position des Dalai und des Panchen durch die Zentralregierung bestätigt, und alle früheren Reinkarnationen wurden mit der Zustimmung der Zentralregierung des Kaiserhofs ernannt. Nachdem in Tibet der Einfluss des Mongolenkhans beseitigt worden war, stationierte die Qing-Dynastie im Jahre 1728 einen hohen kaiserlichen Kommissar in Tibet zur Verwaltung der Angelegenheiten. Im Jahre 1751 wurde die tibetische Lokalregierung, die Gasha, errichtet. Im Jahre 1793 wurden mit kaiserlicher Druckerlaubnis Statuten zur Erledigung der anstehenden Probleme in Tibet erlassen, die festhielten, dass die lokalen Angelegenheiten Tibets gemeinsam durch den in Tibet stationierten hohen Beamten mit dem Dalai und dem Panchen kontrolliert und verwaltet werden müssten und dass in Sachen der Verwaltungskontrolle, des Militärsystems, der Justiz, des Finanzwesens, der Einwohnerkontrolle, der Fronarbeit, der auswärtigen Angelegenheiten Tibets und des Reinkarnationssystems des Dalai Lama und anderer Lebender Buddhas,alles schriftlich vereinbart werden müsse.

(Seite 7)

Die Qing-Dynastie schickte in der Folge mehrmals grosse Truppenkontingente nach Tibet, um die Unruheherde der verschiedenen mongolischen Stämme zu beseitigen und die Invasion der Gurkhas [2] zurückzuschlagen. In den Jahren 1888 und 1904 leisteten die tibetischen Truppen ebenfalls erbitterten Widerstand gegen die Aggression des britischen Imperialismus gegen Tibet; ihre heldenhaften Verdienste sind in der Geschichte des antiimperialistischen Kampfes der chinesischen Nationalitäten eingegangen.

Durch die Xinhai-Revolution wurde die feudalistische Monarchie gestürzt, und die Regierung der Republik China führte die Tibetpolitik der Qing-Regierung weiter. In der Zentralregierung wurde ein Organ zur Verwaltung der mongolisch-tibetischen Angelegenheiten eingerichtet; tibetische Delegierte wurden ausgewählt, um an der Besprechung dienstlicher Angelegenheiten im Parlament teilzunehmen, und es wurde ausserdem ein Offizier zur Stationierung und Verwaltung der Angelegenheiten in Tibet ernannt. Grossbritannien setzte sofort alles in seiner Macht Stehende ein, um dies zu verhindern und zu untergraben. Im Jahre 1913 inszenierte (Grossbritannien) eigenhändig die "Simla-Konferenz", die einer Einmischung in die chinesische Innenpolitik

---

"Lifanbu" ("Lifan-Ministerium")umbenannt; nach der Xinhai-Revolution von 1911 wurde es abgeschafft (CH, S.1213)

[1] vgl. S.107 FN 6 d.A.

[2] Volk in Nepal; CH, S.860; Shakabpa, S.156 ff.

gleichkam, und versuchte unserem Land die "Simla-Konvention" aufzuzwingen, die eine ernsthafte Verletzung der chinesischen Souveränität (darstellte) und eine Spaltung des chinesischen Territoriums (vorsah). Diese Verschwörung stiess auf die entschlossene Ablehnung und Verurteilung durch alle Nationalitäten des Landes einschliesslich des tibetischen Volkes und durch die chinesische Regierung. Zur Zeit der 4. Mai-Bewegung im Jahre 1919 veröffentlichte die Regierung der Republik den Ablauf der chinesisch-britischen Verhandlungen betreffend die sogenannt ungelöste Tibet-Frage, was antiimperialistische Wogen der Empörung in der ganzen Nation und unter den Landsleuten im Ausland hervorrief. Führende tibetische weltliche und geistliche Persönlichkeiten liessen in zahlreichen Briefen und Telegrammen wissen, dass sie das verbrecherische Komplott des britischen Imperialismus zur Spaltung Chinas an der Simla-Konferenz mit aller Schärfe verurteilten. Im Jahre 1934 sandte die Regierung der Republik einen Beamten der mongolisch-tibetischen Kommission zur Stationierung und Verwaltung der Angelegenheiten nach Tibet. Im Jahre 1940 wurde der 14. Dalai Lama Tenzin Gyatso und im Jahre 1949 der 10. Panchen Erdeni Queji Jianzan inthronisiert; Berichten zufolge wurden sie beide gemäss dem alten System durch die Regierung der Republik geprüft und genehmigt, und es wurde ein führender Beamter der mongolisch-tibetischen Kommission entsandt, um persönlich den Vorsitz der Zeremonie zu übernehmen.

(Seite 8)

Nach der Gründung der Volksrepublik China im Jahre 1949 wurden nacheinander die Provinzen Qinghai, Gansu, Sichuan, Yunnan und Xikang befreit. In Uebereinstimmung mit dem Wunsch der Völker aller Nationalitäten des Landes, einschliesslich des tibetischen Volkes, erklärte die Zentrale Volksregierung wiederholt ihre Entschlossenheit, die Hinderungsversuche und die Untergrabung durch die imperialistische Macht zerstören und die heilige Sache der Befreiung Tibets und der Verteidigung der Einheit des Vaterlandes durchführen zu wollen. Im Jahre 1951 benachrichtigte die Zentrale Volksregierung die Lokalregierung Tibets, eine bevollmächtigte Delegation sei in Beijing eingetroffen und habe mit dem Zentralkomitee verhandelt; man habe ein Abkommen über die Massnahmen zur friedlichen Befreiung Tibets vereinbart. Nach dem Abschluss des Vertrages schickten der Dalai Lama und der Panchen Lama ein Telegramm an die Zentrale Volksregierung, in welchem sie ihrer Entschlossenheit, (die Sache) zu unterstützen, Ausdruck verliehen. Weltliche und religiöse Persönlichkeiten aller Schichten Tibets und tibetische Führer verschiedener Gebiete gaben ebenfalls enthusiastisch ihren Willen zur Unterstützung bekannt.

1.3. Nationale Sitten und Bräuche

"Zangzu" ist eine chinesische Bezeichnung, während sich die Tibeter selbst "Boba" nennen. Es ist eine Gepflogenheit der tibetischen Sprache, die Tibeter der einzelnen Gebiete verschieden zu nennen: So gibt es z.B. die Weiba, die Zangba, die Anduowa, usw. usw..

In erster Linie beschäftigen sich die Tibeter mit Viehzucht und Ackerbau; wichtigste Vieharten im Viehwirtschaftssektor sind das Schaf, das Yak, das Pferd, der Esel und der Maulesel. In den Agrarkulturen hat die Hochlandgerste Priorität; daneben gibt es Weizen und Erbsen sowie Rüben, chinesischen Weisskohl, Tomaten, Gurken und zahlreiche andere Gemüsesorten. Die tägliche Hauptnahrung der Tibeter besteht aus einem aus Hochlandgerste und Erbsen zerriebenen Mehl - auf Tibetisch Tsampa genannt - das mit Buttertee oder (klarem) Tee zu Nahrung vermengt wird. Die Tibeter mögen Buttertee und Milchtee und haben eine Vorliebe für Gerstenwein.

Die Bevölkerung in den Agrargebieten lebt in flachdachigen Lehmhäusern, (während) die Bevölkerung in Weidegebieten in gewobenen Zelten aus Ochsenhaar wohnt.

(Seite 9)

Nach der demokratischen Reform wurden in den Weidegebieten zahlreiche Wohnhäuser gebaut; ein Teil der Hirten wurde halbnomadisch.

Vor der Befreiung war die hauptsächliche Eheform der Tibeter die Monogamie; es gab aber auch andere (Ehe-)Formen wie die Polyandrie und die Polygamie. Mit dem sozialen Fortschritt und der gesellschaftlichen Entwicklung änderten sich nach der demokratischen Reform allmählich auch die Heiratsbräuche der Tibeter. So ist heute die Monogamie gebräuchlich, und man vermeidet es, nahe Verwandte zu heiraten.

Wenn bei den Tibetern die Braut am Hochzeitstag feierlich abgeholt wird, oder wenn Freunde verabschiedet werden, überreicht man sich gegenseitig einen Hada[1]. Wenn Verwandte und Bekannte zu Besuch kommen oder weit verreisen, schenkt man ihnen Ochsen- und Schaffleisch und Butter oder Qingke-Wein. Das Höflichkeitszeremoniell drückt sich im Sprachgebrauch aus. So sind zum Beispiel im Bezirk Lhasa drei Sprachen verbreitet: Die Umgangssprache, die Sprache der Hochachtung und die Sprache höchsten Respektes, die gemäss den örtlichen Sittlichkeitsvorschriften verwendet werden.

---

[1] Hada: Schal aus weisser Seide; ein Begrüssungsgeschenk in Tibet.

In Tibet gibt es relativ viele traditionelle Feiertage; im allgemeinen stehen sie alle in engem Zusammenhang mit der Religion. Die wichtigsten Feiertage sind das Neujahr am ersten Tag des ersten Monats gemäss dem tibetischen Kaldender, welches auf Tibetisch "Luosai" genannt wird und dem han-chinesischen Frühlingsfest [1] entspricht; das "Chuanzhao" [2] dauert vom 6. bis zum 15. Januar; das "Lagadawa-Fest" findet am 15. April und das "Shejie Gongji-Fest" am 15. Mai statt. Ausserdem gibt es noch das "Wangguo-Fest", das "Randeng-Fest", und andere mehr.

Die übliche Bestattungsart ist die Himmelsbestattung; zum Teil werden auch Wasserbestattungen vorgenommen. Für hochrangige Lamas und in bestimmten Bezirken auch für gewöhnliche Leute werden Feuerbestattungen durchgeführt.

Im allgemeinen glaubt das tibetische Volk an den traditionellen tibetischen Buddhismus, d.h. an den Lamaismus. Der Buddhismus selbst kam im 7.Jh. nach Tibet und hat eine Geschichte von bereits über 1300 Jahren. Im Verlauf dieser langen Geschichte bekämpften und beeinflussten sich der Buddhismus und die ursprüngliche tibetische Religion, die Bön-Religion, gegenseitig und formten den tibetischen

(Seite 10)

Buddhismus, den die Leute Lamaismus nennen. Der Lamaismus wiederum hat zahlreiche Faktionen, wovon die wichtigsten die rote, die Hua- [3], die weisse, die schwarze und die gelbe Sekten sind. Die gelbe Sekte ist die Sekte, mit der Tsong Khapa am Ende des 14. Jh. den tibetischen Buddhismus reformierte und ihm seine (heutige) Form gab. Ihr Einfluss ist der grösste und ihre Anhänger sind am zahlreichsten.

Die Tibeter besitzen eine alte, ausgeprägte kulturelle Tradition. Ihr kulturelles und künstlerisches Erbe hat viele Apsekte. (Ausserdem) sind sie eine Nationalität mit ausgesprochener Begabung für Gesang und Tanz.

Die Kulturgüter und Altertümer Tibets sind mannigfaltig; neben zahlreichen Tempeln gibt es auch viele Paläste, bewaldete Parkanlagen, alte Gedenktafeln, Kupfergefässe und vieles mehr. Der berühmte Potala-Palast ist der grösste und vollkommenste alte Burgpalast der Autonomen Region Tibet; er steht auf dem Hongshan mitten in Lhasa und ist von Bergketten umgeben; der Palast und der Tempel ragen mit majestätischer Wucht steil empor. Der

---

[1] Erster Tag des ersten Monats nach dem chinesischen Mondkalender.
[2] vgl. S.132 FN 1 d.A. u. S.89
[3] Hua-Sekte: lamaistische Sekte der Sakya-Anhänger; CH, S.556

Potala gehört zu den wichtigsten geschützten Kulturgüter unseres Landes. Mit seinem Bau wurde im 7.Jh. zur Zeit des Tufan-Königs Songzan Ganbu vor bereits über 1300 Jahren begonnen; der Potala-Palast verkörpert in geballter Weise die hochrangigen Errungenschaften und den eigenständigen Stil des tibetischen Volkes in der Kunst des Bauens, der Malerei und der Bildhauerei. Im Inneren des Potala-Palastes befinden sich nicht nur verschiedene buddhistische Bilder und tibetische Klassiker, sondern auch die Statuen des Königs Songzan Ganbu und der Prinzessin Wen Cheng; es gibt gemalte Porträts und Ahnentafeln von Dschingis Khan und Kublai Khan aus der Yuan-Dynastie und von den Kaisern der Qing-Dynastie, sowie persönlich beschriftete kaiserliche Platten. Weitere ausserordentlich kostbare historische Kulturgüter sind das goldene Register und das goldene Siegel aus dem Jahre 1653, mit dem der Qing-Kaiser Shunzhi den 5. Dalai zum "Dalai Lama" ernannte. Ausserdem gibt es noch den Norbulinka [1] und (als wichtigste) die Klöster Jokhang, Drepung, Sera, Ganden und Tashilunpo. Erwähnenswert ist (auch) das Denkmal vom Neffe-Onkel-Bündnistreffen bzw. Changqing [2]-Bündnistreffen, das im Jahre 821 (dem ersten Jahr der Changqing-Regierungsperiode)

(Seite 11)

errichtet wurde und vor dem Jokhang-Tempel in Lhasa steht. Es zeugt von den freundschaftlichenn Beziehungen zwischen den beiden Völkern der Han und der Tibeter und ist ebenfalls ein wichtiger Kulturgegenstand des Landes.

2. Der Weg zur Befreiung des tibetischen Volkes

In der Neuzeit erlitt das tibetische Volk die Aggression des Imperialismus und fiel in einen halbkolonialen, halbfeudalistischen Zustand. Die Regierung der späten Qing-Dynastie, der Warlords und der Guomindang unterwarfen sich gegen aussen der imperialistischen Aggression, verfolgten im Inneren (aber eine Politik) der Unterdrückung der Minderheiten und gaben dem nach dem tibetischen Gebiet ausgestreckten aggressiven Fangarm des Imperialismus eine günstige Chance. Der britische Imperialimus ging in den Jahren 1888 und 1904 zweimal nacheinander zum bewaffneten Angriff gegen Tibet über, traf (aber) auf den heldenhaften Widerstand der tibetischen Truppen und des tibetischen Volkes. Trotz des zweimaligen heldenhaften Widerstandes der tibetischen Truppen und des Volkes wurde (Tibet) wegen der Korruption und der Unfähigkeit der Qing-Regierung und

---

[1] Sommerresidenz des 14. Dalai Lama in Lhasa

[2] Bezeichnung für die Regierungszeit des Tang-Kaisers Muzong (Tang Mu Zong) (821-824 n.u.Z.) ; CH, S.68

der tibetischen Lokalregierung eingenommen und besiegt, aber (die Tibeter) erteilten den britischen Imperialisten eine gebührende Lehre, indem sie diese wissen liessen, dass Tibet auch mit Gewalt nie erobert werden könnte. Die britischen Imperialisten scheuten keine Mittel, um unter den Herrschenden der tibetischen Oberschicht den pro-imperialistischen Einfluss zu kultivieren. Sie benutzten sogar die Abneigung des tibetischen Volkes gegen die Unterdrückungspolitik der Regierungen der Qing-Dynastie, der Warlords und der Guomindang gegenüber den Minderheiten, um Zwietracht zu säen und Spaltungen hervorzurufen und um ihr Hirngespinst einer Annektion unseres [1] Tibets zu verwirklichen.

Die imperialistische Aggression und die ernste Krise, die dadurch in den Beziehungen zwischen Tibet und dem Vaterland ausgelöst wurde, brachten dem tibetischen Volk unaussprechliche Leiden.

Einerseits wiegelten die Imperialisten die pro-imperialistischen Elemente innerhalb der herrschenden lokaltibetischen Clique auf und scheuten keine Mittel, um unter dem Namen der "Unabhängigkeit" und "völligen Autonomie" die Beziehungen zwischen Tibet und dem Vaterland zu untergraben; sie komplottierten, dass Tibet vom Vaterland getrennt werde, um daraus eine Kolonie und ein Vasall des Imperialismus zu machen.

(Seite 12)

Vor allem während der Xinhai-Revolution, und als das chinesische Volk in seinem Befreiungskampf kurz vor dem Sieg stand, erreichten die spalterischen Aktivitäten der pro-imperialistischen Elemente zum Verrat des Vaterlandes ihren Höhepunkt.

Andererseits bewirkte der Imperialismus, dass sich die tibetische feudalistische Gesellschaft (mit ihrem System) der Leibeigenschaft allmählich zu einer Halbkolonie wandelte. Alle wissen, dass Tibet ursprünglich ein Sklavenhaltersystem unter der politisch-religiösen Diktatur feudalistischer Lehensherren war. Die drei mächtigen Herrscherschichten - die Beamten, die Adligen und die Geistlichen der oberen Schichten -, die keine 5% der Bevölkerung ausmachten, besassen das ganze Land und den grössten Teil des Viehbestandes und herrschten über das Leben und das Schicksal der Sklaven und Leibeigenen. Die Sklaven und Leibeigenen, die über 95% der Bevölkerung ausmachten, besassen weder Produktionsmittel noch persönliche Freiheit und waren der verheerenden

[1] Es ist die einzige Stelle im ganzen Text, in der die Formulierung "Wo Xizang" verwendet wird; die patriotische Konnotation ist hier vermutlich stärker als bei "Wo Guo" und vergleichbar mit dem emphatischen "Wo Taiwan".

Ausbeutung der Lehensherren durch Eintreibung des Pachtzinses, durch falsche Steuern und durch Wucherei ausgesetzt. Die Sklavenhalter konnten sie willkürlich verkaufen, verpfänden, verschenken oder austauschen, und sie konnten sie willkürlich grausamen Foltern unterwerfen, wie sie auszupeitschen oder ihnen die Augen auszustechen, die Hände abzuhacken, die Sehnen herauszureissen oder ihnen die Haut abziehen zu lassen. Die drei mächtigen Herrscherschichten benutzten wiederum die Religion des in den Volksmassen tief verwurzelten Glaubens als Herrschaftsinstrument. Eigenmächtig praktizierten sie gewaltsame Unterdrückung, Gesinnungsherrschaft und geistige Betäubung, was bewirkte, dass die tibetische Gesellschaft langfristig auf dem rückständigen System der Leibeigenschaft stagnierte und dass sich auch die (Zahl der) Bevölkerung in zunehmendem Masse verringerte. Nach dem Einfall der Imperialisten in Tibet wurde das tibetische System der Leibeigenschaft nicht zerstört; im Gegenteil setzten (die Imperialisten) alle Kräfte ein, um dieses System zu verteidigen und zu wahren. Noch schlimmer: Sie unternahmen alles, um Tibet schrittweise zu kolonialisieren. Sie bildeten für die tibetische Lokalregierung Beamten aus, formten und erweiterten das Truppenkontingent, errichteten ein Polizeiamt und setzten gar für die Verwaltung der britisch-imperialistischen Angelegenheiten einen Daiben (militärische Rangbezeichnung in der Lokalregierung Tibets) ein, um die tibetische Lokalregierung zu lenken. Sie bewirkten auch, dass in der Wirtschaft die drei mächtigen Herrscherschichten den Export von tibetischer Schafwolle und den übrigen Aussenhandel

(Seite 13)

monopolisierten. Sie gründeten die vier Stände der Beamten, Adligen, Geistlichen der Oberschicht und der Händler, was im Grunde genommen einem schrittweisen Einführen des Kompradorentums gleichkam. Dies alles erhöhte die Last der Militärabgaben und der Lebensmittelbeschaffung für die Armee und verschlimmerte die wirtschaftliche Ausbeutung der Tibeter in hohem Masse.

Und schliesslich zerstörte der Imperialismus (auch) die Einheit innerhalb der tibetischen Nationalität (selbst), das heisst in erster Linie die Einheit zwischen dem Dalai Lama und dem Panchen Erdeni. Weil der 9. Panchen darauf beharrte, die imperialistische Aggression zu bekämpfen, und weil er dem Vaterland wohlgesinnt war, stiess er auf die Unterdrückung der pro-imperialistischen Elemente und sah sich gezwungen, aus Tibet zu fliehen. Er ging langfristig ins Exil in das Landesinnere. Die patriotischen Mitglieder in der Gruppe um den Dalai Lama wurden ebenfalls verfolgt. Nach der Xinhai-Revolution im Jahre 1911 wiegelten die Imperialisten die lokaltibetische herrschende Clique auf, die in Tibet stationierten hohen Beamten der Qing zu vertreiben, und sie untergruben die Beziehungen des Vaterlandes mit Tibet. Gegen die patriotischen Mitglieder der religiösen oberen Schichten und des Adels führten sie ein blutiges Massaker durch. So wurden z.B. die hohe Reinkarnation[1] Dan Jilin, der Lama Dakanbu Yuandian aus Drepung und andere Leute umgebracht. Nach dem Tod des 13. Dalai Lama im Jahre 1933 wurde die Amtsgewalt des Dalai Lama durch einen reinkarnierten Nachfolger des Regenten übernommen. Der Regent verkörperte den patriotischen Willen der grossen Masse des tibetischen weltlichen und geistlichen Volkes und strebte nach einer Festigung der Beziehungen zwischen Tibet und dem Vaterland. Die Imperialisten und Tibets pro-imperialistische Elemente waren dem Regenten wegen seines patriotischen Benehmens äusserst feindlich gesinnt; sie griffen zu unlauteren Mitteln wie der Verunglimpfung und der intrigenhaften falschen Beschuldigung. Im Jahre 1941 wurde der Regent zunächst gestürzt und durch Daza [2] ersetzt; in der Folge wurde der Regent im Jahre 1947 festgenommen und ermordet. Wegen seiner engen Beziehungen zum Regenten, und weil er sich zum Vaterland hingezogen fühlte, wurde der Vater des 14. Dalai Lama, Qique Cairang, von ihnen ebenfalls umgebracht.

Die Aggression der Imperialisten gegen Tibet rief zwangsläufig den Widerstand der Tibeter hervor.

(Seite 14)

Der antiimperialistische Widerstandskampf des tibetischen Volkes wurde selbstverständlich von den Völkern der verschiedenen Nationalitäten des ganzen Landes unterstützt, und es kam darüber hinaus zwangsläufig zum Zusammenschluss (des tibetischen Volkes) mit der antiimperialistischen, antifeudalistischen, antibürokratischen und antikapitalistischen neudemokratischen Revolution des Volkes der ganzen Nation unter der Führung der Kommunistischen Partei Chinas. Somit ist es nicht erstaunlich, dass sich im Zusammenhang mit der siegreichen Entwicklung der grossen Revolution des chinesischen Volkes und mit dem Befreiungskampf des Volkes der Konflikt zwischen den beiden tibetischen Einflussbereichen und Wegen verschärfte. Einerseits wiegelten die Imperialisten die pro-imperialistischen Elemente auf, verschiedene widerwärtige Auftritte für die "Unabhängigket" und "gegen den Kommunismus" durchzuführen, und zogen darüber hinaus in Changdu [3] die Hauptkraft der tibetischen Truppen zum Widerstand gegen die in Tibet einmarschierende Volksbefreiungsarmee zusammen. Nachdem andererseits die

---

[1] Hutuketu ist der mongolische Ausdruck für Reinkarnationen Buddhas, wie z.B. der Dalai Lama und der Panchen Lama; M S. 2155

[2] Taktra-Rimpoche (1947-1950), den Richardson als ultra-konservativen Lama bezeichnet (Richardson, S.158)

[3] Frühere (bzw. tibetische) Bezeichnung: Chamdo (chin.: Chamuduo); Kreis im Osten der Autonomen Region Tibet an der Grenze zu Qinghai; CH S.1387.

Zentrale Volksregierung nach dem Sieg der chinesischen Revolution ausser in Taiwan und in Tibet und nach der Gründung der Volksrepublik China die Aufhebung des Systems der Unterdrückung der Nationalitäten proklamiert und eine Koalitionsregierung, in der alle Nationalitäten gleichberechtigt waren, gebildet hatte, und nachdem insbesondere auch Richtlinien zur friedlichen Befreiung Tibets festgelegt, die Befreiung Changdus in Angriff genommen und Massnahmen zur Förderung der Friedensverhandlungen ergriffen worden waren, begann sich innerhalb des tibetischen Volkes der über lange Zeit hinweg unterdrückte Patriotismus rapide zu entwickeln. Der 10. Panchen Erdeni schickte dem Vorsitzenden Mao Zedong und dem Oberbefehlshaber Zhu De ein Telegramm, um seine Unterstützung der Zentralen Volksregierung und seine Hoffnung über die baldige Befreiung Tibets auszudrücken. Der prominente patriotische Lebende Buddha tibetischer Nationalität, Geda, eilte für die (Sache der) friedlichen Befreiung Tibets persönlich nach Tibet; leider wurde er in Changdu vom britischen Spion Fute [1] heimtückisch umgebracht. Der Grosse Lehrer [2] Xirao Gyatso und der Lebende Buddha Xiaricang, beides berühmte tibetische Persönlichkeiten, setzten sich (ebenfalls) für die friedliche Befreiung Tibets ein. Suoben Yixi, der unter der Regierung des Regenten Beamter gewesen war, kam auch nach Xining und verurteilte das Verbrechen der Ermordung des Regenten; ausserdem forderte er, dass die Volksbefreiungsarmee nach Tibet einmarschiere. In Tibet zwang eine kleine Handvoll pro-imperialistischer Elemente, die mit den Imperialisten unter einer Decke steckte und an deren Spitze der Regent Daza stand, den Dalai Lama nach Yadong zu fliehen und komplottierte, ihn ins Ausland zu bringen.

(Seite 15)

Ihre Aktion rief die Opposition der grossen weltlichen und geistlichen Volksmassen hervor. Unter den Beamten der Lokalregierung Tibets waren mit Apei Awang Jinmei [3] und anderen Repräsentanten auch patriotische Persönlichkeiten dabei, die ihre Ablehnung gegenüber eine Flucht des Dalai Lama ins Ausland ausdrückten und die sich für friedliche Verhandlungen mit der Zentralen Volksregierung einsetzten. Als Folge des Kampfes im Frühling des Jahres 1951 wurde Daza gestürzt, und der 14. Dalai Lama übernahm die Regierung selber; gleich danach wurden der Kaloon [4] Apei Awang Jinmei und weitere fünf (Kaloons) als bevollmächtigte Delegierte ins Amt gesetzt und kamen erstmals zu

---

[1] Der Brite Robert Ford war laut Hopkirk im Auftrag der tibetischen Regierung als Radio-Operateur in der Stadt Chamdo stationiert worden. Er wurde beim Einmarsch der chinesischen Truppen gefangengenommen und verbrachte vier Jahre in Haft; Hopkirk, S. 248 ff.

[2] Dashi: Höfliche Anrede für buddhistische Mönche ; XHDCD, S.155

[3] Ueber Apei Awang Jinmei (Ngapo Ngawang Jigme) vgl. S. 34 FN 2 d.A.

[4] Mitglied der tibetischen Lokalregierung, der sogenannten "Gasha".

Verhandlungen nach Beijing. Ende April des Jahres 1951 trafen sich die bevollmächtigten Delegierten der Lokalregierung Tibets vollzählig in Beijing und begannen, mit den bevollmächtigten Delegierten der Zentralen Volksregierung zu verhandeln; ohne Komplikationen erzielten sie ein Abkommen über die Massnahmen zur friedlichen Befreiung Tibets.

Das Abkommen über die Massnahmen zur friedlichen Befreiung Tibets enthält insgesamt siebzehn Punkte. Die wichtigsten hiervon sind:

1. Die imperialistischen Aggressionsmächte werden aus Tibet ausgewiesen und die Einheit Tibets mit der Volksrepublik China und der grossen Familie des Vaterlandes verwirklicht; Tibets Lokalregierung leistet den Truppen der Volksbefreiungsarmee bei ihrem Einmarsch in Tibet tatkräftige Hilfe und stärkt die Landesverteidigung. Die tibetischen Truppen werden allmählich zu Truppen der Volksbefreiungsarmee umorganisiert.

2. Unter der einheitlichen Führung der Zentralen Volksregierung wird die nationale Regionalautonomie durchgeführt.

3. Alle Punkte der tibetischen Reform müssen ausgeführt werden. Die Lokalregierung Tibets verpflichtet sich, die Reformen von sich aus durchzuführen; wenn das Volk Reformen fordert, hat sie sich mit führenden tibetischen Politikern über die angebrachten Massnahmen zu beraten.

4. Bei der Verwirklichung der Einheit innerhalb des tibetischen Volkes ist der wichtiste Aspekt der Zusammenschluss zwischen dem Dalai Lama und dem Panchen Lama.

5. Es wird eine Politik der Glaubensfreiheit und der persönlichen Freiheit praktiziert, und der religiöse Glauben und die Bräuche und Sitten des tibetischen Volkes werden respektiert.

6. Entsprechend den wirklichen Verhältnissen in Tibet werden die Landwirtschaft, die Viehzucht, die Industrie und der Handel sowie die Kultur und das Erziehungswesen Tibets schrittweise entwickelt.

(Seite 16)

Hieraus wird klar ersichtlich, wie gerecht und vernünftig das 17-Punkte-Abkommen war! Korrekt beantwortete es die Fragen, die sich aus der Geschichte und Entwicklung

Tibets stellten, und es entsprach voll und ganz dem Interesse und dem Wunsch des tibetischen Volkes. Ebenso entsprach es voll und ganz dem Interesse und dem Wunsch des Volkes des ganzen Landes. Auf dem Bankett, das zur Feier des Abkommens über die Massnahmen zur friedlichen Befreiung Tibets gegeben wurde, sagte der Vorsitzende Mao Zedong [1]: "Seit einigen Jahrhunderten herrschte zwischen den Nationalitäten Chinas Uneinigkeit. Insbesondere herrschte Uneinigkeit zwischen der Han-Nationalität und der tibetischen Nationalität, und auch in sich war die tibetische Nationalität uneins. Dies war die Folge der reaktionären Herrschaft der Regierung der Qing-Dynastie und der Regierung von Chiang Kai-shek; es war ebenfalls die Folge der Zwietracht, die der Imperialismus gesät hatte. Nun haben sich die vom Dalai Lama geführten Kräfte und die vom Panchen Erdeni geführten Kräfte mit der Zentralen Volksregierung vereint. Dies wurde erst erreicht, nachdem das chinesische Volk den Imperialismus und die reaktionäre Herrschaft im Land niedergeschlagen hatte. [2] Dieser Zusammenschluss ist das Resultat der allseitigen gemeinsamen Anstrengungen. Von jetzt an wird auf der Grundlage dieses Zusammenschlusses zwischen unseren Nationalitäten in verschiedenen Bereichen wie Politik, Wirtschaft, Kultur und allen anderen (Bereichen) Entwicklung und Fortschritt erzielt werden". Diese Worte des Vorsitzenden Mao Zedong fassen in prägnanter Weise die Geschichte und die Entwicklung der Beziehungen zwischen der Han-Nationalität und der tibetischen Nationalität zusammen und liefern eine ausführliche Beurteilung des Abkommens über die Massnahmen zur friedlichen Befreiung Tibets.

3. Die friedliche Befreiung Tibets und die Entwicklung der tibetischen Revolution

Der Vertragsabschluss des Abkommens über die Massnahmen zur friedlichen Befreiung Tibets war in der Entwicklungsgeschichte der tibetischen Nationalität ein einschneidender Wendepunkt. Der Prozess der Durchführung des Abkommens zur friedlichen Befreiung Tibets war der grosse Marsch des tibetischen Volkes unter der Führung der Kommunistischen Partei Chinas auf dem neudemokratischen und sozialistischen Weg zur Einheit, zum Forschtritt und zur (gesellschaftlichen) Entwicklung.

(Seite 17)

Aber dies war wiederum ein äusserst komplizierter und gewundener Kampfprozess. Es war der allmähliche Zusammenschluss der Kommunistischen Partei und der

---

[1] Die Rede wurde in der Renmin Ribao vom 28. Mai 1951 abgedruckt.

[2] In der Renmin Ribao vom 28.5.1951 liest man an dieser Stelle noch folgenden Satz: *"Zhe zhong tuanjie shi xiongdi ban de tuanjie, bu shi yi fangmian yapo ling yi fangmian" ("Dieser Zusammenschluss ist ein brüderlicher Zusammenschluss; er bedeutet nicht, dass eine Seite die andere unterdrückt")*.

Volksbefreiungsarmee mit dem tibetischen Volk, die allmähliche Beseitigung von Missverständnissen zwischen der Han-Nationalität und der tibetischen Nationalität und ein Prozess der Stärkung der (nationalen) Einheit. Es war sowohl ein Prozess der allmählichen Entwicklung und der Stärkung der patriotischen und demokratischen Kräfte Tibets als auch ein Prozess der Förderung der antiimperialistischen und patriotischen Einheitsfront. Es war ein Prozess des Zusammenschlusses aller verfügbaren patriotischen Kräfte sowie der Förderung der inneren Einheit der tibetischen Nationalität. Deshalb war es auch ein Prozess der Frage danach, welches der zwei stark kontrastierenden Regimes und Systeme und welcher Weg siegen würde.

Nach dem Vertragsabschluss des Abkommens über die Massnahmen zur friedlichen Befreiung Tibets schickte der Dalai Lama dem Vorsitzenden Mao Zedong ein Telegramm, in welchem er die einstimmige Unterstützung des Abkommens über die Massnahmen zur friedlichen Befreiung Tibets durch die Lokalregierung Tibets und durch das geistliche und religiöse Volk ausdrückte. Der Delegierte der Zentralen Volksregierung, General Zhang Jingwu, und die beiden Oberbefehlshaber der chinesischen Volksbefreiungsarmee, Zhang Guohua und Tan Guansan, trafen nach kurzer Zeit in Tibet ein. Dies war der Beginn der Ausführung des Abkommens. Unter den damaligen komplizierten inneren und äusseren historischen und reellen Bedingungen war es jedoch unmöglich, auf einen Schlag das ganze Abkommen durchzuführen. Vielmehr mussten die Richtlinien der Zentralen Volksregierung betreffend der sorgfältigen und sicheren Durchführung entschlossen verwirklicht, geduldiges Abwarten geübt, sorgfältige und umsichtige Arbeit verrichtet und Massnahmen voller Windungen und Wendungen ergriffen werden, die Volksmassen beeinflusst und die Mehrheit der herrschenden Clique für sich gewonnen, (günstige) Bedingungen geschaffen und das Abkommen schrittweise verwirklicht werden, um mit der Zeit ohne Blutvergiessen das Ziel zu erreichen, innerhalb einiger Jahre die Politik und die Wirtschaft schrittweise zu reformieren. Gemäss diesen Richtlinien wurde der Durchführung folgender Punkte der Vorrang gegeben:

1. Die chinesische Volksbefreiungsarmee marschierte in Tibet ein und wurde dort stationiert, um das Grenzgebiet zu verteidigen und die Landesverteidigung zu konsolidieren. Bis 1954 und 1956 schloss die chinesische Regierung auf der Grundlage der fünf Prinzipien der

(Seite 18)

friedlichen Koexistenz nacheinander die Abkommen mit der indischen und der nepalesischen Regierung betreffend Handel und Verkehr zwischen dem chinesisch-tibetischen Gebiet und Indien und Nepal, beseitigte die Ueberreste der früheren imperialistischen Aggression gegen Tibet und errichtete friedliche und freundschaftliche Beziehungen zwischen dem chinesisch-tibetischen Gebiet und den angrenzenden Ländern.

2. Die Volksbefreiungsarmee und die in Tibet niedergelassenen Kader führten die drei grossen Disziplinen und die acht Aufmerksamkeiten sowie die Minderheiten- und Religionspolitik der Partei vorbildlich durch; sie respektierten den religiösen Glauben der Volksmassen und ihre Gewohnheiten (bezüglich) Sitten und Bräuche; mit Leib und Seele führten sie den Grundsatz aus, dem tibetischen Volk zu dienen, und (ihr) neues Verhalten gegenüber dem tibetischen Volk unterschied sich grundlegend von (demjenigen) jeglicher Ausbeuterklasse. Wenn es Uebertretungen gab, wurden diese sofort überprüft und korrigiert (wenn z.B. durch das Beschaffen und Transportieren von Getreide und anderen Gütern die Volksmassen bestimmte Verluste erlitten, wurde nach dem Entdecken unverzüglich Schadenersatz geleistet).

Gleichzeitig wurden im Rahmen des Möglichen Strassen ausgebessert, unentgeltliche medizinische Fürsorge gewährt, zinslose Kredite für die Landwirtschaft und die Viehzucht gewährt, die agrare und die viehwirtschaftliche Produktion unterstützt, schwer absetzbare Schafwolle zu hohen Preisen angekauft, Tee zu Paritätskurs geliefert, Sozialhilfe geleistet, unentgeltliche Grundschulen errichtet und anderes mehr. Im Jahre 1954 wurden die Strassen von Kang und Qinghai nach Tibet, im Jahre 1957 die Strasse von Xinjiang nach dem Ali-Gebiet für den Verkehr geöffnet. Bis dahin besass Tibet bereits sechs Landstrassen von Kang, Qinghai, Xinjiang und Heihe nach Tibet, von Heihe nach Ali sowie von Lhasa nach Yadong und Zedang. Im Jahre 1956 wurde ausserdem die Fluglinie zwischen Tibet und Beijing eröffnet. All dies waren für Tibet positive Errungenschaften ohne Beispiel.

3. Die Kaderausbildung: Durch den Umstand, dass in Tibet das System der Sklavenhalterei und der feudalistischen Diktatur der Lehensherren noch erhalten war, stiess die Ausbildung der Kader auf sehr starke Einschränkungen. Dennoch durchbrachen immer wieder zahlreiche fortschrittliche Elemente unter den Sklaven sowie andere patriotisch gesinnte Jugendliche den Widerstand und nahmen an der Arbeit und am Studium teil.

(Seite 19)

Bis im Jahre 1957 gab es in Tibet über 5'000 Kader und Studenten tibetischer Abstammung. Im Herbst des Jahres 1957 wurde in Xianyang, Shanxi, der Unterricht an der speziell für die Ausbildung tibetischer Kader gegründeten tibetischen öffentlichen Schule und an der tibetischen Spezialschule aufgenommen. Nach einem Zwischenfall, der sich im Dezember des Jahres 1957 im Bezirk Gyantse ereignete und anlässlich dessen Studenten tibetischer Nationalität von Sklavenhaltern brutal verprügelt wurden, weil sie nicht rechtzeitig zum Frondienst erschienen waren, schuf der Beschluss, den das Vorbereitende Komitee für das Autonome Gebiet betreffend der Dispensierung von (Fron-)Arbeit und Steuer(-zahlung) für Mitarbeiter und angehendes Personal) der Staatsverwaltung annahm, günstige Bedingungen für die Kaderausbildung. Nach der Unterdrückung der Rebellion und der Einführung der Reform im Jahre 1959 wuchs die Zahl der Kader aus den Reihen der aktiven befreiten Leigeigenen und Sklaven beachtlich heran.

4. Die Entwicklung einer antiimperialistischen patriotischen Einheitsfront: In Tibet erwies es sich als von ausserordentlicher Bedeutung, die Persönlichkeiten der weltlichen und geistlichen Oberschichten zu gewinnen und zusammenzuschliessen. Unter den Bedingungen jener Zeit wurden zuerst die oberen Schichten gewonnen und vereint, was wiederum dem Zusammenschluss der mittleren Schichten dienlich war und die Massen beeinflusste. Die Grundlage dieser Einheitsfrontspolitik war der antiimperialistische Patriotismus. Alle antiimperialistischen und patriotischen fortschrittlichen Persönlichkeiten mussten natürlich unterstützt werden. Gegenüber den abwartenden und wankenden Persönlichkeiten musste ebenfalls alles eingesetzt werden, um sie zu gewinnen. Sogar den bislang pro-imperialistischen Elementen wurde dieselbe Behandlung gewährt, und man verzieh ihnen ihre alten Fehler, wenn sie sich von ihren pro-imperialistischen Beziehungen lösten und ihre Sabotagetätigkeit und ihren Widerstand einstellten. Um das Ziel zu erreichen, die Persönlichkeiten der oberen Volks- und der religiösen Schichten zu gewinnen und zusammenzuschliessen, brachte man diese einerseits in angemessenen politischen Stellungen unter, schützte ihre rechtmässigen wirtschaftlichen Interessen und leistete ihnen überdies Gewähr, dass ihre politische Stellung und ihr Lebensstandard nach der künftigen Durchführung der politischen und wirtschaftlichen Reform generell nicht reduziert würden. Andererseits unterwarf man sie einer energischen politischen Erziehung:

(Seite 20)

So organisierte man sie z.B. für Besichtigungen und Besuche ins Landesinnere sowie zum Studium des politischen Zeitgeschehens und rief sie zur Teilnahme an den verschiedenen Aktivitäten zur Bildung der Einheitsfront auf [1].

---

[1] wörtlich: xishou (einbeziehen)

Beim Errichten einer tibetischen Einheitsfront gegen den Imperialismus war die Förderung des Zusammenschlusses des Dalai Lama und des Panchen Erdeni von grosser Bedeutung. Gemäss der Gesinnung des Abkommens zur friedlichen Befreiung Tibets wurden die inhärente Stellung des Panchen Erdeni und seine Amtsgewalt wiederhergestellt [1]. Gleichzeitig wurden der inhärenten Stellung des Dalai und des Panchen sowie der Stellung und der Amtsgewalt der tibetischen Lokalregierung gebührender Respekt gezollt. Die administrativen Angelegenheiten Tibets mussten alle ausnahmslos von der tibetischen Lokalregierung behandelt werden; was grosse Entscheidungen hinsichtlich der Durchführung des Abkommens zur friedlichen Befreiung Tibets betraf, so wurden sie durch Beratungen und im Einvernehmen mit ihnen getroffen. In zahlreichen Angelegenheiten verfolgte man auch (eine Politik) des geduldigen Wartens und, wenn nötig, sogar eine Politik der Kompromisse.

Trotz der äussersten Toleranz und des Grossmuts, die die Kommunistische Partei und die Zentrale Volksregierung gegenüber den oberen Schichten Tibets an den Tag legten, versuchte die reaktionäre tibetische Fraktion trotzdem weiterhin Unruhe zu stiften. Ebensowenig fand sich der Imperialismus mit seiner Niederlage in Tibet ab.

Im März und April des Jahres 1952 ereignete sich der Zwischenfall der illegalen Volkskonferenz. Diese stiftete einen Teil der tibetischen Truppen sowie Lamas und Gauner an und organisierte sie, in Lhasa eine Bittschrift zu verfassen und einen bewaffneten Aufstand durchzuführen. Die Aufständischen belagerten den Sitz der Regierungsvertreter und die Behausung des Kaloons Apei Awang Jinmei, opponierten gegen das Friedensabkommen und versuchten vergeblich (die Tatsache) zu nutzen, dass die Volksbefreiungsarmee noch nicht lange in Tibet war und noch nicht fest Fuss gefasst hatte, um unsere Truppen aus Tibet zu vertreiben. Doch ihr Tun überstieg jedes Mass und ging bis zur Illegalität, was bewirkte, dass auch die Behörden der tibetischen Lokalregierung die Gesetzeswidrigkeit der illegalen Volkskonferenz nicht (mehr) leugnen konnten.

---

[1] Die Aufwertung des politischen Gewichtes des Panchen Lama hatte die teilweise Entmachtung des Dalai Lamas zum Ziel. Unter anderem wurde dem Panchen Lama das Recht auf eine eigene Armee zugesprochen, was in der Geschichte erstmalig war (vgl. Richardson, S.191.

(Seite 21)

So proklamierte der Dalai Lama in einer öffentlichen Bekanntmachung die Auflösung der illegalen Volkskonferenz und setzte sogar die beiden Minister von ihrem Amt ab, die insgeheim die illegale Volkskonferenz angestiftet und unterstützt hatten [1].

Im April des Jahres 1956 wurde, als bedeutender Schritt in der Durchführung der nationalen Gebietsautonomie Tibets, die Gründung des Vorbereitungskomitees für die Autonome Region Tibet feierlich [2] proklamiert. Sie wurde vom Staatsrat genehmigt, nachdem sich Persönlichkeiten aus den verschiedenen Gebieten Tibets wiederholt konsultiert hatten und durch Beratungen zur Uebereinstimmung gelangt waren. Aber gerade zur Zeit der Gründung des Vorbereitungskomitees nahmen Mitglieder der illegalen Volkskonferenz ihre Aktivitäten wieder auf, reichten überall Eingaben und Bittschriften ein, bekämpften das Vorbereitungskomitee für die regionale Autonomie und opponierten gegen die demokratische Reform. Im November des Jahres 1956 sagten der Dalai Lama und der Panchen Erdeni einer Einladung der indischen Regierung zu, nach Indien zu reisen und an den Feierlichkeiten zum 2500. Jahrestag des Eintritts von Sakyamuni in das Nirvana teilzunehmen. Eine kleine Gruppe tibetischer Opponenten ergriff die Gelegenheit, um Unruhe zu stiften. Einerseits verschwörte sie sich dazu, in Lhasa und anderen Orten eine Revolte in Gang zu setzen, andererseits belagerte sie in Indien den Dalai und bedrängte ihn, in Indien zu bleiben und eine sogenannte "Unabhängigkeit Tibets" auszuarbeiten. In der Praxis bedeutete dies, dass sie den Dalai dazu bringen wollte, mit dem Vaterland und mit dem Weg der tibetischen Nationalität zu brechen. Dagegen trafen die in Tibet stationierten Truppen der Volksbefreiungsarmee die erforderlichen Vorkehrungen und führten überdies gemeinsam mit den führenden Persönlichkeiten der tibetischen Lokalregierung und mit Persönlichkeiten der ganzen Welt einen politischen Kampf gegen die opponierenden Elemente. Zur selben Zeit gaben das Zentralkomitee der Partei und der Vorsitzende Mao einen bedeutenden Entscheid heraus, der unmissverständlich festhielt, dass während der Phase des zweiten Fünfjahresplanes, das heisst während sechs Jahren, in Tibet keine demokratischen Reformen durchgeführt würden. Ob Reformen während des dritten Fünfjahresplanes durchgeführt würden, werde man zu jenem Zeitpunkt situationsgemäss neu entscheiden, damit die Lokalregierung Tibets und die oberen Schichten im Bereich der Politik und der Lebensbedingungen Schritt für Schritt die angemessenen Vorkehrungen treffen könnten. Das alles sollte die friedliche und reibungslose Durchführung der

---

[1] Die beiden Co-Premiers, Losang Tashi und Lukhangwa, wurden auf Ersuchen von General Zhang Jingwu hin vom Dalai Lama, der nach eigenen Angaben unter Druck handelte, abgesetzt (vgl. Grunfeld, S.111).

[2] Druckfehler: nicht yayan, sondern zhuangyan.

Reformen begünstigen, sobald die Bedingungen (dafür) reif wären. Der Ministerpräsident Zhou Enlai teilte im Verlauf seines Indienbesuchs dem Dalai

(Seite 22)

Lama und dem Panchen Erdeni sowie deren Gefolge den bedeutenden Entscheid des Zentralkomitees der Partei und des Vorsitzenden Mao mit und liess sie wissen, dass ihnen gegenüber mit dieser aufgeschlossenenen Haltung eine Politik der Geduld und der Umsicht praktiziert werde. Der Panchen Erdeni kehrte entschlossen nach Tibet zurück, worauf ihm auch der Dalai Lama folgte.

Die oppositionelle Gruppe in Tibet hatte jedoch das Schlachtmesser damit längst nicht niedergelegt. Sie stiftete nun in Changdu, Dingqing, Heijiang, Shannan und in anderen Gebieten bewaffnete Aufstände an und führte bewaffnete Sabotage aus; im Gebiet von Shannan richtete sie sogar offenkundige "Stützpunktgebiete" ein. Bis im März des Jahres 1959 entfachte sich in Tibet ein umfassender bewaffneter Aufstand. Damit bereitete die oppositionelle Gruppe in Tibet ihren eigenen Untergang vor, und (in der Tat) wurde das tibetische System der Sklavenhalterei radikal begraben.

Seit dem Vertragsabschluss des Abkommens über die Massnahmen zur friedlichen Befreiung Tibets im Jahre 1951 bis zur Niederwerfung der Rebellion und der Einführung der demokratischen Reform im Jahre 1959 waren acht Jahre vergangen. Es waren acht Jahre, in denen die Volksbefreiungsarmee und die in Tibet niedergelassenen Kader unter der Führung der Kommunistischen Partei Chinas mit Leib und Seele für die Interessen des tibetischen Volkes arbeiteten, was heftig mit der grausamen Herrschaft und der brutalen Ausbeutung der tibetischen Sklavenhalter kontrastierte, und in denen der helle mit dem finsteren Weg stark kontrastierte. Während dieser acht Jahre übertraf das politische Bewusstsein des tibetischen Volkes das der vergangenen Jahrzehnte und Jahrhunderte. Das tibetische Volk verglich und beobachete diese acht Jahre und kam dadurch zur Einsicht, dass die Volksbefreiungsarmee und die in Tibet niedergelassenen Kader unter der Führung der Kommunistischen Partei Chinas "neue Han" und "barmherzige Soldaten", dass sie neue Leute der eigenen Seite waren, und es erkannte, dass das tibetische Gesellschaftssystem finster und grausam gewesen war. Als die Zentrale Volksregierung gerade zu der Zeit, da die oppositionelle Gruppe in Tibet den umfassenden bewaffneten Aufstand begann, den Befehl erteilte, die Rebellion zu unterdrücken und die demokratische Reform (einzuführen), entfachte sich deshalb überall auf dem tibetischen Hochplateau rapide eine grosse Revolution wie ein Steppenbrand, und das Sklavenhaltersystem Tibets zerfiel zu Asche.

(Seite 23)

Auf dem Dach der Erde hatte sich eine Million Sklaven endlich erhoben und befreit. Das ist die grosse Revolution des Volkes der tibetischen Nationalität; es ist die grosse Revolution des Volkes Tibets, das sich selbst befreit hat. Man kann nicht abstreiten, dass es ein grossartiges Ereignis in der Geschichte Chinas ist und dass es auch in der Weltgeschichte einen gebührenden Rang einnimmt.

Im Verlaufe der Unterdrückung der Rebellion und der demokratischen Reform im Jahre 1959 wurde die politisch-religiös vereinte feudalistische Diktatur der Lehensherren zerschlagen und das feudalistische Sklavenhaltersystem ausser Kraft gesetzt. Zum ersten Mal kam die grosse Masse der Sklaven und Leibeigenen zu persönlicher Freiheit und demokratischen Rechten, zu eigenem Land, zu Ackergeräten und zu Vieh. Die tibetische Oberschicht teilte man in Rebellierende und Nicht-Rebellierende ein, die man unterschiedlich behandelte. Gegenüber den Nicht-Rebellierenden der Oberschichten wurde (eine Politik) des Loskaufens praktiziert. In den Weidegebieten führte man gegenüber den nicht rebellierenden Herdenbesitzern eine Politik der Nicht-Bekämpfung, der Nicht-Aufteilung, des Nicht-Unterscheidens zwischen den Klassen und der Berücksichtigung der beidseitigen Interessen von Herdenbesitzern und Weideknechten durch.

Nach der demokratischen Reform arbeitete die Zentrale Volksregierung im April des Jahres 1961 Richtlinien zur Durchführung einer stabilen Entwicklung in Tibet aus: Während fünf Jahren sollten keine land- und viehwirtschaftlichen Genossenschaften errichtet werden (sondern lodiglich Gruppen zur gegenseitigen Unterstützung), damit die befreiten Leibeigenen sich erholen und wieder aufblühen und die Produktion sich entwickeln könne. Diese Politik stimmte vollständig mit dem Wunsch der befreiten Leibeigenen nach dem Besitz von eigenem Land und Vieh überein und mobilisierte ihre Produktionsinitiative in starkem Masse. Einige Jahre danach machten die tibetische Agrar- und Viehwirtschaft und das tibetische Handwerk eine relativ schnelle Entwicklung durch. Verglichen mit dem Jahre 1958 vor der Reform stiegen der Getreideertrag im Jahre 1965 um 88.6% und der Viehbestand um 54.1%. Das Leben der Bauern und Hirten verbesserte sich eindeutig, und die Bevölkerung nahm beachtlich zu. Die tibetischen Volksmassen bezeichnen diese Periode als "das goldene Zeitalter". Dies (alles) war die Folge der demokratischen Reform und der Richtlinien der Partei zu einer stabilen Entwicklung. Es war ein grosser Erfolg, der auch auf das Abschliessen des Abkommens zur friedlichen Befreiung Tibets zurückzuführen war.

(Seite 24)

Während der Niederwerfung des Aufstandes und der Einführung der demokratischen Reform wurden im Zusammenhang mit der ungestümen Entwicklung der demokratischen Reform (aber auch) bestimmte "linke" Mängel und Fehler begangen.

Bei der Durchführung der Richtlinien des Zentralkomitees aus dem Jahre 1961 zur stabilen Entwicklung, deren Hauptzüge alle politischen Bereiche Tibets umfassten - einschliesslich dem Bereich der Wirtschafts-, Finanz- und Handelspolitik, der Politik der sozialen Reform, der Nationalitätenpolitik und der einheitlichen Umerziehungspolitik der Persönlichkeiten der Oberschichten -, musste gegen "linke" Ueberstürzung vorgebeugt werden.

Im Jahre 1962 genehmigte das Zentralkomitee wieder vier Dokumente ("Die Beziehungen mit dem Vorbereitungskomitee für die Autonome Region Tibet zur Zusammenarbeit festigen"; "Kaderausbildung und Kadererziehung", "Einige Bestimmungen betreffend die fortgesetzte Realisierung und Durchführung einer Politik der religiösen Glaubensfreiheit"; "Ansichten über die Bestimmungen zur weiteren Realisierung und Durchführung der Behandlung opponierender und rebellierender Elemente") und fuhr (somit) fort, hinsichtlich dieser Aspekte "linke" Mängel und Fehler zu korrigieren. Leider erfolgte in der zweiten Hälfte des Jahres 1962 ein erneuter Ansturm "linker" Gedanken, und diese vier Dokumente gelangten nicht zur Ausführung. Die bereits existierenden "linken" Mängel und Fehler wurden nicht überwunden und erhielten sogar neuen Auftrieb.

Wegen der Verstösse von Lin Biao und der Viererbande erreichte die Entwicklung der "linken" Fehler während des zehnjährigen Chaos die äusserste Grenze. Ihre wichtigsten Aeusserungen treten in den folgenden Punkten zutage:

1. Es wurde eine grosse Anzahl von Rechtsverstössen und Justizirrtümern begangen, die zahlreichen Kadern und den Volksmassen schadeten, die darin miteinbezogen waren.

2. Während der Kommunebewegung und der Bewegung zum Lernen von Dazhai wurden ungeachtet der wirklichen Situation Tibets übereilte Forderungen gestellt; ausserdem wurde kritiklos nach Grösse[1], Gemeinnützigkeit [2] und Gleichmacherei, nach Anschluss der armen an die reichen Produktionsbrigaden und nach der Abschaffung von

---

[1] Im Sinne von Grössenwahn.

[2] Bzw. öffentliche Interessen, die vor private Interessen gestellt werden sollten.

privatwirtschaftlichen Nebenerwerbsmöglichkeiten gestrebt sowie nach einseitigem Getreideanbau, (indem) stur mehrere Arten von Winterweizen und nur wenige Sorten von Hochlandgerste angebaut wurden; auch wurden ein hohes Plansoll, eine hohe Ernteertragseinschätzung, hohe staatliche Ankaufspreise und weitere Praktiken dieser Art (angestrebt). Dies hemmte und dämpfte den Enthusiasmus der Volksmassen ernstlich und zerstörte die einheitliche Wirtschaftsstruktur der tibetischen Bauern und Hirten, was bewirkte, dass das Leben der Volksmassen auf Schwierigkeiten stiess.

(Seite 25)

3. Die Nationalitäten-, Religions- und Einheitsfrontspolitik der Partei stiess auf Schmähung und Ablehnung. Die regionale Autonomie der Minderheiten wurde zu einer reinen Formalität. Die religiösen Aktivitäten der Massen wurden verboten, die überwältigende Mehrheit der Tempel und Klöster wurde niedergerissen, und zahlreiche wichtige Kulturgüter gingen verloren oder wurden zerstört. Patriotische Persönlichkeiten der Oberschichten wurden verfolgt.

4. Grundsätzlich war die Errichtung der Einheitsfront zu langwierig; es wurde viel Kapital investiert, (aber) der Nutzeffekt war gering. Mehr noch, man wollte (alles) ohne die dafür notwendigen materiellen Voraussetzungen zustandebringen und verursachte so enorme Verschwendungen. All dies bewirkte das Elend des tibetischen Volkes und schlug eine tiefe Bresche in die chinesisch-tibetischen Beziehungen. Diese verschiedenen "linken" Praktiken dauerten noch zwei Jahre nach der Zerschlagung der "Viererbande" an, und sogar nach der 3. Plenartagung änderte sich für eine Weile nichts Grundsätzliches. Selbstverständlich haben die Partei, die Regierung und die Volksbefreiungsarmee sowie eine grosse Anzahl von Kadern während dieser neun Jahre grosse Bemühungen unternommen und unermüdliche Arbeit geleistet. Der grosse Teil unter ihnen diente dem tibetischen Volk treu und aufrichtig. Dies kann und darf man nicht ausradieren und vergessen. Allerdings erzielten ihre Anstrengungen wegen der "linken" Fehler der leitenden Gedanken und insbesondere wegen der konterrevolutionären Verstösse von Lin Biao und der Viererbande nicht die verdienten Resultate.

4. Tibet erhält die tatkräftige Fürsorge des Staates

Um den rückständigen Zustand Tibets zu ändern und das Leben der Bevölkerung zu verbessern, leisteten die Partei und der Staat nach der friedlichen Befreiung Tibets tatkräftige Hilfe und trafen eine Reihe politischer Richtlinien, die den lokalen Verhältnissen entsprachen und der Entwicklung des tibetischen Gebietes und des nationalen Fortschrittes dienlich waren. Während des zehnjährigen Chaos erlitten das tibetische Gebiet und die verschiedenen Gebiete des ganzen Landes dieselben Leiden; zur Ueberwindung der Folgen der Kulturrevolution und zur Beschleunigung der Entwicklung Tibets griff der Staat jedoch nach 1978 zu zahlreichen speziellen politischen Massnahmen.

(Seite 26)

Der Aspekt der Nationalitätenpolitik: Der grundlegende Inhalt der chinesischen Nationalitätenpolitik ist die nationale Gleichberechtigung, die nationale Einheit, die nationale Gebietsautonomie und das gemeinsame Aufblühen aller Nationalitäten. Nachdem das System der Klassen- und Minderheitenunterdrückung aufgehoben worden war, etablierten sich zwischen den verschiedenen Nationalitäten Chinas automatisch [1] Beziehungen der Gleichberechtigung, der Einheit, der gegenseitigen Unterstützung und der Freundschaft. Dies musste nicht nur in der Verfassung und im Gesetz bekräftigt werden. Der Staat ergriff ausserdem zahlreiche konkrete Massnahmen, um die konsolidierende Entwicklung dieser Beziehungen der Gleichberechtigung anzutreiben. Dazu gehört sowohl die Aufklärung über die historische und kulturelle Tradition Tibets und über die Intelligenz und den Fleiss des tibetischen Volkes als auch die ernsthafte Auseinandersetzung mit verschiedenen Vorkommnissen, die sich gegen die Würde der Minderheiten richten. So enthielt zum Beispiel die dieses Jahr in der ersten Ausgabe der Zeitschrift "Renmin Wenxue" erschienene Kurzgeschichte "Strecke deine Zunge zum Gruss heraus oder (löse dich in) Nichts (auf)" [2] verdrehte oder beleidigende Darstellungen über das tibetische Volk in Tibet. Die Zeitschrift wurde sofort zurückgezogen und vernichtet, der Chefredaktor [3] der Zeitschrift vorübergehend seines Postens enthoben und überprüft. Im Bereich der nationalen Einheit hat der Staat immer wieder betont, dass sich die nationalen Minderheiten nicht von der Han-Nationalität, die Han-Nationalität nicht von den nationalen Minderheiten trennen können. Um die gemeinsame Entwicklung und das gemeinsame Aufblühen der Nationalitäten zu realisieren, wird die Einheit zwischen den Han und den Tibetern und innerhalb der tibetischen Nationalität gefördert. In Tibet griff der Staat zu zweierlei Massnahmen: die eine Massnahme war, Tibet beim Durchführen des wirtschaftlichen Aufbaus tatkräftig zu unterstützen; dies wird später noch speziell

[1] Sinngemässe Uebersetzung von jigao.

[2] Kurzgeschichte vom Schriftsteller Ma Jian, geb. 1953; u.a. in: ZM, Nr.113, März 1987, S.66 ff.

[3] Liu Xinwu; da er offiziell am zweiwöchigen Kongress chinesischer Schriftsteller und Schriftstellerinnen teilnehmen soll, der Ende Mai 1988 in Paris stattfindet, ist anzunehmen, dass er seine Funktionen zwischenzeitlich wieder übernehmen konnte.

behandelt werden. Die andere Massnahme war, Tibet beim Entwickeln des Erziehungswesens, der Kultur und der Hygiene zu unterstützen; es wurde eine grosse Anzahl von Arbeitskräften, finanziellen Mitteln und materiellen Ressourcen eingesetzt, was zur Folge hatte, dass in Tibet ein Erziehungssystem gebildet wurde, das von der vorschulischen Erziehung über die Erziehung in der Primarschule, Mittelschule und Hochschule reicht. So werden (heute) gegenüber den Schülern der Primar- und Mittelschulen unter Kreis- und Bezirksverwaltung die drei Verpflichtungen praktiziert (Verpflichtung für die Nahrung, für die Kleidung und für die Unterkunft).

Im September dieses Jahres wurde vom Staatsrat zum zweiten Mal eine Konferenz zur Unterstützung Tibets einberufen, um politische Richtlinien

(Seite 27)

zur vernünftigen Unterstützung Tibets und zur Entwicklung des tibetischen Erziehungswesens festzulegen. In sechzehn Provinzen und regierungsunmittelbaren Städten des Landesinneren wurden tibetische Klassen gegründet. Im Inneren (Tibets) besuchen über 4000 Schüler die Primarschule; wobei die Kosten allesamt vom Staat getragen werden. Es ist ebenfalls geplant, drei tibetische Mittelschulen zu gründen. In seiner Bemühung um die Unterstützung der kulturellen Entwicklung Tibets bildete der Staat eine grosse Anzahl qualifizierter tibetischer Literaten und Künstler aus - zu ihnen gehört die bekannte Sängerin Caidan Zhuoma - und organisierte ausserdem Aufführungen der Künstlervereinigung Tibets innerhalb und ausserhalb Tibets, um den kulturellen Austausch zwischen den einzelnen Nationalitäten zu fördern. Was den Aspekt der medizinischen Betreuung betrifft, so wurde nicht nur im Inneren (Tibets) mit Rat und Tat speziell qualifiziertes medizinisches Personal ausgebildet, sondern es wurden auch Gruppen zur medizinischen Betreuung und Gesundheitsfürsorge nach Tibet geschickt, um die Volksmassen medizinisch zu betreuen [1] und bei der Erhöhung des lokalen medizinischen Standards mitzuhelfen. Von 1973 bis zur ersten Hälfte des Jahres 1987 mobilisierte der Staat über 2600 Personen im medizinischen Bereich aus über zehn Provinzen und regierungsunmittelbaren Städten, um nach Tibet zu gehen.

Aspekte der wirtschaftlichen Richtlinien:

Die wichtigsten Aspekte sind:

---

[1] zhibing Fangbing wörtlich: Krankheiten bekämpfen und verhüten.

1. Im Finanzwesen wurde Tibet eine tatkräftige Vorzugsbehandlung gewährt. Zwischen 1952 und 1986 beliefen sich die finanziellen Subventionen des Finanzdepartements der Zentralen Volksregierung an Tibet auf über 10 Mrd. Yuan; ausserdem umfassten die Zuschüsse der Zentralen Volksregierung an Tibet zwischen 1979 und 1986 auch Fonds zur Unterstützung unterentwickelter Gebiete, Unterstützungsgelder zum Grundaufbau von Minderheitengebieten, Unterstützungsgelder für die Sache der Grenzgebiete sowie Geldmittel für die Unterstützung von Katastrophengeschädigten in Gesamthöhe von über 5,9 Mrd. Yuan. In finanzieller Hinsicht muss an dieser Stelle betont werden, dass der Staat nie Geld verlangt hat. Das Geld, das der Staat Tibet gewährte, wurde voll und ganz für den lokalen Aufbau und für die Bedürfnisse der Bevölkerung verwendet. Was die Kosten für die Stationierung der Truppen in Tibet betrifft, so wurden sie gesondert aus den Militärausgaben bezogen.

2. Von 1952 bis zur ersten Hälfte des Jahres 1987 investierte die Zentrale Volksregierung in den Grundaufbau Tibets insgesamt 3,4 Mrd. Yuan und half Tibet beim Erschliessen der Naturressourcen und beim Durchführen des wirtschaftlichen Aufbaus.

(Seite 28)

Der Staat mobilisierte ausserdem alle Kräfte im ganzen Land zur Unterstützung des Aufbaus in Tibet. Ab 1980 zum Beispiel mobilisierte der Staat Shanghai, Zhejiang und andere neun Provinzen und regierungsunmittelbare Städte zur Unterstützung Tibets durch die Errichtung von über vierzig Energie-, Verkehrs-, Bildungs- und Kulturprojekten. All diese Projekte sind bereits fertiggestellt und in Betrieb genommen worden.

3. In zunehmendem Masse gewährt der Staat den Bauern und Hirten Kredite, von denen manche zinsniedrig oder zinsfrei sind. Bereits seit dem Jahre 1980 wurden Tibet die land- und viehwirtschaftlichen Steuern und die Steuereinnahmen aus Kollektivunternehmen gänzlich erlassen, was jedes Jahr ungefähr 10 Mio. Yuan ausmacht.

4. Der Staat lässt Tibet jedes Jahr grosse Mengen an Aufbaumaterialien und -gütern zukommen; zwischen 1979 und 1983 belief sich der Wert der zugeteilten Aufbaumaterialien und -gütern auf über 480 Mio. Yuan; im Jahre 1983 gingen 300'000 Tonnen Güter nach Tibet, 1984 waren es bereits über 400'000 Tonnen.

5. Seit dem Jahre 1980 wendet der Staat in Tibet eine Reihe von speziellen politischen Richtlinien an. So wurden zum Beispiel zum Erhalten von Kollektiveigentum an Boden, Wald und Weideland verschiedene Arten der Wirtschaftsführung eingeführt, die der

individuellen Wirtschaftsführung den Vorrang geben. Zum Regulieren des Marktes wird dem Absatz landwirtschaftlicher und tierischer Erzeugnisse Priorität eingeräumt. In den Weidegebieten wird das Vieh den einzelnen Familien zur Privathaltung, als Privatbesitz und auf eigene Verantwortung überlassen, was sich langfristig nicht ändern wird. In den Agrargebieten wird der Boden zur Nutzung der eigenen Verantwortung der einzelnen Familien überlassen, was sich langfristig (auch) nicht ändern wird. Industrie- und Handelsunternehmen entwickeln (heute) hauptsächlich die individuelle und kollektive Wirtschaft. Was den Aspekt der Oeffnung gegen aussen betrifft, so wurden Massnahmen ergriffen, die im Vergleich zu anderen Provinzen, autonomen Gebieten und regierungsunmittelbaren Städten noch vorteilhafter sind. Die Aussenhandelsdevisen, die der Staat den Provinzen und regierungsunmittelbaren Städten gewöhnlich überlässt, belaufen sich auf 25%, während Tibet 100% gewährt werden. So konnte Tibet aus eigener Kraft einen Grenzhandel mit den Nachbarstaaten entwickeln, wie zum Beispiel an der chinesisch-nepalesischen Grenze, wo insgesamt 27 Grenzhandelsmärkte errichtet wurden.

Aspekt der Religionspolitik:

In Tibet ist die Religionsfreiheit der Volksmassen genügend gewährleistet.

(Seite 29)

Jeder Staatsbürger besitzt sowohl die religiöse Glaubensfreiheit als auch die Freiheit, Atheist zu sein; er besitzt die Freiheit, an diese Religion zu glauben, wie er auch die Freiheit besitzt, an jene Religion zu glauben. Innerhalb derselben Religion besitzt er die Freiheit, an diese Religionssekte zu glauben, wie er die Freiheit besitzt, an jene Religionssekte zu glauben. Er besitzt die Freiheit auf Bekehrung zum religiösen Glauben und die Freiheit, sich vom religiösen Glauben abzukehren. Alle Religionen sind gleichberechtigt und werden vom Staat gleich behandelt. Seit 1980 gewährte der Staat eine Geldsumme von (insgesamt) über 27 Mio. Yuan für die Renovation der Tempel. Heute gibt es über 230 Tempel und 700 Stellen für religiöse Aktivitäten, über 14'300 Mönche und Nonnen und über 330 "Lebende Buddhas". Dies (alles) befriedigt die Bedürfnisse der gläubigen Volksmassen nach einem regulären religiösen Leben. Die gläubigen Volksmassen können gemäss ihren eigenen religiösen Gewohnheiten verschiedenste religiöse Aktivitäten entfalten, wie zum Beispiel das Rezitieren von Sutren, das Unternehmen von buddhistischen Pilgerfahrten, das Ueberliefern der Heiligen Schriften, das Ausführen von Kotaus und die Entgegennahme und Spende von Almosen. Offiziell wurde ein tibetisches

Institut für Buddhismus gegründet. Ausserdem wurde das Praktizieren des Chuanzhao[1] (des Grossen Buddhistischen Gebetsfestes) wieder eingeführt.

Die Politik gegenüber dem Dalai Lama und den tibetischen (Bluts)- Verwandten im Ausland:

Die Generallinie gegenüber dem Dalai Lama ist, dass alle Patrioten der grossen Familie angehören, ob sie sich früher oder später der gemeinsamen Sache anschliessen; dass man das Vergangene ruhen lassen muss; dass der Dalai Lama willkommen ist, zur Besichtigung oder zwecks Niederlassung heimzukehren, und dass ihm Bewegungsfreiheit garantiert wird. Konkret gesprochen gibt es fünf Punkte (zu erwähnen):

1. Unser Land hat bereits eine neue Epoche der langfristigen politischen Stabilität und des konstanten wirtschaftlichen Gedeihens sowie der fortgeschrittenen[2] Einheit und gegenseitigen Hilfe zwischen den einzelnen Nationalitäten angetreten. Der Dalai Lama und seine Gefolgsleute sind alle intelligent, und sie sollen an diese neue Epoche glauben. Wenn sie nicht daran glauben, sollen sie einige Jahre abwarten; das geht auch.

2. Der Dalai Lama und die von ihm geschickten Leute, die mit uns Kontakt aufgenommen haben, sollten sich frei und offen aussprechen, ohne Methoden wie die des Versteckspielens oder des politischen Kuhhandels anzuwenden. Auf die vergangenen Unbehagen in der Geschichte[3] darf man

(Seite 30)

sich nicht weiter einlassen; selbst jene geschichtliche Episode aus dem Jahre 1959 haben alle vergessen und gestrichen.

3. Wir heissen den Dalai Lama und seine Gefolgsleute aufrichtig willkommen, zurückzukommen und sich niederzulassen. Wir heissen ihre Rückkehr deshalb herzlich willkommen, weil wir hoffen, dass sie zur Wahrung der Einheit unseres Landes, zur Festigung der Einheit der Han- und der tibetischen Nationalität sowie der anderen Nationalitäten und zur Verwirklichung der Vier Modernisierungen beitragen werden.

---

[1] Das tibetische sog. Moinlam-Quenmo-Gebetsfest gehört zu den wichtigsten religiösen Festen der Tibeter (vgl. CH S.214: "Chuanzhao: Buddhistisches Gebetsfest, das jährlich im ersten und zweiten Monat des tibetischen Kalenders im Jokhang-Tempel (Dazhaosi) in Lhasa zelebriert wird"); es wurde zwischen 1966 und 1986 nicht durchgeführt.

[2] 叓好 vermutlich 更好 (geng hao).

[3] Wörtlich: "Auf die vergangene Geschichte darf man..."; "Unbehagen" wurde hier sinngemäss eingefügt.

4. Die Behandlung des Dalai Lama im politischen Leben und im Alltagsleben wäre nach seiner Rückkehr und Niederlassung nicht anders als vor 1959. Das Zentralkomitee der Partei kann dem Nationalen Volkskongress den Vorschlag unterbreiten, ihn als Stellvertretenden Vorsitzenden des Ständigen Ausschusses des Nationalen Volkskongresses zu wählen; nach eingehender Beratung könnte er sogar als Stellvertretender Vorsitzender der Politischen Konsultativkonferenz des Chinesischen Volkes amtieren. Was die Amtsausübung in Tibet betrifft, so dürfte beides nicht parallel bestehen. Tibet hat heute bereits viele junge Nachfolger, die ihre Arbeit ausgezeichnet verrichten. Natürlich könnte der Dalai auch regelmässig nach Tibet zurückkehren, um sich umzuschauen. Seine Gefolgsleute könnten wir ebenfalls angemessen unterbringen; sie müssten sich nicht um die Frage der Arbeit und der Lebensumstände kümmern. Da sich unser Land entwickelt hat, kann es verglichen zu früher nur um einiges besser (geworden) sein.

5. Wann immer der Dalai Lama auch zurückkommt, kann er der Presse eine kurze Erklärung abgeben; die Entscheidung über das, was er sagen will, bleibt ihm selbst überlassen. Wann immer er auch zurückkommt, braucht er uns nur zu benachrichtigen. Falls er vom Festland via Hongkong in Guangzhou eintrifft, werden wir einen Genossen vom Range eines Ministers und andere Genossen an die Grenze schicken, um ihn zu empfangen, und wir werden eine Erklärung veröffentlichen. Falls er mit dem Flugzeug zurückkommt, werden wir auf jeden Fall eine grosse Empfangszeremonie organisieren und ebenfalls eine Bekanntmachung abgeben.

Was noch hinzugefügt werden muss ist, dass diese fünf Punkte vom Zentralkomitee und somit nicht von irgend jemandem beschlossen worden sind. Diese fünf Punkte sind die politischen Richtlinien des Zentralkomitees gegenüber dem Dalai Lama und den tibetischen Verwandten im Ausland, nach denen wir uns in der Vergangenheit gerichtet haben, momentan richten und in Zukunft richten werden; sie sind ausgesprochen unmissverständlich und konsequent.

(Seite 31)

5. Das neue sozialistische Tibet

Seit der friedlichen Befreiung Tibets vor 36 Jahren haben in den verschiedenen Territorien enorme historische Veränderungen stattgefunden: Das finstere, unterentwickelte alte Tibet hat sich bereits zu einem blühenden und gedeihenden neuen sozialistischen Tibet gewandelt. Dies gilt insbesondere für die letzten neun Jahre: Weil an der (Politik der) Reform und der Oeffnung festgehalten wurde und weil der Staat gegenüber Tibet zahlreiche speziellen politischen Richtlinien angewendet hat, ging die Entwicklung noch schneller vonstatten; die Erfolge, die auf verschiedenen Gebieten erzielt wurden, sind für alle sichtbar.

Politischer Aspekt:

Die überwiegend aus Tibetern zusammengesetzte Bevölkerung der verschiedenen Nationalitäten (Tibets) hat sich schon früh von ehemaligen Leibeigenen zu den Herren Tibets erhoben. Das zeichnet sich (heute) hauptsächlich durch folgende Punkte aus:

1. Tibet ist durch Delegierte in der Nationalverwaltung vertreten. Das System des Nationalen Volkskongresses ist die organisatorische Form des Regimes der demokratischen Volksdiktatur der Volksrepublik China. Es ist das politische System, das dem Staat zugrunde liegt; der Nationale Volkskongress ist das höchste staatliche Machtorgan unseres Landes. Unter den Delegierten des 6. Nationalen Volkskongresses befanden sich neunzehn Delegierte aus Tibet, wovon fünfzehn tibetischer Nationalität, einer von der Nationalität der Menba, einer von der Nationalität der Luoba und zwei anderer Nationalität waren.

2. Im Rahmen der Verfassung, des Gesetzes zur nationalen Gebietsautonomie und anderer gesetzlich festgelegter Machtbereiche geniesst die tibetische Nationalität das Selbstbestimmungsrecht; als selbständiges Gebiet verwaltet es seine eigenen nationalen und lokalen inneren Angelegenheiten. Der Volkskongress des Autonomen Gebietes Tibet hat das Recht, gemäss den lokalen minderheitenspezifischen politischen, wirtschaftlichen und kulturellen Eigenheiten autonome Bestimmungen und spezifische Regelungen auszuarbeiten. Wenn die Resolutionen, Beschlüsse, Befehle und Anweisungen der übergeordneten staatlichen Instanzen nicht den reellen Umständen Tibets entsprechen, können die autonomen Organe bis zu den übergeordneten staatlichen Bewilligungsinstanzen Bericht erstatten, um eine Anpassung an die Verhältnisse oder eine Einstellung zu verfügen.

(Seite 32)

Nach 1979 arbeitete der Volkskongress der Autonomen Region Tibet aufgrund der wirklichen Situation Tibets zwölf Vorschriften und Bestimmungen aus, wie z.B. "Im Autonomen Gebiet Tibet tritt die den Verhältnissen entsprechende "Strafprozessordnung der Volksrepublik China" in Kraft", "Das Autonome Gebiet Tibet setzt detaillierte Regeln und Vorschriften für die Wahl des tibetischen Volkskongresses aller Ebenen in die Praxis", "Im Autonomen Gebiet Tibet tritt das den Verhältnissen entsprechende "Ehegesetz der

Volksrepublik China" in Kraft", usw. Beim Ausüben ihrer Funktion wenden die autonomen Organe das lokal gebräuchliche Chinesisch und Tibetisch in Schrift und Sprache an; darüber hinaus wird (aber) der tibetischen Schrift und Sprache Priorität eingeräumt. Aufgrund der Bedürfnisse des sozialistischen Aufbaus Tibets wurden verschiedene Massnahmen getroffen, um eine grosse Anzahl von Kadern aller Ebenen sowie verschiedenes qualifiziertes Fachpersonal tibetischer oder anderer Nationalität auszubilden. Unter der Projektleitung des Staates wurden aufgrund der Eigenheiten und Bedürfnisse Tibets politische Richtlinien und Projekte zum wirtschaftlichen Aufbau (Tibets) ausgearbeitet. Mit der Landwirtschaft und der Viehzucht als Basis, mit dem Tourismus als Kernstück und mit dem Erziehungswesen, der Energie und dem Transport als Schwerpunkte sollen die politischen Richtlinien, die zur Entwicklung Tibets festgelegt wurden, (dazu beitragen), Beziehungen zu fördern, eine (wirtschaftliche) Grundlage zu schaffen und die Produktion von Handelsgütern zu entwickeln. Von den staatlichen Gesetzesbestimmungen und den lokalen Eigenheiten der wirtschaftlichen Entwicklung ausgehend wurden die Produktionsverhältnisse rationell geregelt und das wirtschaftliche Verwaltungssystem reformiert. Aufgrund der lokalen finanziellen Mittel und materiellen Ressourcen müssen grundlegende Aufbauprojekte mit lokalem Charakter selbständig organisiert und die der tibetischen Autonomie angehörigen Betriebe und Dienstleistungen eigenständig verwaltet werden. Gemäss den gesetzlichen Bestimmungen werden die lokalen natürlichen Ressourcen verwaltet und geschützt und das Eigentums- und Nutzungsrecht für die lokalen Weidegründe im Inneren (Tibets) und für den Wald festgelegt. Gegenüber den natürlichen Ressourcen, die in diesem Gebiet erschlossen werden können, hat eine vernünftige Erschliessung und Nutzung den Vorrang; die Einnahmen des tibetischen Gebietes werden voll und ganz gemäss den selbständigen Vorkehrungen Tibets verwendet. Was die Steuereinnahmen betrifft, so verfügt (Tibet) über das uneingeschränkte Recht auf Steuerverminderung und Steuererlass. Aufgrund der Eigenheiten des autonomen Gebietes werden die Bereiche der nationalen Kultur, der Erziehung, der Naturwissenschaften und Technik, der medizinischen Betreuung und des Sports selbständig entwickelt.

(Seite 33)

3. Es wurden Kaderreihen gebildet, deren Hauptanteil Kader der tibetischen Nationalität waren. Tibet hat insgesamt über 40'000 Kader tibetischer Nationalität und Kader anderer nationalen Minderheiten, was 80% der gesamten Kaderzahl Tibets ausmacht; im Autonomen Gebiet machen sie unter den führenden Mitgliedern des Parteikomitees, des Ständigen Ausschusses des Nationalen Volkskongresses, der Regierung und der Politischen Konsultativkonferenz des Chinesischen Volkes 83,8% aus. Der Vorsitzende der Volksregierung des Autonomen Gebietes ist der tibetische Kader Duojie Cairang; vor ihm

bekleideten die tibetischen Kader Apei Awang Jinmei und Duojie Caidan dieses Amt. Die Posten der Kommissare, der Stadt- und der Kreisvorsitzenden der sieben Ortsstädte und der 75 Kreise (oder Städte) sind allesamt durch Kader nationaler Minderheiten besetzt; die Kader der nationalen Minderheiten besetzen diese beiden wichtigen Kaderführungspositionen zu 95%.

4. Das Volk der tibetischen Nationalität und anderer Minderheiten erfreut sich umfangreicher demokratischer Rechte und Freiheiten, wie zum Beispiel des aktiven und passiven Wahlrechtes, der Redefreiheit, der Publikationsfreiheit, der Versammlungs- und Koalitionsfreiheit, der Bewegungsfreiheit und der Demonstrationsfreiheit sowie der religiösen Glaubensfreiheit, des Rechtes auf persönliche Freiheit, auf Menschenwürde und auf Unterkunft; freie Berichterstattung und vertrauliche Korrespondenz sind von Gesetzes wegen geschützt; es besteht das Recht auf Kritik gegen alle staatlichen Behörden und staatlichen Angestellten und das Recht auf die Unterbreitung von Vorschlägen, das Recht auf Arbeit und Freizeit, das Recht auf materielle Hilfe des Staates und der Gesellschaft im Alters- oder Krankheitsfall oder beim Verlust der Arbeitsfähigkeit, das Recht auf Erziehung und die Freiheit der wissenschaftlichen Forschung, des Literatur- und Kunstschaffens und auf andere kulturellen Aktivitäten, usw.usw. Natürlich müssen (die Tibeter) ihrerseits gemäss dem Gesetz ihre entsprechenden Pflichten erfüllen.

(Seite 34)

Wirtschaftlicher Aspekt:

Vor der demokratischen Reform stagnierte das alte Tibet lange Zeit auf (dem System) einer feudalistischen Sklavenhaltergesellschaft. Die drei mächtigen Herrscherschichten (Adel, Klöster und die alte Lokalregierung), die nicht ganz 5% der Bevölkerung ausmachten, besassen das gesamte Acker- und Weideland Tibets, seinen gesamten Wald, das gesamte unbebaute Land, die Gebirgslandschaft und die Flüsse sowie den grössten Teil des Viehbestandes; sie besassen sogar Sklaven und Leibeigene. Deshalb war die Produktivkraft sehr niedrig und das Leben des Volkes extrem arm. Heute hat das tibetische Hochplateau sein Aussehen bereits geändert, und alle Bereiche des Aufbaus entwickeln sich blühend.

1. Die land- und viehwirtschaftliche Produktion hat eine relativ grosse Entwicklung durchgemacht. Im Jahre 1986 erreichte der land- und viehwirtschaftliche Bruttoproduktionswert des gesamten Gebietes einen Wert von über 900 Mio. Yuan, was einen Zuwachs von 70% gegenüber dem Jahr 1965 darstellt; der Getreideertrag erreichte 450 Mio. Kilogramm, und der Viehbestand beläuft sich auf 22,58 Mio. Stück.

2. Die Industrie entwickelt sich rapid. Vor der demokratischen Reform besass Tibet keine moderne Industrie; heute sind bereits verschiedene Industriezweige eingeführt worden wie Elektrizitätswerke, Bergbau, Bau- und Finanzwesen, Leichtindustrie, Wollspinnereien, Papierfabrikation, Druckereiindustrie und Lebensmittelindustrie; die nationale Handwerksindustrie ist ebenfalls stark angewachsen. Im Jahre 1986 erreichte der industrielle Bruttoproduktionswert 160 Mio. Yuan, und der Produktionswert des Minderheitenhandwerks belief sich auf über 35 Mio. Yuan.

3. Verkehr und Transport entwickelten sich, aus dem Nichts entstanden, sehr schnell. Vor der Befreiung besass Tibet keine einzige Strasse; nach der Befreiung wurden die Hauptverbindungsachsen Sichuan-Tibet, Qinghai-Tibet, Xinjiang-Tibet und Yunnan (Dian)-Tibet gebaut, um die Gebiete des Landesinneren mit allen Städten und Kreisen (Tibets) zu verbinden. Gegenwärtig besitzt die ganze Autonome Region (Tibet) 315 Strassen; die für den Verkehr befahrbare Strecke beläuft sich auf 21'600 Kilometer; ausser dem Kreis Motuo sind bereits alle Bezirke für den Verkehr freigegeben worden. Ausserdem ist Lhasa durch planmässige Flüge mit Beijing, Chengdu und Guangzhou verbunden.

(Seite 35)

4. Der Handel bietet ein blühendes Bild. Ursprünglich war Tibet das typische Beispiel einer merkantilen Wirtschaft der Selbstversorgung, und der Handel gedieh langfristig nicht. Mit dem Produktionswachstum und den besseren Transportbedingungen erfuhr auch der Handel eine entsprechende Entwicklung; aus allen Gebieten des ganzen Landes flossen Produkte und Materialien in einem ununterbrochenen Fluss nach Tibet und gewährleisteten die Bedürfnisse der Bevölkerung der verschiedenen Minderheiten zur Entwicklung der Produktion und zur Verbesserung der Lebensumstände. Im Jahre 1986 erreichte der Gesamtbetrag des öffentlichen Warenkleinhandels im ganzen Autonomen Gebiet 1001 Mrd. Yuan. Zur Entwicklung des gesamten Autonomen Gebietes waren es 39'073 städtische und ländliche individuelle Industrie- und Handelshaushalte, die eine Kleinwarenhandelslizenz besassen, während sich das Personal im Industriesektor auf 51'342 Personen belief.

5. Der Tourismus trat plötzlich als neue Kraft auf den Plan. Lhasa gehört zu den Städten des Landes, die (für den Tourismus) geöffnet wurden. Tibet zieht wegen seiner charakteristischen natürlichen Umgebung und der Liebenswürdigkeit des Volkes Touristen aus dem In- und Ausland an. Tibet hat den Tourismus zu einer zentralen Industrie gemacht und entwickelt diese (nun) tatkräftig. Bis Ende des Jahres 1986 standen den Reisenden im

ganzen Autonomen Gebiet bereits über 3'800 Betten zur Verfügung; letztes Jahr wurden 30'000 Touristen (in Tibet) empfangen.

Erziehung, Kultur und medizinische Versorgung:

Als der wirtschaftliche Aufbau Tibets dank der grossangelegten Hilfe des Staates eine schnelle Entwicklung durchmachte, wurden auch in den Bereichen der Erziehung, der Kultur, der medizinischen Versorgung und in anderen Bereichen grosse Fortschritte erzielt.

1. Im Erziehungssektor fand eine äusserst schnelle Entwicklung statt. Vor den demokratischen Reformen war das tibetische Erziehungswesen äusserst zurückgeblieben; die Analphabetenquote lag über 95%, und im ganzen Gebiet gab es ausser Kader- oder Regimentsschulen nur 13 Grund- und eine Mittelschule, die von nur 2'940 Schülern besucht wurden (im allgemeinen waren es Söhne Adeliger). Bis im Jahre 1986 gab es im gesamten Autonomen Gebiet drei Hochschulen, 14 Mittelschulen spezieller Fachrichtungen und 64 gewöhnliche Mittelschulen sowie 2'388 Primarschulen; insgesamt wurden sie von über 148'000 Schülern besucht.

(Seite 36)

Die Tibeter haben bereits qualifiziertes Personal, das den Doktortitel erworben hat.

2. Im kulturellen Sektor fand eine sprunghafte Entwicklung statt. Am Ende des Jahres 1986 gab es im ganzen Autonomen Gebiet 25 wissenschaftliche Forschungsorgane sowie über 1'160 verschiedene Arten kultureller, sportlicher und fachspezifischer Organisationen und Organisationen für die Kunst der Massen. Es gibt fünf Rundfunkstationen und zwei Lokalsender, (wobei) die Abdeckquote der Rundfunkstationen 30% beträgt [1], sowie drei Fernsehstationen und 68 kleine Satellitenbodenstationen, (wobei) die Abdeckquote der Fernsehstationen 32% beträgt.

Die traditionelle nationale Kultur wurde weitergeführt und entwickelt. Von 1980 bis 1986 wurden über 600 Bücher aller Themen in tibetischer Sprache herausgegeben. Das weltberühmte Epos "Die Biographie des Königs Gesar" [2] wurde kompiliert und wird nun in

---

[1] d.h., dass der Empfang 30% des tibetischen Gebietes abdeckt.
[2] Tibetisches Heldenepos, das ab dem 11. Jh. kompiliert wurde; CH, S.1300; vgl. BR, Nr.48, 1.12.1987, S.27.

aufeinanderfolgenden Episoden veröffentlicht. Seit dem letzten Jahr wurde der "Xuedun"-Feiertag wieder eingeführt.

3. Der Sektor der medizinischen Betreuung entwickelt sich rasch. Vor der Befreiung gab es in Tibet nur für die Adeligen und hochrangigen Beamten traditionell-medizinische Dienstleistungsstellen; nun gibt es in ganz Tibet 957 Spitäler, medizinische Praxen, Ambulatorien und andere Organe für medizinische Betreuung sowie über 7'000 Angestellte im medizinische Bereich. Im Durchschnitt fallen in ganz Tibet pro 1'000 Einwohner 2,4 Spitalbetten, was nahe an den erstklassigen Standard des Landesinneren kommt. Die Bauern, die Nomaden und die Stadtbevölkerung geniessen absolut kostenlose ärztliche Betreuung. Die traditionelle tibetische Medizin wird weiter praktiziert und entwickelt. In Lhasa und in anderen Städten wurden tibetische Spitäler errichtet; es gibt (heute) über 1'000 tibetische Spitalangestellten und neun tibetische pharmazeutische Fabriken.
Bezüglich der wirtschaftlichen Entwicklung und der Entwicklung in allen anderen Aufbausektoren steigt der Lebensstandard des Volkes unaufhörlich. Im Jahre 1986 verdienten die Bauern und Hirten (jährlich) durchschnittlich 350 Yuan;

(Seite 37)

bis im Mai 1987 erreichten die Spareinlagen der Einwohner 1,54 Mrd. Yuan. Infolge der Erhöhung des Lebensstandards und der Entwicklung der medizinischen Betreuung erhöhte sich das Gesundheitsniveau der Tibeter und anderer nationaler Minderheiten (in Tibet) generell; zahlreiche bösartige und ansteckende Krankheiten sind bereits ausgemerzt worden, und die mittlere Lebenserwartung der Tibeter, die vor der Befreiung bei 35,57 Jahren lag, ist nun auf 63,7 Jahre gestiegen. Auch darum wächst die tibetische Bevölkerung sehr schnell, weil sich der Staat für eine Geburtenkontrolle lediglich bei tibetischen Kadern und (staatlichen) Angestellten einsetzt. Im Jahre 1951 waren es 1,1 Mio., im Jahre 1959 1,206 Mio. und im Jahre 1987 bereits 2 Mio. Menschen; dies macht 95% der gesamttibetischen Bevölkerung aus.

Das Volk der verschiedenen Minderheiten Tibets wird gerade durch seinen eigenen Fleiss ein geeintes, reiches, starkes und zivilisiertes sozialistisches neues Tibet errichten und eine herrliche Zukunft schaffen.

ABKUERZUNGEN

AI	Amnesty International
AP	Associated Press
ART	Autonome Region Tibet
AW	Asiaweek
BaZ	Basler Zeitung
BPW	Bruttoproduktionswert
BR	Beijing Rundschau
CA	China im Aufbau
CH	Cihai
ChA	China Aktuell
CN	China Now
CNA	China News Analysis
CR	China Reconstructs
DNC	Das neue China
DW	Die Welt
FA	Frankfurter Allgemeine
FBIS	Foreign Broadcast Information Service (Hong Kong)
FEER	Far Eastern Economic Review
FNPC	Documents of the First Session of the First National People's Congress of the People's Republic of China
FR	Frankfurter Rundschau
GDL	Gazette de Lausanne
GPKR	Grosse Proletarische Kulturrevolution
HQ	Hongqi
LM	Le Monde
M	Mathews'
MZDT	Mao Zedong Texte (Hrsg. von Martin, Helmut)
MZTJ	Minzu Tuanjie
MZYJ	Minzu Yanjiu
NCNA	New China News Agency
NVK	Nationaler Volkskongress
NYT	New York Times
NZN	Neue Zürcher Nachrichten
NZZ	Neue Zürcher Zeitung
PR	Peking Review

QTRL	The Question of Tibet and the Rule of Law. International Commission of Jurists. Geneva 1959.
RMB	Renminbi (chinesische Währung)
RMRB	Renmin Ribao
SCMP	South China Morning Post
SDZ	Süddeutsche Zeitung
SOCMP	Survey of China Mainland Press
SWB	Summary of World Broadcasts (Part 3, the Far East, BBC, London)
TAZ	Die Tageszeitung (Berlin)
TDG	Tribune de Genève
TF	Tibet Forum
TR	Tibetan Review
TRPC	Le Tibet et la Républiqe Populaire de Chine. Commission Internationale de Juristes. Genève 1960.
URI	Union Research Institute. Tibet 1950-1967. Hong Kong 1968.
WEWO	Die Weltwoche
WOC	Women of China
XHDCD	Xin Han De Cidian
Xinhua	Xinhua (New China News Agency, Beijing)
XMDJGq	Xinan Minzu Diqu Jingji Gaikuang
ZM	Zhengming
ZO	Der Zürcher Oberländer
ZZCYK	Zhongguo Zhi Chun Yuekan

GLOSSAR

Bang	邦
Basiba	八思巴
Bei Wei	北魏
Beijing	北京
Chamdo (Chin.: Chamuduo)	察木多
Changdu	昌都
Chiang Kai-shek (Chin.: Jiang Jieshi)	蒋介石
Chide Zugan	墀德祖干
Da Hanzu Zhuyi	大汉族主义
Da Qing	大清
Daiben	代本
Dashi	大师
Daxue	大学
Deng Xiaoping	邓小平
Difang Minzu Zhuyi	地方民族主义
Dishi	帝师
Dun	吨
Duojie Caidan	多桔才旦
Duojie Cairang	多桔才让
Gansu	甘肃
Gongli	公里
Guanyu Wo Guo Minzu Zhengce De Jige Wenti	关于我国民族政策的几个问题
Guomindang	国民党
Guoshi	国师
Heping Jiefang	和平解放
Hongqi	红旗
Hu Qili	胡启立
Hua Guofeng	华国锋
Huimeng	会盟
Hutuketu	呼图克图
Jiangnan	江南
Jiangxi	江西
Jigao	即告
Jin	金
Jin	斤
Junzi	君子
Kangxi	康熙
Li Peng	李鹏

Liao	辽
Lifanbu	理蕃部
Lifanyuan	理蕃院
Liji	礼记
Liu Shaoqi	刘少奇
Liu Xinwu	刘心武
Lun Lianhe Zhengfu	论联合政府
Lunyu	论语
Luohou	落后
Ma Jian	马建
Man, Yi, Rong, Di	蛮夷戎狄
Mao Zedong	毛泽东
Mengzang Waiyuanhui	蒙藏外院会
Mengzi	孟子
Ming Shi	明史
Minzu	民族
Minzushi	民族师
Minzuxiang	民族乡
Mu	亩
Neibu Kanwu	内部刊物
Ngapo Ngawang Jigme (Chin.: Apei Awang Jinmei)	阿沛阿旺晋美
Panchen Lama (Chin.: Banshane Erdeni)	班禅额尔德尼
Qin Shi Huangdi	秦始皇帝
Qinghai	青海
Ren Rong	任荣
Renmin Ribao	人民日报
Renshen Yifu	人身依附
Ronghe	融合
Shunzhi	顺治
Sichuan	四川
Sishu	四书
Song	宋
Songzan Ganbu	松赞干布
"Su yi di, xing hu yi di"	素夷狄行乎夷狄
Sun Yat-sen (Chin.: Sun Zhongshan)	孙中山
Taizu	太祖
Tan Guansan	谭冠三
Tang Mu Zong	唐穆宗
Tang Tai Zong	唐太宗

Tian Jiyun	田纪云
Tonghua	同化
T'u-ssu (Tusi)	土司
Wang Furen	王辅仁
Wen Cheng Gongzhu	文成公主
Wo Guo	我国
Wo Taiwan	我台湾
Wo Xizang	我西藏
Wu Dai	五代
Wu Jinghua	伍精华
Xia Fang	下放
Xie Fuzhi	谐辅志
Xigaze (Chin.: Rikaze)	日喀则
Xinhua Yuebao	新华月报
Xishou	吸收
Xizang Dashiji	西藏大事记
Xu	叙
Xuanwei Sibu Yuanshuaifu	宣慰司部员师府
Xuanweishi	宣慰使
Ya Hanzhang	牙含章
Yadong	亚东
Yayan	压严
Yin Fatang	阴法唐
Yuan Shikai	袁世凯
Yuan	元
Yuanshuai	元帅
Yunnan	云南
Zanpu	赞普
Zedang	泽当
Zhang Guohua	张国华
Zhang Jingwu	张经武
Zhao Ziyang	赵紫阳
"Zhe zhong tuanjie shi xionggdi ban de tuanjie, bu shi yi fangmian yapo ling yi fangmian"	这种团结是兄弟般的团结不是一方面压迫另一方面
Zhengming	争鸣
Zhenguan	贞观
Zhibing Fangbing	治病防病
Zhong	中
Zhongguo Shaoshu Minzu	中国少数民族
Zhongyong	中庸

Zhou Enlai	周恩来
Zhu De	朱德
Zhuangyan	庄严
"Zi yu ju jiu yi. Huo yue lou ru zhi he;	子欲居九夷或曰陋如之何
zi yue, junzi ju zhi, he lou zhi you"	子曰君子居之何陋之有
Zizhiqu	自治区
Zizhiquan	自治权
Zizhixiang	自治乡
Zizhizhou	自治州
Zongzhiyuan	总制院

BIBLIOGRAPHIE

Quellen

CHIANG Kai-shek.
China's Destiny.
New York, Macmillan, 1947.

COMMISSION INTERNATIONALE DE JURISTES.
Le Tibet et la République Populaire de Chine.
Genève 1960.

DALAI LAMA.
Mein Leben und mein Volk. Die Tragödie Tibets.
München 1962.

DER XI. PARTEITAG DER KOMMUNISTISCHEN PARTEI CHINAS. DOKUMENTE.
Beijing 1977.

DEUTSCHER BUNDESTAG.
Welche Gesichtspunkte sprechen gegen eine völkerrechtlich wirksame Eingliederung Tibets in den chinesischen Staatsverband?
Verfasser: Dr. Hienstorfer. Bericht vom 12.8.1987.

DIE VERFASSUNG DER VOLKSREPUBLIK CHINA.
(Angenommen von der 1. Tagung des IV. Nationalen Volkskongresses der Volksrepublik China am 17. Januar 1975).
Beijing 1975.

DIE VERFASSUNG DER VOLKSREPUBLIK CHINA.
(Verkündet und in Kraft getreten am 4. Dezember 1982).
Beijing 1983.

DOCUMENTS OF THE FIRST SESSION OF THE FIRST NATIONAL PEOPLE'S CONGRESS OF THE PEOPLE'S REPUBLIC OF CHINA.
Beijing 1955.

DOKUMENTE DER 1. TAGUNG DES IV. VOLKSKONGRESSES DER VOLKSREPUBLIK CHINA.
Beijing 1975.

HUA Guofeng.
Weiterführung der Revolution unter der Diktatur des Proletariats bis zur Vollendung -Zum Studium von Band V der "Ausgewählten Werke Mao Tsetungs".
Beijing 1977.

INTERNATIONAL COMMISSION OF JURISTS.
The Question of Tibet and the Rule of Law.
Geneva 1959.

MAO Tse-tung.
Selected Works of Mao Tse-tung. Vol. 5.
Beijing, 1977.

MAO ZEDONG XUANJI. Di San Juan.
(Mao Zedong, Ausgewählte Werke. 3. Bd.).
Beijing, 1968.

MAO ZEDONG XUANJI. Di Wu Juan.
(Mao Zedong, Ausgewählte Werke. 5. Bd.).
Beijing, 1977.

RESOLUTION UEBER EINIGE FRAGEN ZUR GESCHICHTE DER KP CHINAS SEIT 1949.
Beijing 1981.

STATEMENT OF HIS HOLINESS THE DALAI LAMA.
Capitol Hill, 21. September 1987.
Tibet Office, Zürich.

SUN Yat-sen.
Sun Yat-sen: His Political and Social Ideals.
Los Angeles, University of Southern California Press, 1933. (I)

--, *Memoirs of a Chinese Revolutionary.*
Taipei 1953. (II)

Zeitschriften in chinesischer Sprache

Dagong Bao
Hongqi
Jiefangjun Bao
Minzu Tuanjie
Minzu Yanjiu
Renmin Ribao
Xizang Ribao
Zhengming
Zhongguo Zhi Chun Yuekan

Zeitschriften in abendländischen Sprachen

Asiaweek
Basler Zeitung
Beijing Rundschau
China Aktuell
China im Aufbau
China Now
China Reconstructs
Das neue China
Der Zürcher Oberländer
Die Tageszeitung
Die Weltwoche
Die Welt
Far Eastern Economic Review
Far Eastern Review
Frankfurter Allgemeine
Frankfurter Rundschau
Gazette de Lausanne

Le Monde
Neue Zürcher Nachrichten
Neue Zürcher Zeitung
New York Times
Peking Review
Süddeutsche Zeitung
Tages Anzeiger
The Times
Tibet Forum
Tibet-Info (Informationsbulletin des Vertretungsbüros S.H. des Dalai Lama, Zürich)
Tibetan Bulletin
Tibetan Review
Tribune de Genève
Women of China

Darstellungen und Nachschlagewerke in chinesischer Sprache

1900-1980: Ba Shi Nianlai Shixue Shumu.
(Index der Geschichtswissenschaft der letzten achtzig Jahre).
Zhongguo Shehui Kexueyuan Lishi Yanjiusuo Bian
(Band des Forschungsinstitutes der Chinesischen Akademie für Sozialwissenschaften).
Zhongguo Shehui Kexue Chubanshi 1984.

CIHAI. Shanghai, 1979.

FENG Junshi (Hrsg.).
Zhongguo Lishi Dashi Nianbiao.
(Chronologische Tabelle wichtiger Ereignisse in der chinesischen Geschichte).
Shenyang 1984.

Jingji Gaikuang 1965-1985.
(Ueberblick über die Wirtschaft Tibets 1965-1985).
Xizang Zizhiqu Tongji Ju (Statistisches Amt der Autonomen Region Tibet) 1985.

Qingshilu Zangzu Shiliao. Di Shi Ji.
(Historische Materialien über die tibetische Nationalität im Qingshilu; 10. Bd.).
Lhasa 1983.

WANG Furen & Chen Qingying.
Meng Zang Minzu Guanxi Shilüe.
(Historischer Ueberblick über die mongolisch-tibetischen Beziehungen).
Beijing 1985. (I)

WENG Dujian (Hrsg.). *Zhongguo Minzu Guanxi Shi Yanjiu*
(Forschung zur Geschichte der Beziehungen der chinesischen Nationalitäten).
Beijing 1984.

Xin Han De Cidian (Das neue chinesisch-deutsche Wörterbuch).
Beijing 1985.

Xinan Minzu Diqu Jingji Gaikuang
(Ueberblick über die Wirtschaft in den Minderheitengebieten des Südwestens).
Sichuan Minzu Yanjiusuo. Chengdu 1986.

Xizang Difang Shi Zhongguo Bu Ke Fenge De Yi Bu Fen . Shiliao Xuanji.
(Tibet ist ein unabtrennbarer Teil Chinas. Ausgewählte historische Materialien).
Lhasa 1986.

Xizang Jian Kuang.
(Ueberblick über die Situation in Tibet) [1987].
Anhang Nr.16.

Xizang Jingji Gaikuang 1965-1985.
(Ueberblick über die Wirtschaft in Tibet 1965-1985).
Xizang Zizhiqu Tongjiju, 1985.

Xizang Shi Yanjiu Lunwen Xuan 1965-1985.
(Ausgewählte Aufsätze zur Forschung über die Geschichte Tibets 1965-1985).
Xizang Renmin Chubanshi 1985.

YA Hanzhang.
Xizang Lishi De Xin Pianzhang.
(Neue Aufsätze zur Geschichte Tibets).
Sichuan Minzu Chubanshi. Chengdu 1979. (I)

--, *Dalai Lama Zhuan.*
(Biographien der Dalai Lama).
Beijing 1984. (II)

Zhonghua Renmin Gongheguo Xingzheng Quhua Shouce.
(Handbuch zur administrativen Gliederung der Volksrepublik China).
Beijing 1986.

Darstellungen in abendländischen Sprachen

AMNESTY INTERNATIONAL.
Menschenrechtsverletzungen in der Volksrepublik China.
Amnesty International Publication. September 1984.

ANDRUGTSANG, Gompo Tashi.
Four Rivers, Six Ranges: A True Account of Khampa Resistance to Chinese in Tibet.
Dharamsala 1973.

AVEDON, John F.
In Exile from the Land of Snows.
London 1985. (I)

- - , *Ein Interview mit dem Dalai Lama.*
München 1985. (II)

AZIZ, Barbara N. & Matthew Kapstein (Hrsg.).
Soundings in Tibetan Civilization.
New Delhi 1985.

BAI Shouyi (Hrsg.).
An Outline History of China.
Beijing 1982.

BARTKE, Wolfgang.
Who's Who in the People's Republic of China.
2nd Edition. München, New York, Oxford, Paris 1987.

BAUER, Wolfgang (Hrsg.).
China und die Fremden. 3000 Jahre Auseinandersetzung in Krieg und Frieden.
München 1980.

BEIJING RUNDSCHAU (Hrsg.).
Tibet: Gestern und Heute.
Beijing 1984.

BELL, Sir Charles.
Tibet Past and Present.
London, Oxford University Press, 1924. (I)

- - , *The Religion of Tibet.*
Oxford 1931. (II)

- - , *Portrait of the Dalai Lama.*
London 1956. (III)

BRANDT, Conrad, Benjamin Schwartz, & John K. Fairbank.
A Documentary History of Chinese Communism.
Cambridge, Mass., Harvard University Press, 1952.

CHENG Jin.
Chronik der Volksrepublik China 1949-1984.
Beijing 1986.

CHINA HANDBOOK, 1937-1945.
New York, Macmillan, 1947.

CHINA IM AUFBAU-VERLAG.
Tibeter über Tibet.
Beijing 1988.

CHOEDON, Dhondrub.
Life in the Red Flag People's Commune.
Dharamsala 1976.

DIE TIBETER-GEMEINSCHAFT ZUERICH (Hrsg.).
28. Jahrestag des Tibetischen Volksaufstandes vom 10. März 1959 gegen die Besetzung Tibets durch die Volksrepublik China.
Zürich, 1987.

DOMES, Jürgen.
China nach der Kulturrevolution.
München 1975. (I)

- - , *Politische Soziologie der Volksrepublik China.*
Systematische Politikwissenschaft 14, Wiesbaden 1980. (II)

DREYER, June Teufel.
Chinas Forty Millions.
Cambridge, Mass., Harvard University Press, 1976.

EPSTEIN, Israel.
Tibet Transformed.
Beijing 1983.

FAIRBANK, John K. (Hrsg.).
The Cambridge History of China. Late Ch'ing, 1800-1911.
Vol. 10, Part I.
London, Cambridge University Press, 1978.

FROM LIBERATION TO LIBERALISATION. VIEWS ON 'LIBERATED' TIBET.
The Information Office of His Holiness the Dalai Lama.
Dharamsala 1982.

FRANKE, Wolfgang.
China-Handbuch.
Düsseldorf, 1974.

FRASER, John.
Die neuen Chinesen.
Bern und München, 1981.

GELDER, Stuart & Roma.
The Timely Rain: Travels in New Tibet.
New York, 1965.

GERNET, Jacques.
Die chinesische Welt.
Frankfurt a.M., 1979.

GESELLSCHAFT FUER BEDROHTE VOELKER & Verein der Tibeter in Deutschland.
Tibet - Traum oder Trauma?
Göttingen und Wien, 1987.

GINSBURGS, George, & Michael Mathos.
Communist China and Tibet: The First Dozen Years.
The Hague (Netherlands) 1964.

GRUNFELD, A. Tom.
The Making of Modern Tibet.
London 1987.

GYALTAG, Gyaltsen.
Tibet einst und heute.
Office of Tibet, Rikon 1979.

HAN Suyin.
Chinas Sonne über Lhasa. Das neue Tibet unter Pekings Herrschaft.
München 1980.

HEBERER, Thomas.
Nationalitätenpolitik und Ethnologie in der Volksrepublik China.
Bremen 1982. (I)

- - , *Minderheiten und Minderheitenpolitik in der Volksrepublik China.*
In: *China-Report* Nr. 81/1985, Wien. (II)

--, (Uebers., Komm.). *Gesetz über die Gebietsautonomie der Nationalitäten der Volksrepublik China.*
In: *China aktuell*, Oktober 1984, Hamburg. (III)

HEINZIG, Dieter.
Mao contra Liu.
Berichte des Bundesinstituts für Ostwissenschaftliche und Internationale Studien, Nr.48, 1967.

HOFFMANN, Rainer.
Entmaoisierung in China.
Zur Vorgeschichte der Kulturrevolution. Weltforum Verlag.
München 1979.

HOPKIRK, Peter.
Trespassers on the Roof of the World. The Race for Lhasa.
Oxford University Press, London 1982.

LEGGE, James.
The Four Books.
Taibei 1974.

LI Fang-kuei
The Inscription of the Sino-Tibetan Treaty of 821-822.
In: *Toung Pao*, 44, 1-3 (1956).

LI Tieh-Tseng.
Tibet :Today and Yesterday.
New York 1960.

LIU Suinian & Wu Qungan.
Chinas sozialistische Wirtschaft. Ein Abriss der Geschichte (1949-984).
Beijing 1988.

LOWELL, JR., Thomas.
The Silent War in Tibet.
New York 1959.

LUTHER, Jörg-Michael.
Liu Shaoqis umstrittenes Konzept zur Erziehung von Parteimitgliedern.
Mitteilungen des Instituts für Asienkunde. Hamburg 1978.

LHUNDUP, Pema.
Tibet under Chinese Communist Rule.
Dharamsala, 1976.

MARTIN, Helmut (Hrsg.).
Mao Zedong Texte (2. Bd.).
München/Wien 1979.

MARTIN, H. Desmond.
The Rise of Chingis Khan and His Conquest of North China.
Baltimore, 1950.

MATHEWS'.
Chinese-English Dictionary.
Taibei1975.

MEISER, Hans Christian (Hrsg.).
Dalai Lama. Ausgewählte Texte.
München 1987.

MULLIN, Chris & Phuntsog Wangyal.
The Tibetans: Two Perspectives on Tibetan-Chinese Relations.
Minority Rights Group, Report No. 49. London 1983.

NORBU, Jamyang.
Warriors of Tibet.
London 1987.

PALJOR, Kunsang.
Tibet: The Undying Flame.
Dharamsala, 1977.

PATTERSON, George.
Tibet in Revolt.
London 1960.

PEISSEL, Michel.
Cavaliers of Kham.
London 1960.

PETECH, Luciano.
China and Tibet in the Early XVIIIth Century.
Leiden, 1972.

RICHÄRDSON, Hugh M.
Tibet and its History .
London 1984.

SCHARPING, Thomas.
Chinas Bevölkerung 1953-1982. Teil II: Gesamtbevölkerung und Regionalstruktur.
In: *Berichte des Bundesinstituts für ostwissenschaftliche und internationale studien*, Nr. 42/1985.

SCHIER, Peter.
In Tibet herrschen die Han - Kritik an den Chinesen ist unerwünscht, und der Dalai Lama bleibt lieber im Exil.
In: *China aktuell*, Juli 1984, Hamburg. (I)

- - , *Pekings neue Politik für Tibet. Ein Modell für den künftigen Kurs gegenüber den nationalen Minderheiten.*
In: *China aktuell*, Juni 1980, Hamburg. (II)

SCHMICK, Karl-Heinz.
Pekings neue Tibet-Politik.
In: *Internationales Asienforum.* Weltforum Verlag München, Köln, London, Dezember 1981.

SEN, Chanakya.
Tibet Disappears. A Documentary History of Tibet's International Status, the Great Rebellion and its Aftermath.
London 1960.

SHAKABPA, Tsepon W.D.
Tibet: A Political History.
New York 1984.

SNELLGROVE, David & Hugh Richardson.
A Cultural History of Tibet.
Boston & London 1986.

SNOW, Edgar.
Die lange Revolution.
München 1978.

STAIGER, Brunhild (Hrsg.).
China. Natur-Geschichte-Gesellschaft-Politik-Staat-Wirtschaft-Kultur.
Tübingen 1980.

STRONG, Anna Louise.
Tibetan Interviews.
Peking, New World Press, 1959.

TANG Tsou.
The Cultural Revolution And Post-Mao Reforms.
A Historical Perspective.
The Univ. Of Chicago Press. Chicago & London,1986.

TOMSON, Edgar (Hrsg.).
Dokumente: Die Volksrepublik China und das Recht nationaler Minderheiten.
Frankfurt, Alfred Metzner, 1963. (I)

-- & Su Jyun-hsyong
Regierung und Verwaltung der VRCh.
Köln, Verlag Wissenschaft und Politik, 1972. (II)

TRUNGPA, Chögyam.
Born In Tibet.
London 1979.

TU Hengtse.
A Study of the Treaties and Agreements Relating to Tibet.
Tunghai University, Taichung 1971.

UNION RESEARCH INSTITUTE.
Tibet 1950-1967.
Hong Kong 1968.

VAN WALT VAN PRAAG, Michael C.
The Status of Tibet. History, Rights, and Prospects in International Law.
London 1987. (I)

- - , *Population Transfer and the Survival of the Tibetan Identity.*
Special Report Series. Publ. by The U.S. Tibet Committee.
New York 1986. (II)

VERLAG FUER FREMDSPRACHIGE LITERATUR.
Tibet wandelt sich.
Beijing 1981.

WANG Furen & Suo Wenqing.
Highlights of Tibetan History.
Beijing 1984. (II)

WEGGEL, Oskar.
China und Tibet: Wie Feuer und Holz.
(Betrachtungen zur chinesischen Tibetpolitik).
In: *China aktuell.* Dezember 1983, Hamburg. (I)

YOUNGHUSBAND, Sir Francis.
India and Tibet.
London 1910.

ZHAO Baoxu.
Vorlesungen zur aktuellen Politik der Volksrepublik China.
München 1985

ANHANG

ANHANG 1

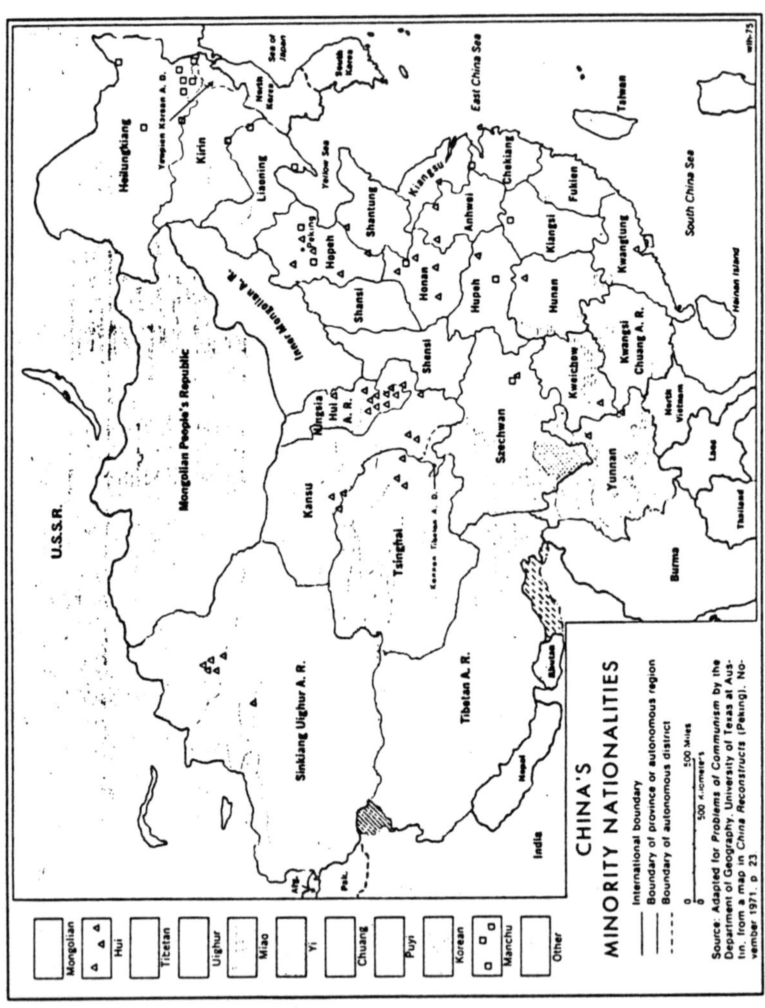

(Quelle: Dreyer)

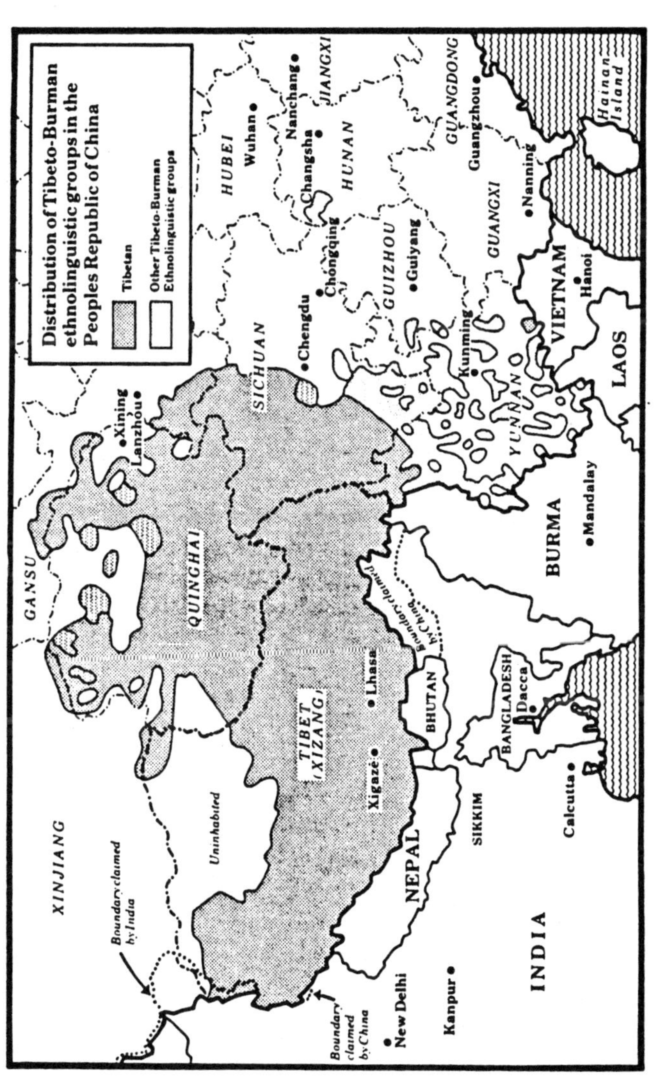

(Quelle: Grunfeld)

ANHANG 3

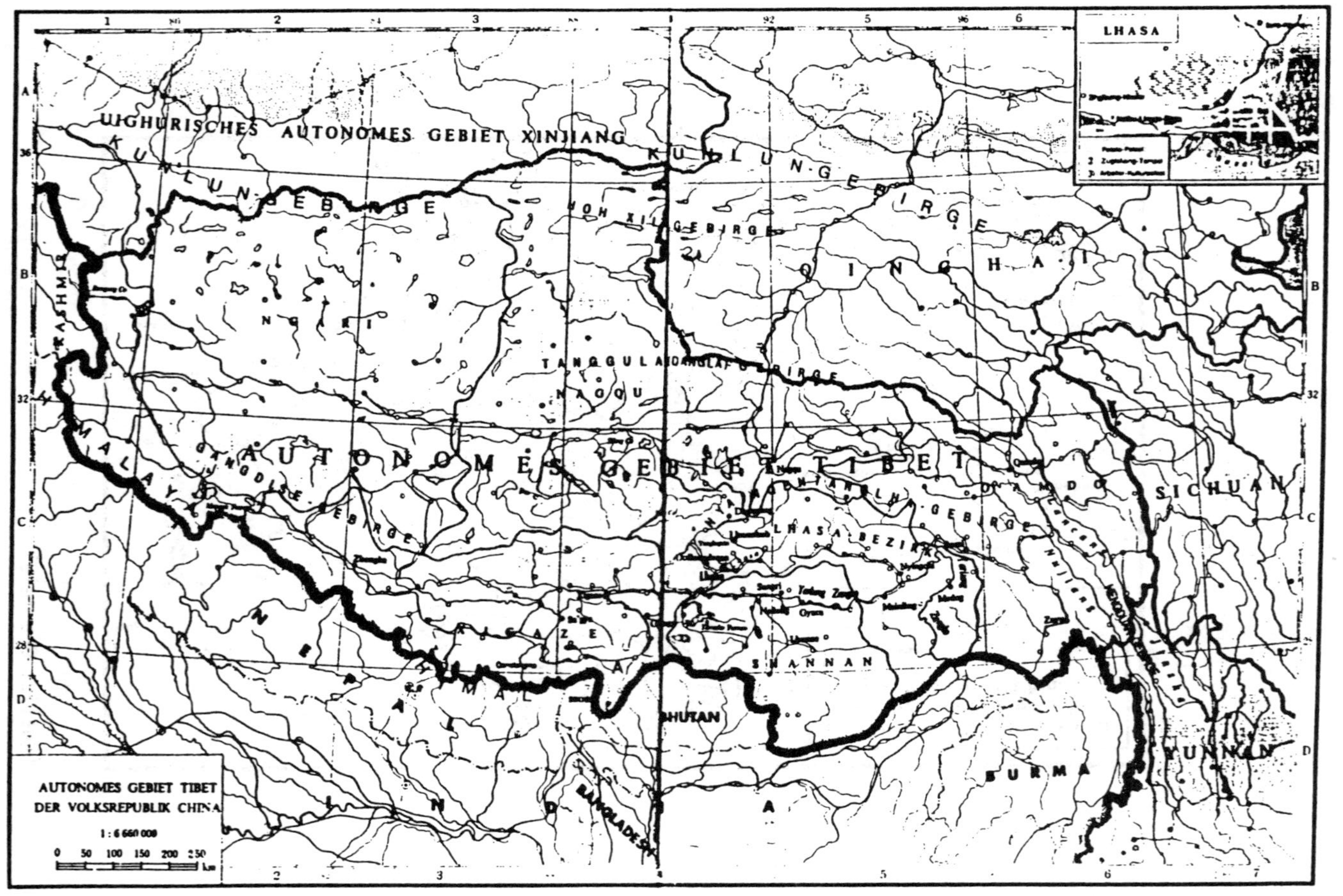

(Quelle: Verlag für fremdsprachige Literatur: Tibet wandelt sich)

ANHANG 4

西藏自治区略图

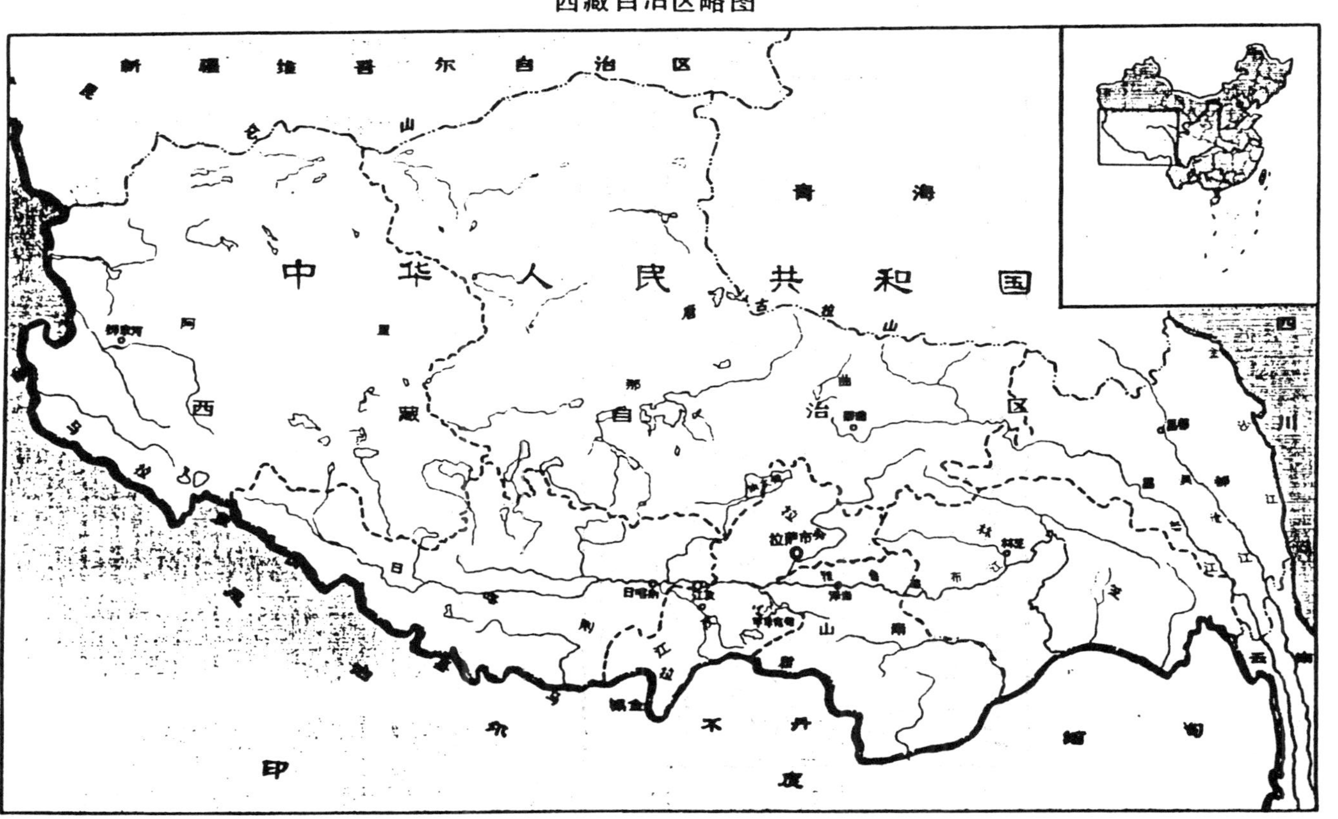

(Quelle: Xizang Difang Shi Zhongguo Bu Ke Fenge De Yi Bu Fen)

ANHANG 5

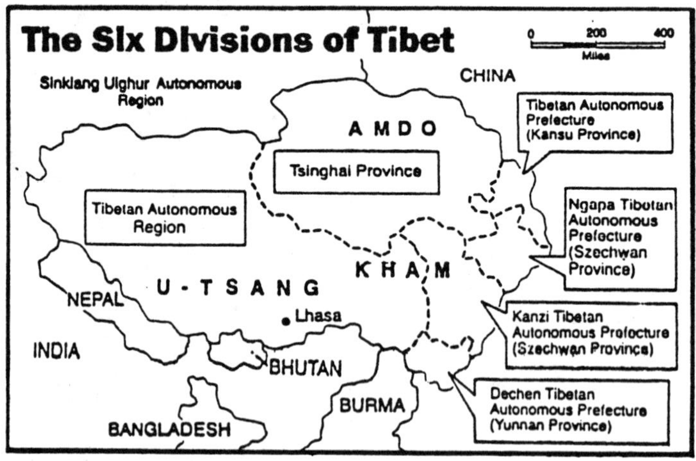

(Quelle: Tibet-Info, Special Issue, May 1988)

ANHANG 6

吐蕃王朝时期西藏地方略图

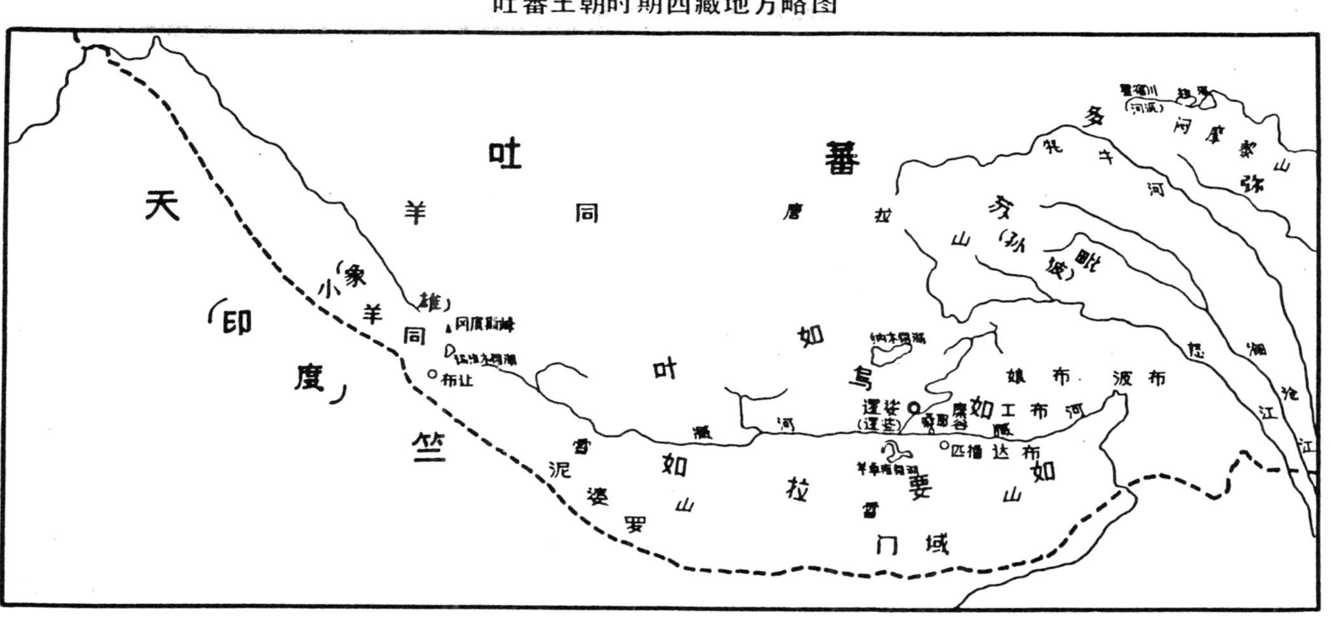

(Quelle: Xizang Difang Shi Zhongguo Bu Ke Fenge De Yi Bu Fen)

五代、两宋时期西藏地方略图

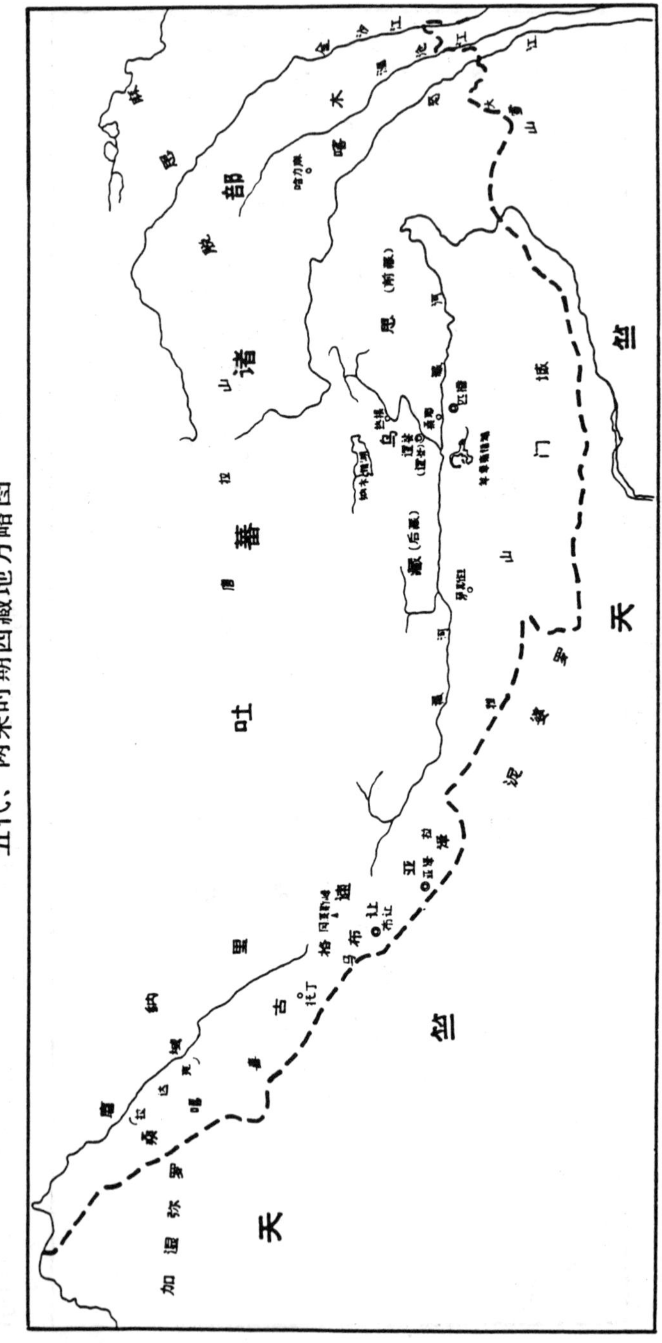

(Quelle: Xizang Difang Shi Zhongguo Bu Ke Fenge De Yi Bu Fen)

元代西藏地方略图

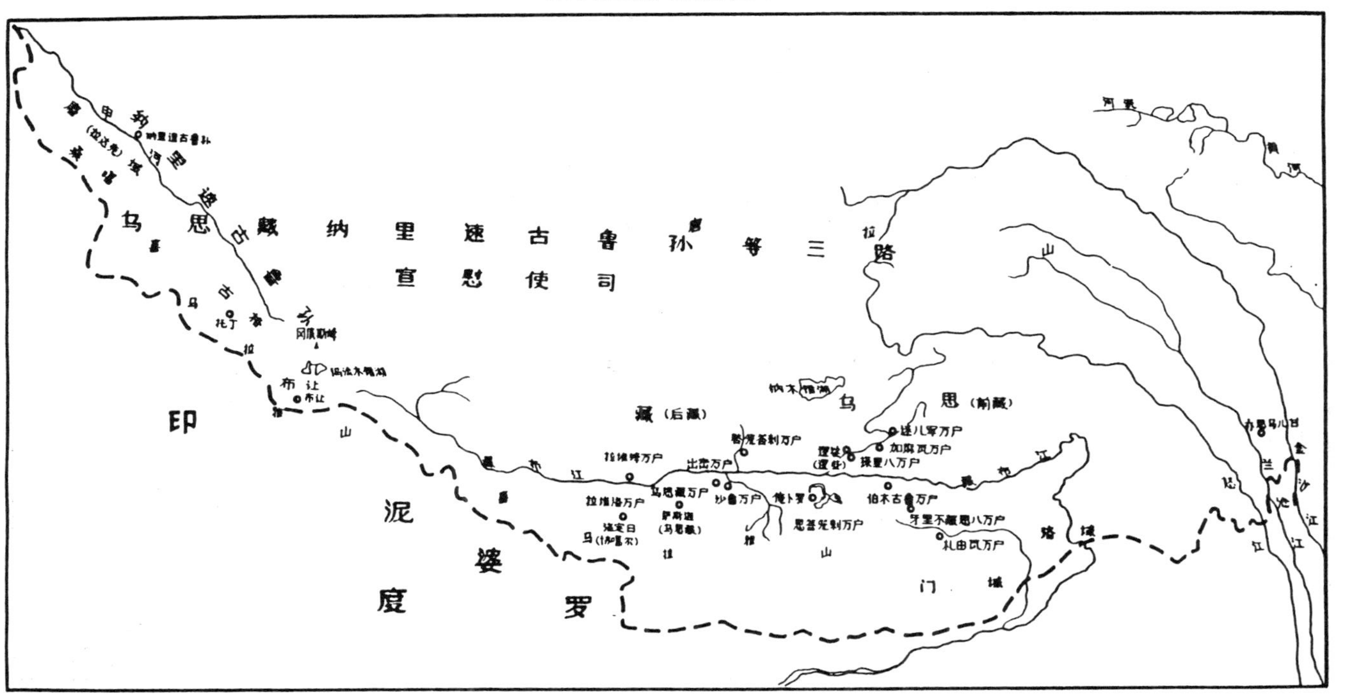

(Quelle: Xizang Difang Shi Zhongguo Bu Ke Fenge De Yi Bu Fen)

明代西藏地方略图

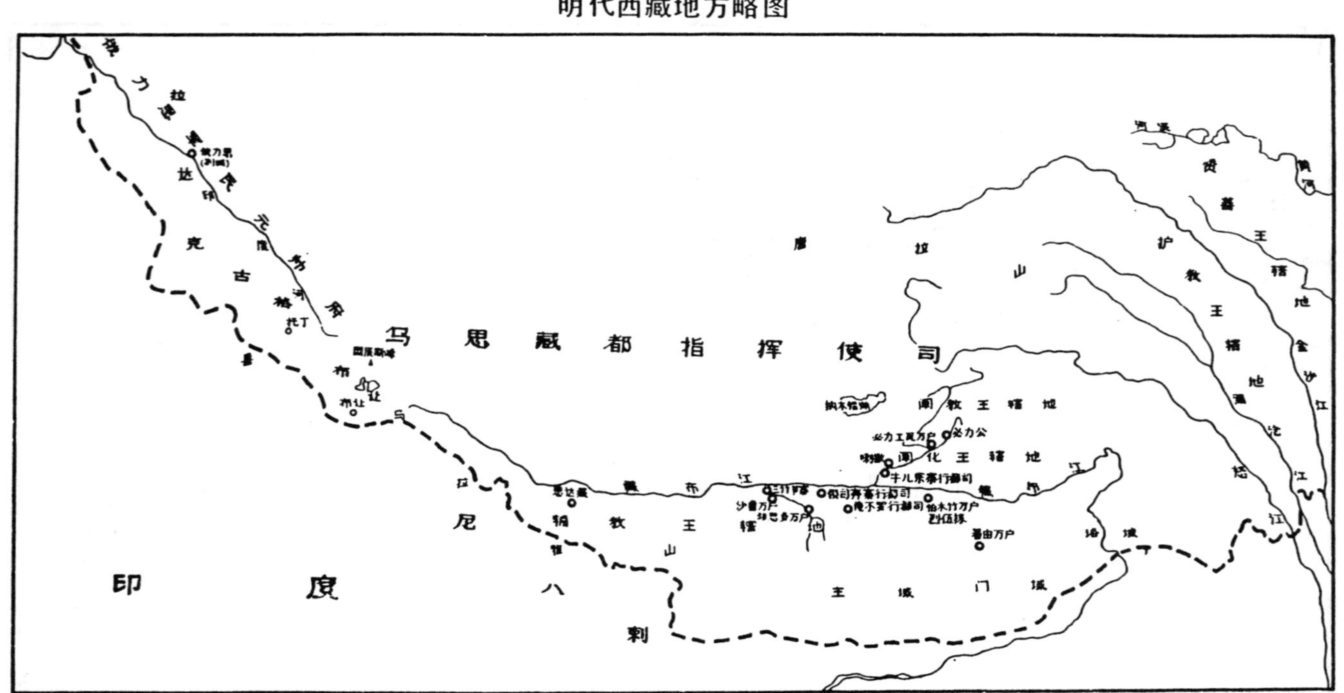

(Quelle: Xizang Difang Shi Zhongguo Bu Ke Fenge De Yi Bu Fen)

清代西藏地方略图

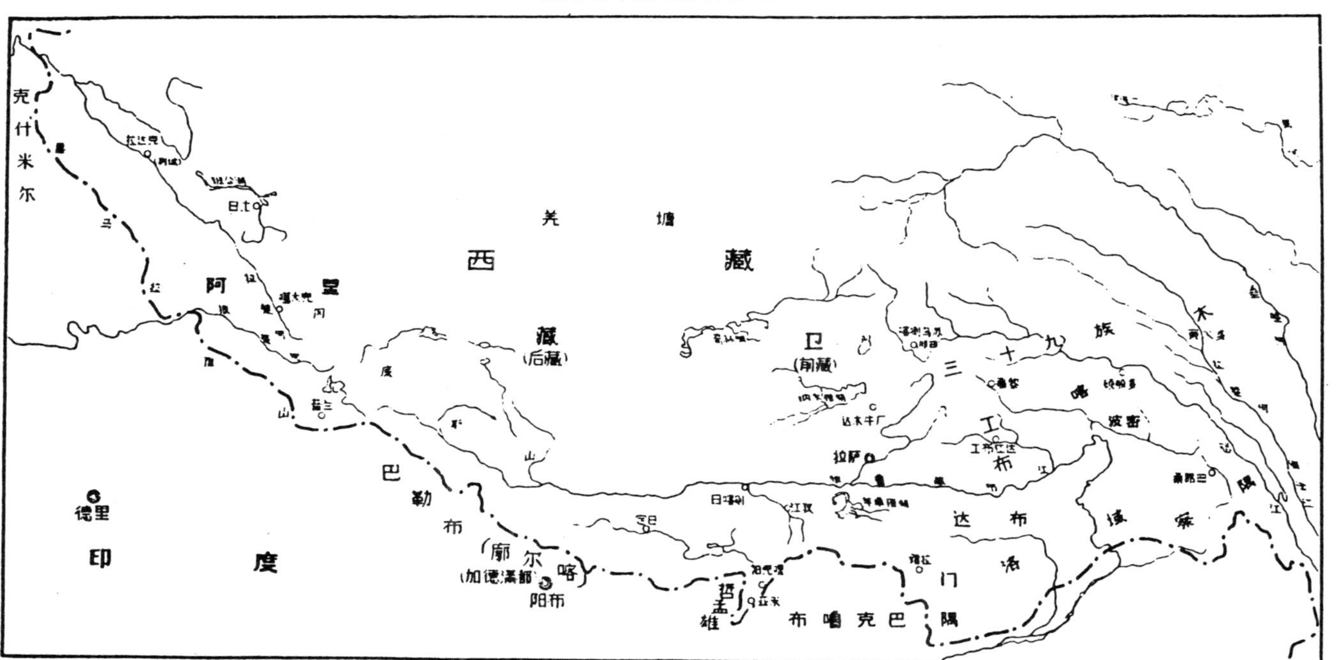

(Quelle: Xizang Difang Shi Zhongguo Bu Ke Fenge De Yi Bu Fen)

民国时期西藏地方略图

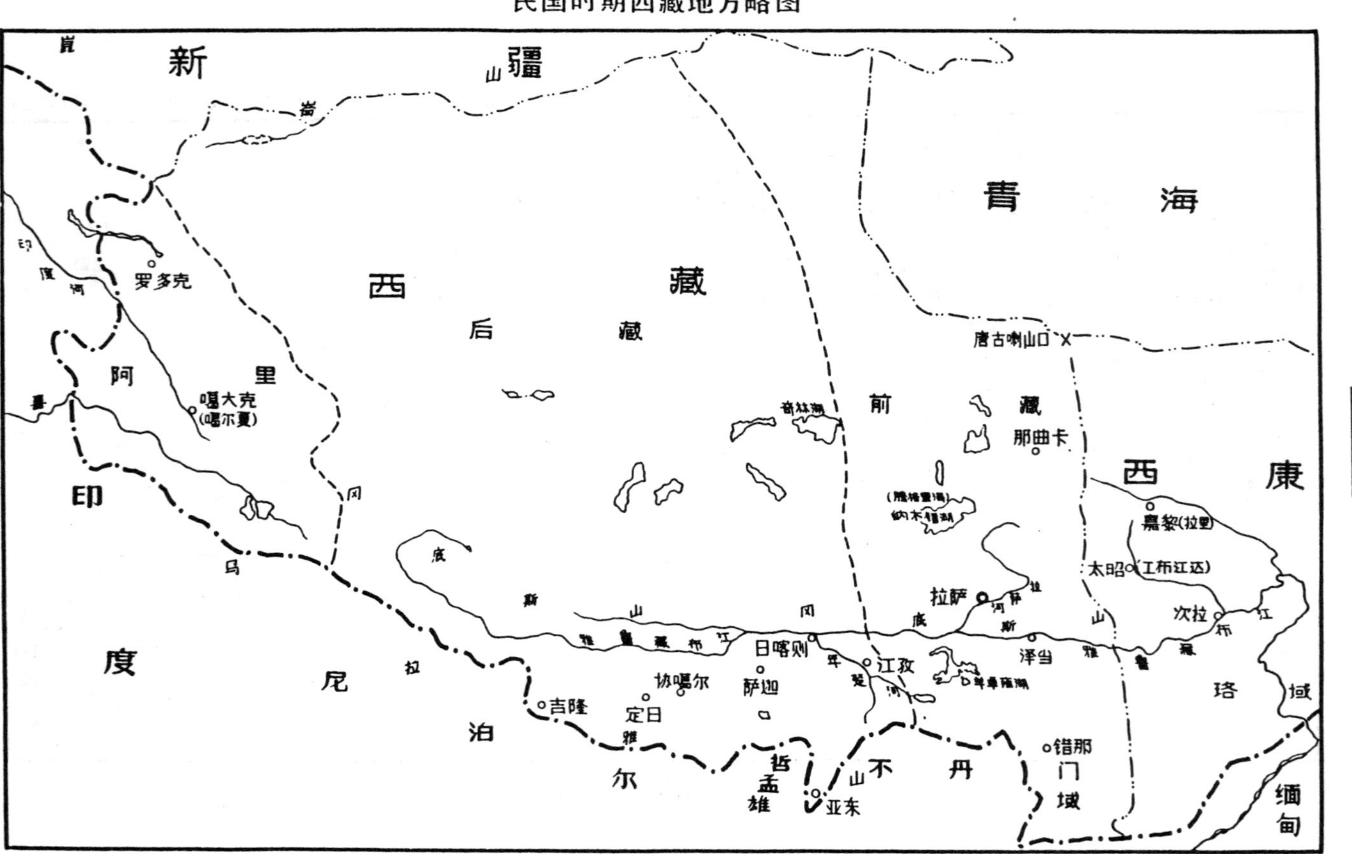

(Quelle: Xizang Difang Shi Zhongguo Bu Ke Fenge De Yi Bu Fen)

达赖世系表

世次	本名	出生地	生年	在位时间	备注
一	根敦珠巴	后藏霞堆	1391年	明永乐十七年至成化十年 (1419——1475)	
二	根敦嘉错	后藏达纳	1476年	明成化十二年至嘉靖二十一年 (1476——1542)	
三	索南嘉错	前藏堆垅	1543年	明嘉靖二十二年至万历十六年 (1543——1588)	
四	云丹嘉错	蒙古图克隆汗部	1589年	明万历三十一年至万历四十四年 (1603——1616)	
五	罗桑嘉错	前藏穷结	1617年	明崇祯十五年至清康熙二十一年 (1642——1682)	顺治十年(1653)清廷正式册封罗桑嘉错为达赖喇嘛
六	仓央嘉错	前藏门隅	1683年	清康熙三十六年至四十四年 (1697——1706)	
七	格桑嘉错	里塘	1708年	清康熙五十九年至乾隆二十二年 (1720——1757)	
八	强白嘉错	后藏托布甲	1758年	清乾隆二十七年至嘉庆九年 (1762——1804)	
九	隆朵嘉错	甘孜邓柯	1805年	清嘉庆十三年至二十年 (1808——1815)	
十	楚臣嘉错	里塘	1816年	清道光二年至十七年 (1822——1837)	
十一	凯珠嘉错	康定	1838年	清道光二十二年至咸丰五年 (1842——1855)	
十二	成烈嘉错	沃卡巴卓	1856年	清咸丰十年至光绪元年 (1860——1875)	
十三	土登嘉错	拉萨朗敦	1876年	清光绪四年至民国二十二年 (1878——1933)	

注：1.本表迄止清季册封之十三世达赖，民国册立之十四世达赖未列入。
2.康熙四十四年仓央嘉错被废后，拉藏汗在拉萨另立益西嘉错为六世达赖(1707—1718)。
3.本表及《班禅世系表》、《清代历任藏王及摄政一览表》、《清代驻藏大臣年表》均参照西藏民族学院历史系苏亚平编《西藏大事年表》编制。

(Quelle: Qing Shi Lu Zangzu Shiliao, Di Shi Ji)

班禅世系表

世次	本名	出生地	生卒年	备注
一	克主杰	后藏拉堆	明洪武十八年至正统三年 (1385——1438)	
二	索南却朗	后藏万萨	明正统四年至弘治十七年 (1439——1504)	
三	罗桑顿珠	后藏答奎	明弘治十八年至嘉靖四十五年 (1505——1566)	
四	罗桑曲吉坚参	后藏拉柱甲尔	明隆庆元年至康熙元年 (1567——1662)	
五	罗桑益西	后藏结堆参	清康熙二年至乾隆二年 (1663——1737)	康熙五十二年(1713)册封为班禅额尔德尼
六	罗桑巴丹益西	后藏香札喜孜	清乾隆三年至乾隆四十五年 (1788——1780)	
七	丹贝尼玛	后藏巴浪吉雄	清乾隆四十七年至咸丰三年 (1782——1853)	
八	丹贝旺曲	后藏竹仓	清咸丰四年至光绪八年 (1854——1882)	
九	曲吉尼玛	前藏塔布	清光绪九年至民国二十六年 (1883——1937)	

注：本表迄止清季册封之九世班禅，民国册立之十世班禅未列入。

(Quelle: Qing Shi Lu Zangzu Shiliao. Di Shi Ji)

ANHANG 14

三、达赖班禅致电拥护协议

班禅及班禅堪布会议厅人员
发表声明

（1951年5月28日）

中央人民政府和西藏地方政府关于和平解放西藏问题，已经取得圆满的协议，西藏民族从此摆脱了帝国主义的羁绊，回到了伟大祖国大家庭。中国各族人民都为这一重大的事件而欢欣鼓舞。我们是西藏民族，因而有着更加难以言喻的兴奋。

近百年来，帝国主义为达其侵略西藏的目的，恶毒地制造了西藏与祖国的分裂，同时也制造了西藏内部的分裂和不团结；过去，反动的满清政府和国民党政府，对西藏民族则进行了各种欺骗和挑拨，由于以上原因，使西藏民族遭受深重的灾难。过去我们昧于国民党政府的反动本质，曾希望他们反对帝国主义的侵略，维护西藏民族的利益，结果完全失望。事实证明，这一庄严的历史任务，只有在中国共产党、毛主席的领导下，才能胜利地完成。现在，中央人民政府和西藏地方政府成立的协议，宣告了帝国主义对于西藏侵略的失败，西藏民族与中国各民族团结起来，西藏民族内部团结起来，从此西藏民族开始了自己历史的新纪元。

这次协议，贯彻了共同纲领中民族政策的精神，充分体现了西藏民族的利益。协议中首先规定，解放后的西藏民族，有实行民族区域自治的权利。一年来，我们从各方面看到了民族政策的光辉成就。特别是从内蒙古自治区的建设成绩中，我们更深深地认识了民族区域自治政策确是帮助中国境内各少数民族发展的最为适宜的正确的政策。从此西藏人民也将与其他兄弟民族人民一样，享受民族政策中所规定的一切权利。我们的宗教信仰和风俗习惯将受到合理的尊重。特别是在民族区域自治的原则下，我们将得到中央人民政府的领导与汉民族的帮助，通过自己的民族形式，自觉自愿地进行一切必要的改革，逐步地发展本民族的政治、经济和文化教育事业。中国人民解放军的进驻西藏，更保障了我们西藏民族永远免除帝国主义的侵略和压迫。

中央人民政府和西藏地方政府关于和平解放西藏办法的协议，完全符合中国各族人民，特别是西藏民族人民的利益。这一协议的成立，我们首先深深地感谢我们伟大的人民领袖毛主席的英明领导，感谢毛主席对我们西藏民族父母般的关怀。我们也感谢中国人民解放军和中国各民族人民，由于他们的奋斗努力，打倒了帝国主义和国民党反动统治，才使西藏和平解放成为可能。同时，达赖喇嘛十四世于其亲政之日即响应中央人民政府和平解放西藏的号召，派遣代表来京谈判，并签定了协议，这也是我们深为敬重的。

为了西藏民族的彻底解放和发展，为了巩固和发展中国人民的胜利，我们今后坚决拥护毛主席的领导，拥护中央人民政府和中国共产党的领导，为正确执行全部协议，为西藏民族与中国各民族的团结和西藏民族内部的团结而奋斗。

（《人民日报》，1951年5月29日。）

(Quelle: Xizang Difang Shi Zhongguo Bu Ke Fenge De Yi Bu Fen, S.579)

ANHANG 15

·资料·

西藏自治区二十年(1965——1985)的建设成就

1、1984年，工农业总产值98,487万元，比1965年增长了119.75%。其中，农牧业总产值63,818.5万元，比1965年增长了88.71%，在工农业总产值中占的比重由1965年的92.14%下降到79.13%；工业总产值达16,832.3万元，比1965年增加了13,949.6万元，在工农业总产值中占的比重由1965年的7.86%，上升到20.87%。

2、1984年，全区国民收入90,991万元，比1965年的39,353万元增长了131.12%。

3、1984年，粮食总产达98,898万斤，平均每人占有粮食590斤，分别比自治区成立时增长了40,753万斤和166斤。

4、1984年底，牲畜存栏数2,168.43万头，比1965年增加467.33万头。

5、1984年，全区平均每人国民收入466.83元，比1979年增长251.83元，平均每年递增16.8%。

6、1984年，民族手工业产值达1,412万元，比1965年增长3.8倍。

7、1984年，公路通车里程21,611公里，比1965年增加6,890公里。货运总量达80.25万吨，是1965年的6.34倍。

8、全区现有电站数量和装机容量分别比1965年增加了35倍和近14倍。

9、1965年全区有邮电局、所90处，电信杆路长度202公里。1984年各地区有邮电局、所120处，电信杆路长度达1,266公里。

10、1984年，全区商品零售总额达105,758万元，其中，全民所有制商业的区内纯销售总额为61,819万元，是1965年的5.6倍。商业网点达22,520个，比1965年增加了7.68倍。

11、1984年底，全区城乡居民储蓄存款余额达15,461万元，是1965年的5.8倍。其中城市居民存款余额12,622万元，比1965年增长了4.02倍；农牧民存款2,839万元，比1965年增长了18倍多。

12、1984年，全区有各类学校2,547所，其中大专、中等专业学校16所，是1965年的8倍；中学56所，公办小学625所，民办小学1,580所。全区共有大学和中专教师920人，其中民族教师304人。在校大学、中专学生3,196名，其中，民族学生2,042名。在校中小学生共144,356名，比1965年增加了1.1倍。

13、1965年，全区有卫生机构193个，医院86个，病床1,631张，每千人有床位1.19张。1984年，已有卫生机构928个，医院520个，病床4,619张，每千人拥有床位2.35张，专业卫生技术人员6,725名。

(Quelle: Duojie Caidan, "Zou Gaige Zhi Lu, Zhenxing Xizang Jingji" (Auf dem Weg der Reform die Wirtschaft in Tibet zügig vorantreiben); in: HQ, 17/1985, S.34)

ANHANG 16

西藏简况

西藏地区是藏族的主要聚居区和发源地，也是门巴、珞巴族的主要发源地。西藏是我国一个政治、经济、文化和自然条件都有很大特点的民族自治区。它在维护国家统一、保卫祖国西南边疆，实现我国政治上的安定团结、进行社会主义现代化建设中，具有重要的地位。

藏族人民勤劳、朴实、智慧、勇敢，是我们中华民族的重要成员，对祖国历史、文化的发展作出了重要贡献。据一九八二年第三次全国人口普查，全国共有藏族3,870,068人，其中在西藏的1,786,544人，青海754,254人，四川922,024人，甘肃304,540人，云南95,915人，其余分散在全国各地。一九八二年以来，全国的藏族人数又有新的增加，现约达400万人，其中在西藏的193万多人，占全西藏总人口202万的95%以上。

一、西藏是祖国不可分割的一部分。

1、自然概况

西藏位于我国西南边疆，是一块美丽富饶的地方，面积120多万平方公里，约占全国总面积的八分之一，平均海拔4,000米以上，是世界上面积最大、海拔最高的高原，有“世界屋脊”之称。

西藏北面与新疆、青海，东面与四川、云南毗邻；西面是克什米尔，南面与尼泊尔、不丹、锡金、印度和缅甸的一小部分接壤。国境线长达4,000公里。

西藏境内山峦叠嶂，江河纵横，湖泊星罗棋布，地形地貌多种多样，自然条件较为复杂，大体可分为几个不同的自然区域；藏北高原——位于冈底斯山以北昆仑山脉以南，平均海拔4500米以上，约占全区面积的三分之二。有广阔的高山平原构成的天然草场，是西藏的主要牧区；阿里地区——位于西藏西部，大部分地方的气候与藏北高原无异，以牧为主，河谷地区可生长农作物；藏南各地——有许多宽窄不等的河谷平原。雅鲁藏布江中游地区是主要产粮区；下游地区气候温和，冬季少雪，雨量充沛，土地肥沃，四季如春，素有“西藏的江南”的雅誉；藏东横断山脉峡谷地区——即金沙江，澜沧江和怒江流域，平均海拔3500公尺，大部分属半农半牧区。

西藏的主要山脉有昆仑山脉、喀拉昆仑——唐古拉山脉、冈底斯山——念青唐古拉山脉、喜玛拉雅山脉和藏东南的横断山脉。

西藏的河流主要有金沙江、澜沧江、怒江和雅鲁藏布江。西藏是我国湖泊最多的地区，大小共有1500多个，占全国湖泊总面积的三分之一。最著名的有纳木错、扎日南木错、班公错和羊卓雍错(“错”，意为湖海)

西藏自然资源丰富，可利用的草场面积8.25亿亩，占全区总面积的44%；天然森林面积9,400多万亩，占全区总面积的5.1%，林木蓄积量占全国总蓄积量的15.4%，仅次于黑龙江，居全国第二位；耕地面积343万亩，占全区总面积的0.2%；水力资源居全国第二位，水能蕴藏量约2亿千瓦；地热资源丰富，地热显示600多处，已建起羊八井地热试验电站1座，装机7000千瓦；矿产资源达26种，其中富铬矿矿石储藏量占全国储藏量的80%以上，居全国首位。硼砂和石膏的储藏量也居全国前列。富铁矿和铜矿的储藏量亦很可观；湖泊面积近2,4000平方公里，湖内储有巨量的食盐和稀有元素；太阳能资源和风能资源，具有得天独厚的优势，有着广阔的发展前景。此外，西藏的野生动植物资源亦相当丰富。

2、历史沿革

西藏是中国领土不可分割的一部分，这是长期历史发展的结果。西藏与内地民族、主要与汉族的联系渊远流

长。各民族共同缔造了统一的伟大祖国。

公元七世纪初，藏族的民族英雄、雅隆河谷的悉补野部首领松赞干布统一了西藏，建立了土蕃王朝政权，定都逻娑（今拉萨）。松赞干布在积极推进吐蕃社会生产的发展，加强奴隶制政权建设的同时，极其重视吸取唐朝先进的生产技术和先进的政治，文化成果。他频遣使者向唐请婚。唐太宗也对吐蕃采取友好的政策，公元六四一年（贞观十五年)，派专使护送宗室女文成公主入藏与松赞干布联姻，之后，又派去大批汉族工匠，这对当时西藏的经济文化发展起了一定的推动作用。

公元八世纪，吐蕃王朝的统治范围逐步扩展到甘肃、青海以及新疆南部和川、滇西部，使藏族与分布在我国西部广大地区的汉族及其他民族有了更广泛的接触，同时也促进了藏族本身的发展。公元八世纪初，吐蕃赞普墀德祖赞又向唐朝请婚。公元七一〇年，唐中宗以金城公主与其联姻。此后，双方多次会盟、叙亲，遣使往还。特别是公元八二一年、八二二年唐吐蕃在长安和逻娑两地会盟，“商议社稷如一”，并于八二三年将唐蕃舅甥的亲谊历史铭刻碑石，留誉万世。

唐与吐蕃亲谊关系的发展共历二百数十年之久。吐蕃

王朝崩溃后，大批吐蕃后裔留在甘肃、青海等西北地区，与当地汉族交错杂居，各民族间的交往更加密切，特别是生产技术上的交流和产品的交换上，有了很大的发展。历史上有名的“茶马互市”就是这一时期形成的。

到九世纪中叶(唐朝末年)，西藏内部发生了混乱和分裂，宗教信徒刺杀了吐蕃王朗达马。这以后，西藏分裂为无数小部落，互相征伐，战争持续达四〇〇年之久。

使西藏的战乱得以结束的是元朝的力量。蒙古族领袖成吉思汗在北方建立了蒙古汗国后，便和他的后继者先后消灭了北方诸政权，并西进到西北藏族地区，致力于统一全国的事业，结束了西藏的混乱状况。

公元十三世纪，蒙古贵族创建了我国版图内各地区、各民族空前大统一的元王朝。元王朝中央政权在建立全国统一的事业中，特别重视任用西藏的政教领袖；西藏的首领人物也积极赞助和支持元朝统一全国的事业。元世祖忽必烈在一二六〇年继承汗位后，即封西藏萨迦领袖八思巴为国师(后和帝师)。一二六四年设释教总制院，命八思巴兼领院事。元王朝还在西藏地区设立三个宣慰使司都元帅府。这是中央政权第一次在西藏地区正式建制，行使完全的主权。到一二六八年，忽必烈派人入藏，清查户籍，确

定赋税，在当地分封了13个万户，任命萨迦长官督征各万户的赋税，并以吐蕃故地为皇七子奥鲁赤的世袭封地。西藏地区在中央政权的管辖下，建立了政教合一的地方行政管理体制。

明朝中央政权十分重视发展西藏与中原地区的经济联系。曾以厚赏鼓励西藏宗教政治首领频繁入贡，贡使多时年逾千人。回赐中仅茶叶就达10余万斤。此外，明朝还在西北、西南设置茶马司，维护和扩展了西藏与内地的驿道。这些措施，促进了茶马互市的发展，使西藏与内地各民族在经济上形成了密不可分的关系。

清朝根据元、明旧制和西藏的实际情况，对西藏的管理作了重大的改革。清初，中央设置了理藩院(后改部)，专管蒙古、西藏事务；正式册封了格鲁教派两大活佛系统——达赖喇嘛(一六五三年)、班禅额尔德尼(一七一三年)名号，从此，达赖和班禅的名位得到中央的确认，历届转世必经中央王朝册封，在西藏清除蒙古汗王势力以后，一七二八年清朝派钦差大臣驻藏办事。一七五一年建立了西藏地方政府噶厦，一七九三年颁布钦定藏内善后章程，规定由驻藏大臣会同达赖、班禅督办西藏地方事务，对于西藏的管制、军制、司法、边防、财政、户口、差役和涉外

事宜以及达赖等大活佛转世制度，均作出明文规定。清朝曾先后数次派大军入藏，驱逐蒙古各部势力的窜扰，击退廓尔额部的入侵。西藏地方军也于一八八八年和一九〇四年两次奋力抗击英帝国主义对西藏的侵略，他们的英雄业绩，载入了中华民族反帝斗争的史册。

辛亥革命推翻了封建帝制，民国政府继承了清朝政府对藏族地区的施政体制，在中央设置蒙藏事物管理机构，遴选西藏代表参加国会议事，并任命驻藏办事长官。英国当时对此竭力阻挠破坏，一九一三年一手策划了干涉中国内政的“西姆拉会议”企图把严重侵犯我国主权、分裂我国领土的“西姆拉条约”强加于我国。他们的阴谋遭到包括西藏人民在内的中国各族人民和中国政府的坚决抵制和谴责。一九一九年“五·四”运动时期，民国政府披露了关于所谓西藏悬案问题的中英交涉经过，激起了举国上下和海外侨胞的反帝怒潮，藏族僧俗领袖也函电纷陈，强烈谴责英帝国主义在西姆拉会议上分裂中国的罪恶阴谋。一九三四年民国政府派蒙藏委员会官员驻藏办事。一九四〇年第十四世达赖喇嘛丹增嘉措坐床和一九四九年第十世班禅额尔德尼·确吉坚赞坐床，均循旧制由民国政府据报审批，并派蒙藏委员会委员长亲往主持典礼。

一九四九年中华人民共和国成立，青海、甘肃、四川、云南、西康等省藏区先后获得解放。中央人民政府根据包括西藏人民在内的全国各族人民的意愿，多次发表声明，决心粉碎帝国主义势力的阻挠与破坏，坚决完成解放西藏、维护祖国统一的神圣大业。一九五一年，中央人民政府通知西藏地方政府派出全权代表抵达北京与中央谈判，签订了《中央人民政府和西藏地方政府关于和平解放西藏办法的协议》。协议签订后，达赖喇嘛和班禅额尔德尼致电中央表示坚决拥护，西藏各阶层僧俗人士和各地藏族领袖也表示热烈支持。

3、民族风情

“藏族”是汉语的称谓，藏族自称为“博巴”。藏语习惯上对居住在不同地区的藏人有不同的称谓，这些称谓有“卫巴”、“藏巴”、“安多哇”等等。

藏族主要从事牧业和农业，牧区的牲畜主要有绵羊、牦牛、马、驴、骡等。农业作物以青稞为主，还有小麦、豌豆及萝卜、白菜、西红柿、黄瓜等多种蔬菜。藏族日常主食，是用青稞和豌豆磨成的面粉，藏语称作“糌巴”，用酥油茶或清茶拌食。喜饮酥油茶和奶茶，嗜饮青稞酒。

农区的藏族住平顶土房，牧区住的是用牛毛线织成的帐篷。民主改革后牧区修建了许多住房，部分牧民实行了定居定牧。

藏族的婚姻制度，解放前以一夫一妻制为主，也有一妻多夫、一夫多妻等多种形式。民主改革后，随着社会的进步与发展，西藏的婚姻习俗也在逐步改变，现在实行一夫一妻制。忌近亲结婚。

藏族迎亲送友，要互献哈达。亲友来访或远出，送牛羊肉、酥油或青稞酒。礼节表现在语言的运用上，如拉萨地区就流行三种语言，一是普通语言，二是敬语，三是最敬语，根据地位高低而使用。

藏族的传统节日较多，一般都同宗教节日有密切关系。主要节日有：藏历一月一日的新年，藏语称“洛赛”，相当于汉族的春节，一月初六至十五的“传昭”；四月十五日的“萨噶达瓦节”；五月十五的“世界公祭节”。此外还有“望果节”、“燃灯节”等等。

藏族的丧葬普遍实行天葬，有的实行水葬，上层喇嘛和某些地区的一般人实行火葬。

藏族基本上是全民信仰藏传佛教，即喇嘛教，佛教自七世纪传入西藏，已有1300多年的历史。在漫长的历史过程中，佛教与西藏原始宗教——本教相互斗争，相互影响，

形成了西藏佛教，人们习惯称之为喇嘛教。喇嘛教又有许多派系，主要有红教、花教、白教、黑教和黄教。黄教是宗喀巴于14世纪末改革西藏佛教而形成的。其势力最大，信徒最多。

藏族有古老的独特的文化传统，文化、艺术遗产丰富多采，是个能歌善舞的优秀民族。

西藏的文物古迹很多，除数量众多的庙宇外，还有不少宫殿、林园、古碑、铜钟等等。著名的布达拉宫是西藏自治区内现存最大、最完整的古代宫堡建筑群，位居拉萨市中红山之上，依山叠砌，殿宇巍峨，气势雄伟。是我国重点文物保护单位之一。它始建于公元七世纪吐蕃王松赞干布时期，已有一千三百多年的历史，布达拉宫集中体现了西藏人民在建筑、绘画、雕塑等艺术上的高度成就和独特风格。布达拉宫内不仅收藏着各种佛像和藏经，而且还有吐蕃王松赞干布和文成公主的塑像，有元朝成吉思汗、忽必烈和清朝皇帝的画像、牌位和皇帝亲自书写的匾额以及一六五三年清朝顺治皇帝册封五世达赖为“达赖喇嘛”的金册、金印等极为珍贵的历史文物。此外还有罗布林卡、大昭寺、哲蚌寺、色拉寺、甘丹寺和扎什伦布寺等等。值得一提的是甥舅会盟碑，又称长庆和盟碑，建立于公元八

二一年(长庆元年)，竖立于拉萨市大昭寺门前，是汉藏两族友好关系的历史见证，也是国家的重要文物。

二、西藏民族解放的道路

近代，中国遭受帝国主义的侵略，沦于半殖民地半封建的地位。晚清政府、北洋军阀政府和国民党政府对外屈服于帝国主义的侵略，对内实行民族压迫，给帝国主义把侵略的魔爪伸进西藏地区以可乘之机。英帝国主义先后在一八八八年和一九〇四年两次武装进攻西藏，遭到西藏军民的英勇抵抗。西藏军民的两次英勇抗战虽然由于清廷和西藏地方政府腐败无能，陷于失败，但是给了英帝国主义以应得的教训，使他们知道光凭武力是不能征服西藏的。所以，他们极力在西藏上层统治者中培植亲帝国主义势力。并利用西藏民族对清朝政府、北洋军阀政府和国民党政府民族压迫政策的仇恨情绪，挑拨离间，制造分裂，以求实现其侵吞我西藏的迷梦。

帝国主义的侵略、给西藏和祖国的关系造成了严重的危机，使西藏人民遭到深重的灾难。

首先，帝国主义唆使西藏地方统治集团中的亲帝国主义分子，极力破坏西藏和祖国的关系，以“独立”“完全自治”为名，阴谋将西藏从祖国分割出去，成为帝国主义的殖

民地和附庸。尤其在辛亥革命时期和中国人民解放战争即将在全国胜利的时候，亲帝分子背叛祖国的分裂活动达到了高峰。

第二，帝国主义使西藏封建农奴制社会逐步半殖民地化。大家知道，西藏原是政教合一的封建领主专政的农奴制度。占人口不到百分之五的官家、贵族、上层僧侣三大领主，占有全部土地和绝大部分牲畜，主宰着农奴和奴隶的身家性命。占人口百分之九十五以上的农奴和奴隶基本没有生产资料，完全没有人身自由，遭受领主的地租、差税和高利贷的惨重剥削。农奴主可以任意将他们出卖、抵押、赠送、交换，可以任意对他们施行鞭打、剜眼、剁手、抽筋、剥皮等骇人听闻的酷刑。三大领主又利用宗教在西藏群众中的深厚信仰，作为统治工具。他们一手实行武力镇压，一手实行精神统治和精神麻醉，使西藏社会长期停滞在落后的农奴制度，人口也越来越减少。帝国主义侵入西藏后，不但不去破坏西藏农奴制度，反而极力维护、保持这种制度，并力求使之逐步殖民地化。他们为西藏地方政府培养官员，训练和扩大军队，成立警察局并由英帝特务任代本(西藏地方政府中的军职名称)，以操纵西藏地方政府。他们又在经济上使三大领主垄断西藏羊毛出口等对外

贸易，形成官家、贵族、上层僧侣、商人四位一体，实质上是逐步实行买办化。这一切又大大加重了西藏人对军费、军粮的负担和经济上遭受的剥削。

第三，帝国主义破坏了西藏民族内部的团结，首先是达赖喇嘛和班禅额尔德尼之间的团结。九世班禅由于坚持反对帝国主义侵略，倾向祖国，受到亲帝分子的压迫，被迫逃离西藏，长期流亡内地。在达赖集团内部，爱国分子也受到迫害。一九一一年辛亥革命后，帝国主义唆使西藏地方统治集团在驱逐清朝驻藏大臣，破坏祖国与西藏的关系．又对宗教上层和贵族中的爱国分子进行血腥屠杀。如丹吉林呼图克图、哲蚌寺大堪布元典喇嘛等人，都遭杀害。一九三三年十三世达赖逝世后，由热振呼图克图代摄达赖喇嘛职权。热振代表西藏广大僧俗人民的爱国意志，努力加强西藏地方同祖国的关系。帝国主义和西藏亲帝分子对热振的爱国行动极端仇视，施展造谣污蔑、栽脏陷害等卑鄙手段，先是在一九四一年迫使热振下台，白大扎代理；继则又在一九四七年逮捕、杀害了热振。十四世达赖喇嘛的父亲祁却才让，也由于同热振关系密切，心向祖国而被他们杀害。

帝国主义对西藏的侵略必然激起西藏人民的反抗。西

藏人民的反帝斗争理所当然地得到了全国各族人民的支援，并且必然同中国共产党领导的全国人民反帝反封建反官僚资本主义的新民主主义革命汇合起来。所以，不奇怪，随着中国人民大革命和人民解放战争的胜利发展，西藏两种势力、两种命运之间的斗争，也趋于激化。一方面，帝国主义唆使亲帝分子进行种种“独立”、“反共”的丑恶表演，并且在昌都部署藏军主力，妄图抗拒人民解放军进军西藏。另一方面；随着中国革命在除台湾、西藏以外的胜利和中华人民共和国的成立，中央人民政府宣布废除民族压迫制度，实行民族平等联合政策，特别是确定了和平解放西藏的方针，并采取了解放昌都，促进和谈的行动之后，西藏人民中久受压抑的爱国主义就昂扬地发展起来。十世班禅额尔德尼致电毛泽东主席和朱德总司令，表示拥护中央人民政府，希望早日解放西藏。藏族知名爱国人士格达活佛亲往西藏为和平解放西藏奔走，不幸在昌都被英帝特务福特下毒杀害。藏族著名人士喜饶嘉错大师和夏日仓活佛，都为和平解放西藏出了力。热振摄政的索本益西楚臣也来到西宁，控诉杀害热振的罪行，要求人民解放军进军西藏。在西藏内部，以大扎摄政为首的一小撮亲帝分子勾结帝国主义，挟持达赖喇嘛逃到亚东，阴谋把他带出

国外。他们的这种行径，激起了西藏广大僧俗人民的反对。在西藏地方政府官员中，也有以阿沛·阿旺晋美等为代表的爱国人士反对达赖逃往国外，主张同中央人民政府和平谈判。斗争的结果，一九五一年春，大扎下台，十四世达赖喇嘛亲政，随即委派噶伦阿沛·阿旺晋美等五人为全权代表，前来北京谈判。一九五一年四月下旬，西藏地方政府全权代表齐聚北京，与中央人民政府的全权代表开始谈判，顺利达成了和平解放西藏办法的协议。

和平解放西藏办法的协议共十七条，最主要的是：

(一)驱逐帝国主义侵略势力出西藏，实现西藏同中华人民共和国祖国大家庭的统一，西藏地方政府积极协助人民解放军进入西藏，巩固国防。西藏军队逐步改编为人民解放军。(二)在中央人民政府统一领导下，实行民族区域自治。(三)西藏的各项改革必须实行。西藏地方政府应自动进行改革，人民提出改革要求时，得采取与西藏领导人员协商的方法解决之。(四)实现西藏民族内部的团结统一，主要是达赖和班禅两方面之间的团结。(五)实行宗教信仰自由政策，尊重西藏人民的宗教信仰和风俗习惯。(六)依据西藏的实际情况，逐步发展西藏农牧工商业和文化教育。

从这些内容，我们可以清楚地看到，十七条协议是多么合情合理！它正确地回答了西藏历史发展所提出的问题，完全符合西藏人民的利益和愿望。也完全符合全国人民的利益和愿望。

毛泽东主席在设宴庆祝和平解放西藏办法的协议时说："几百年来，中国各民族之间是不团结的，特别是汉民族与西藏民族之间是不团结的，西藏民族内部也不团结。这是反动的清朝政府和蒋介石政府统治的结果，也是帝国主义挑拨离间的结果。现在，达赖喇嘛所领导的力量与班禅额尔德尼所领导的力量与中央人民政府之间，都团结起来了，这是中国人民打倒帝国主义及国内反动统治之后才达到的。这种团结是各方面共同努力的结果。今后，在这一团结基础之上，我们各民族之间，将在各方面，将在政治、经济、文化等一切方面，得到发展和进步"。毛泽东主席的这段话，对汉藏民族关系的历史发展作了精辟的总结，对和平解放西藏办法的协议作了充分的评价。

三、西藏和平解放与西藏革命的发展

和平解放西藏办法的协议的签订是西藏民族历史发展的一个划时期的转折点。实行和平解放西藏协议的过程，是西藏民族在中国共产党的领导下，沿着新民主主义、社会主义道路，团结、进步、发展的伟大进军。但是，这又是一个极其复杂的、曲折的斗争过程。这是共产党、人民解放军同西藏人民逐步结合，汉藏两个民族逐步消除隔阂，加强团结的过程；是西藏爱国民主力量逐步发展、壮大的过程；是发展反帝爱国统一战线、团结一切可以团结的爱国力量，促进西藏民族内部团结的过程；也就是两种政权、两种制度、两条道路强烈对比，谁战胜谁的过程。

和平解放西藏办法的协议签订以后，达赖喇嘛致电毛泽东主席表示西藏地方政府和僧俗人民一致拥护和平解放西藏办法的协议。中央人民政府代表张经武将军，张国华、谭冠三两将军率领的中国人民解放军，迅速到达西藏。这是执行协议的开始。但是，在当时历史的和现实的内外复杂条件下，不可能一下子全部实行协议，而必须坚决贯彻中央人民政府关于慎重稳进的方针，经过耐心的等待、细致的工作和迂回曲折的步骤，影响群众，争取统治集团的多数，创造条件，逐步实现协议，以期达到不流血地在多年内逐步改革政治经济的目的。按照这个方针，着重进行了如下工作：

(一)中国人民解放军进驻西藏，守卫边疆，巩固国防。到一九五四年和一九五六年，我国政府又先后在和平

共处五项原则基础上，分别同印度政府、尼泊尔政府签订关于中国西藏地方和印度、尼泊尔通商和交通协定，清除了帝国主义过去对西藏侵略的遗迹，建立了中国西藏地方与邻近国家间的和平友好关系。

(二)人民解放军和进藏干部模范地执行三大纪律、八项注意，模范地执行党的民族政策和宗教政策，尊重群众的宗教信仰和风俗习惯，实行全心全意为西藏人民服务的宗旨，以根本不同于任何剥削阶级的新态度对待西藏人民，如有违犯，迅速检查纠正（如在采购和运输粮食等物资中，曾经使群众受到一定损失，发现后立即进行了补偿）。同时，根据可能条件进行修路，免费治病，发放无息农牧贷款，扶助农牧业生产，高价收购滞销的羊毛，平价供应茶叶，进行社会救济，创办公费小学校等等。一九五四年康藏、青藏公路通车。一九五七年新疆阿里公路通车。至此，西藏已有康藏、青藏、新藏、黑河到阿里、拉萨到亚东、拉萨到泽当等六条公路。一九五六年西藏和北京的航空线也通航了。所有这些，都是西藏破天荒的大好事。

(三)培养干部。在西藏农奴制度和封建领主专政还保存的情况下，培养干部受到很大限制。但仍有不少农奴中

的先进分子和其他爱国青年冲破阻力参加了工作和学习。到一九五七年已有西藏本地出身的藏族干部和学员五千多名。一九五七年秋，专门为培养西藏干部创设的西藏公学和西藏团校，在陕西咸阳开学。一九五七年十二月，在江孜地区发生农奴主毒打未给他们及时支差的藏族学员的事件之后，自治区筹委会通过了关于免去参加国家机关工作的人员、学员的人役税的决议，为培养干部提供了有利条件。到一九五九年平叛改革以后，藏族干部更从翻身农奴和奴隶的积极分子中大批地涌现和成长起来。

（四）发展反帝爱国统一战线。在西藏，争取团结民族、宗教上层人士，具有极大的重要性。在当时的条件下，首先争取团结上层，才有利于团结中层，影响群众。这个统一战线的政治基础是反帝爱国。对于一切反帝爱国的进步人士，当然要扶持。对于观望动摇的人士，也要尽力争取。就是过去亲帝国主义的分子，只要脱离与帝国主义的联系，不进行破坏和反抗，也一概加以团结，不咎既往。为了达到争取团结民族、宗教上层人士的目的，一方面给他们安排适当的政治地位，保护他们正当的经济利益，并且保证在将来实行政治经济改革以后，一般地不降低他们的政治地位和生活水平；另一方面，又积极对他们

进行政治教育，如组织他们到内地参观、访问，组织他们进行时事政治学习，吸收他们参加各种统一战线组织的活动等。

在发展西藏反帝爱国统一战线中，促进达赖喇嘛和班禅额尔德尼的团结，具有重要性。按照和平解放西藏协议的精神，班禅额尔德尼的固有地位及职权得到了恢复。同时，达赖和班禅之间的固有地位，以及西藏地方政府的地位和职权，也受到了充分的尊重。有关西藏的行政事务，均由西藏地方政府负责办理。有关执行和平解放西藏协议的重大事宜，则同他们协商处理，在许多事情上还作了耐心的等待以至必要的让步。

尽管共产党和中央人民政府对西藏上层做到仁至义尽，但是西藏反动派还是要捣乱的，帝国主义也不甘心他们在西藏的失败。

一九五二年三、四月间发生了伪人民会议事件。他们策动和组织部分藏军、喇嘛、流氓等，在拉萨进行请愿和武装骚乱，包围中央代表驻地和噶伦阿沛·阿旺晋美的住宅，反对和平协议，妄图趁人民解放军进藏不久、立足未稳，把我军赶出西藏。但是，他们做得太过份了，以至输光了道理，使西藏地方政府当局也不能不承认伪人民会议

是非法的，达赖喇嘛出布告宣布解散了伪人民会议，并撤销了暗中策动、支持伪人民会议的两个司曹的职务。

一九五六年四月，西藏自治区筹备委员会庄严宣告成立，这是西藏实行民族区域自治的重大步骤，是经过西藏各方人士反复酝酿、协商一致，然后由国务院批准的。但是，就在筹委会成立前后，伪人民会议分子又恢复活动，到处上书请愿，反对自治区筹委会，反对民主改革。一九五六年十一月，达赖喇嘛、班禅额尔德尼应印度政府邀请，去印度参加释迦牟尼涅槃二千五百周年纪念。西藏少数反动派乘机捣乱。他们一方面阴谋在拉萨等地发动暴乱，一方面在印度包围、挑拨达赖，要达赖留在印度，搞所谓“西藏独立”，实际上是要把达赖推向自绝于祖国，自绝于西藏人民的道路，对此，驻藏人民解放军作了必要的应变准备，并同西藏地方政府领导人和各界人士一道对反动分子进行政治斗争。与此同时，党中央、毛主席作出了重大决策，明确宣告第二个五年计划期间即在六年内西藏不进行民主改革，第三个五年计划期间是否改革也要到那时看情况再定，让西藏地方政府和上层在政治上、生活上逐步作好安排，以利于条件成熟时，和平地稳妥地实现改革。周恩来总理在访问印度的过程中，向达赖喇嘛、班禅额尔

德尼及随行官员传达了党中央、毛主席的这一重大决策，并以推心置腹的态度，分别对他们进行耐心细致的工作。班禅额尔德尼毅然返回西藏。随后，达赖喇嘛也回到了西藏。

但是，西藏反动派并没有就此放下屠刀。此后。他们在昌都、丁青、黑河、山南等地策动武装叛乱，进行武装骚扰，甚至公开在山南地区建立“根据地”。到一九五九年三月，终于在西藏发动全面武装叛乱，结果是西藏反动派自取灭亡，西藏农奴制度被彻底埋葬。

从一九五一年签订和平解放西藏协议到一九五九平叛改革，经历了八年的时间。这是中国共产党领导的人民解放军、进藏干部全心全意为西藏人民谋利益同西藏农奴主的野蛮统治和残酷剥削强烈对比的八年，光明的道路和黑暗的道路强烈对比的八年。这八年间西藏人民政治觉悟的提高胜过以往几十年，以至几百年。西藏人民对比了八年，观察了八年。结果，他们认识了共产党领导的解放军和进藏干部是“新汉人”“菩萨兵”，是自己的亲人；认识了西藏社会制度黑暗残暴。所以，当西藏反动派发动全面叛乱，中央人民政府下令平叛改革的时候，一场大革命就如燎原烈火，迅速燃遍了西藏高原，把西藏农奴制度化为灰

烬。世界屋脊上的百万农奴终于翻身解放了。这是藏族人民的大革命，是西藏人民自己解放自己的大革命。这不能不说是中国历史上的一个伟大事变，在世界历史上也占有它应有的地位。

一九五九年经过平息叛乱和民主改革，打碎了政教合一的封建领主专政，废除了封建农奴制度，广大农奴和奴隶第一次有了人身自由和民主权利，有了自己的土地、农具和牲畜。对于西藏上层，则区分叛乱和未叛乱，实行不同的对待。对未叛的上层，实行赎买。在牧区，对未叛牧主实行不斗、不分、不划阶级、牧主牧工两利的政策。

在民主改革以后，中央人民政府于一九六一年四月制定了在西藏实行稳定发展的方针，五年内不办农牧业合作社(只办互助组)，让翻身农奴休养生息，发展生产。这项政策完全符合有了自己的土地、牲畜的翻身农奴的心愿，充分调动了他们的生产积极性。此后几年，西藏农、牧、手工业有了比较迅速的发展。同改革前的一九五八年相比，一九六五年粮食增长了百分之八十八点六，牲畜增长了百分之五十四点一。农牧民生活有了明显的改善，人口有了显著增加。西藏群众把这个时期称为“黄金时代”。这是民主改革和党的稳定发展方针带来的成果。也是和平解放西

藏协议结出的硕果。在平叛改革中，随着革命的迅猛发展，产生了某些“左”的缺点错误。一九六一年中央关于稳定发展的方针、其基本精神就是在西藏的一切政策包括经济政策、财贸政策、社会改革政策、民族政策、对上层人士团结改造的政策等方面，都要防“左”防急。一九六二年，中央又批发了《加强自治区筹委会合作共事关系》、《培养和教育干部》，《关于继续贯彻执行宗教信仰自由政策的几项规定》，《继续贯彻执行处理反、叛分子规定的意见》等四个文件，在这些方面继续纠正“左”的缺点错误。可惜到一九六二年下半年又受到“左”倾思潮的冲击，这四个文件没有得到执行，原来存在的“左”的缺点错误不但没有克服，反而有了新的发展。

在十年浩劫中，由于林彪、“四人帮”的破坏，“左”的错误发展到了极点。其主要表现如：(一)搞了一大批冤假错案，伤害和牵连了大量的干部和群众。(二)在人民公社化和学大寨运动中，不顾西藏实际情况，要求过急，并照搬和追求大、公、平均主义、穷过渡、割尾巴、单一搞粮食、硬性推行多种冬小麦、少种青稞，以及高指标、高估产、高征购等一套做法，严重束缚和挫伤了群众的积极性，破坏了西藏农牧结合的经济结构，使群众生活遭到

困难。(三)党的民族政策、宗教政策和统一战线政策遭到诋毁和否定。民族区域自治流于形式。群众的宗教活动被禁止，绝大多数寺亩被拆毁，重要文物大量散失、破坏。爱国上层人士受到迫害。(四）基本建设战线过长，投资多，效益差，甚至搞无米之炊，造成巨大浪费。所有这些都使西藏人民遭受了苦难，给汉藏之间的民族关系造成严重创伤。这种种“左”的做法一直延续到粉碎“四人帮”以后两年，甚至在三中全会后，在一段时期，也还没有根本转变。当然，在这十几年中，西藏的党政军和广大干部还是做了许多工作，付出了辛勤的劳动。他们的大多数是忠心耿耿为西藏人民服务的。这是不可磨灭、不容抹煞的。只是由于指导思想“左”的错误，特别是由于林彪、“四人帮”的反革命破坏，他们的辛劳没有取得应有的成果。

四、西藏，得到国家的大力帮助和特殊照顾

西藏和平解放以后，党和国家为改变其落后面貌、改善人民的生活给予了大力帮助，采取了一系列适合当地情况，有利于西藏地区发展和民族进步的政策。十年动乱中，西藏地区和全国各地一样蒙受了灾难，但在一九七八年以后，国家为消除文革影响，加速西藏的发展采取了许多特殊的政策措施。

民族政策方面。我国民族政策的基本内容是民族平等、民族团结、民族区域自治和各民族共同繁荣。在废除阶级压迫和民族压迫制度之后，我国各民族间的平等、团结、互助、友爱的关系即告确立。这不仅在宪法和法律上加以确认，国家还采取了许多具体措施，促使这种平等关系的巩固发展。包括对西藏历史文化传统、人民的智慧勤劳的宣传，还包括对一些侮辱少数民族事件的严肃处理等等。如今年《人民文学》第一期发表的小说《亮出你的舌苔或空空荡荡》，对西藏的藏族人民有歪曲的、污辱性的描写，杂志当即被收回销毁，杂志主编被停职检查。在民族团结方面，国家反复强调，少数民族离不开汉族，汉族离不开少数民族。为了实现各民族的共同发展繁荣，促进藏族和汉族以及藏族内部的团结，在西藏，国家采取了两个方面的措施，一是大力帮助西藏进行经济建设，这在下面将专门谈到；二是帮助西藏发展教育、文化、卫生等事业，投入大量的人力、财力和物力，使西藏形成了从幼儿教育——小学教育——中学教育——大学教育的教育体系；对县、区办的重点中、小学的学生，实行三包（包吃、包穿、包住）。

今年九月，国务院又召开第二次援藏会议，确定了智

力援藏、发展西藏教育的方针。内地十六个省、直辖市开办了西藏班，有4000多名小学生在内地上学，费用全由国家负担，还准备成立三所西藏中学。国家努力帮助西藏发展文化事业，培养了一大批藏族文学艺术人才，著名歌唱家才旦卓玛就是其中的代表，还组织西藏的文艺团体到内地和国外演出，以促进各民族的文化交流。在医疗卫生方面，除在内地大力培养藏族的医药专门人才外，还派医疗卫生工作队进藏，为群众治病防病；并帮助提高当地的医疗水平。从一九七三年到一九八七年上半年，国家组织了10多个省、直辖市的2600多名医务人员进藏。

经济政策方面。主要有：(1)在财政上给西藏以大力照顾，从一九五二年到一九八六年，中央人民政府财政给西藏的财政补贴达 100 多亿元；此外，从一九七九年到一九八六年，中央人民政府给西藏的还有支援不发达地区资金、少数民族地区基建补助、边境事业补助、救灾救济款等共59亿多元。这里需要说明的是，国家在财政上从来没有要西藏一分钱。国家给西藏的钱，都是用于当地的建设和人民生活。至于西藏驻军的费用，则是从军费中另拨的。(2)从一九五二年到一九八七年上半年，中央人民政府给西藏基本建设共投资34亿多元，帮助西藏开发资源、

进行经济建设。国家还动员全国各地支援西藏的建设事业，如从一九八四年起，国家组织上海、浙江等 9 省、直辖市支援西藏兴建了能源、交通、教育、文化等40多项工程，现已全部竣工，投入使用。(3)国家给农牧民的贷款有较大增加，有些贷款是低息和贴息的。从一九八〇年起，西藏已经全部减免农牧业税和集体企业等税收，每年达1000万元左右。(4)国家每年给西藏调入大量建设物资，一九七九年至一九八三年调拨的建设物资 4.8 亿多元；一九八三年进藏物资30万吨，一九八四年增加到40多万吨。(5)一九八〇年以来，国家在西藏采取了一系列特殊政策，如：在保持土地、森林、草场公有制的前提下，实行以家庭经营为主的多种经营方式，农畜产品的销售以市场调节为主；牧区牲畜归户，私养私有，自主经营，长期不变；农区土地归户使用，自主经营，长期不变；工商企业主要发展个体和集体经济；在对外开放方面，实行比其他省、自治区、直辖市更为优惠的办法。对外贸易外汇，国家留给一般省、直辖市的是25%，留给西藏的是100%，西藏可以自行开展同邻国的边境贸易，如在中尼边境上，共设有27个边境贸易市场。

宗教政策方面。在西藏，人民群众的宗教自由得到充

分保障。每个公民既有信仰宗教的自由，也有不信仰宗教的自由，有信仰这种宗教的自由，也有信仰那种宗教的自由；在同一宗教里，有信仰这个教派的自由，也有信仰那个教派的自由；有过去不信教而现在信教的自由，也有过去信教而现在不信教的自由。各宗教之间是平等的，国家对他们一视同仁。一九八〇年以来，国家拨款2700多万元，进行寺庙的维修，现有寺庙230多座和宗教活动点700多处，共有僧尼14300多人，活佛330多人，可以满足信教群众正常宗教生活的需要。信教群众可以按照自己的宗教习惯开展各种宗教活动，如念经、朝佛、转经、磕头、布施等。正式设立了西藏佛学院。此外，还恢复了传召（祈祷大法会）活动。

对达赖喇嘛和海外藏胞的政策。对达赖总的方针是，爱国一家，爱国不分先后，既往不咎，欢迎回国参观或定居，保证来去自由。具体地说是有五条：（1）我国已走上政治上长期安定、经济上不断繁荣，各民族能够更好地团结互助的新时期。达赖喇嘛和跟随他的人都是聪明的，应该相信这一点，如果不相信，要多看几年，也是可以的。（2）达赖喇嘛和他派来的同我们接触的人，应该是开诚布公，不要采取捉迷藏或是做买卖的办法，对过去的历史可

以不再纠缠，即一九五九年的那段历史，大家忘掉算了。（3）我们诚心诚意欢迎达赖喇嘛和跟随他的人回来定居。我们欢迎他们回来的目的，是欢迎他能为维护我们国家的统一，增进汉藏民族和各民族的团结和为实现四个现代化做贡献。（4）达赖喇嘛回来定居后的政治待遇和生活待遇照一九五九年以前的待遇不变。党中央可以向全国人大建议选他当副委员长，并经过协商，当全国政协副主席。至于西藏的职务就不要兼了。西藏现在年轻人已上来，他们工作做得很好。当然，达赖也可以经常回西藏去看看。我们对跟随他的人也会妥为安置，不用担心工作如何，生活如何，只会比过去更好一些，因为我们国家发展了。（5）达赖喇嘛什么时候回来，他可以向报界发表个简短声明，声明怎么说，由他自己定。他哪一年、哪一月、哪一天回来，给我们一个通知。如果从陆地上经香港到广州，我们就派一位部长级同志带几个同志到边界去迎接，也发表一个消息。如果坐飞机回来，我们就组织一定规模的欢迎仪式，并发表消息。需加说明的是，这五条方针是中央定的，而不是那一个人定的。这五条是过去也是现在和将来我们所遵循的中央对达赖和国外藏胞的方针政策，是非常明确的、一贯的。

五、社会主义的新西藏

西藏和平解放三十六年来，各个领域发生了历史性的巨变，黑暗、落后的旧西藏已成为欣欣向荣的社会主义的新西藏。特别是近九年，由于坚持了改革、开放，由于国家对西藏采取了许多特殊政策，发展得更快，各项事业取得的成就有目共睹。

政治方面。以藏族为主体的各族人民已由昔日的奴隶变为西藏的主人。其主要标志是：

（1）西藏有代表参加国家的管理。人民代表大会制是中华人民共和国人民民主专政的政权组织形式，是国家的根本政治制度，全国人民代表大会是我国的最高国家权力机关，在第六届全国人民代表大会的代表中，西藏有代表19名，其中藏族15名、门巴族和珞巴族各一名，其他民族两名。

（2）藏族人民依照宪法和民族区域自治法及其他法律规定的权限行使了自治权，自主地管理本民族、本地方的内部事务。西藏自治区的人民代表大会有权依照当地民族的政治、经济和文化特点，制定自治条例和单行条例；对上级国家机关的决议、决定、命令和指示，如有不适合西藏实际的，自治机关可以报经上级国家机关批准，变通执

行或停止执行。一九七九年以后，西藏自治区人民代表大会根据西藏的实际情况，制定了12个规定、条例，如《西藏自治区实施<中华人民共和国刑事诉讼法>的变通条例》、《西藏自治区各级人民代表大会选举实施细则》、《西藏自治区关于施行<中华人民共和国婚姻法>的变通条例》等；自治机关在行使职能时，使用当地通用的藏汉两种语言文字，并且以藏语文为主；根据西藏社会主义建设的需要，采取多种措施从藏族和其他少数民族中大量培养各级干部和各种专业人才；在国家计划的指导下，根据西藏的特点和需要，制定经济建设的方针、政策和计划，西藏确定的发展方针是：以农牧业为基础，以旅游业为中心，以教育、能源、交通为重点，理关系，打基础，发展商品生产”；根据国家法律规定和本地方经济发展的特点，合理调整生产关系，改革经济管理体制；根据本地方的财力、物力，自主地安排地方性的基本建设项目；自主地管理隶属于西藏自治区的企业、事业；依照法律的规定，管理和保护本地方的自然资源，确定本地方内草场和森林的所有权和使用权，对可以由本地方开发的自然资源，优先合理开发利用；属于西藏地方的财政收入，全由西藏自主地安排使用；在税收上，拥有一定的减税免税权；根据自治地方

的特点、自主地发展民族文化、教育、科技、卫生和体育事业；等等。

（3）形成了以藏族为主体的干部队伍。西藏有藏族和其他少数民族干部共四万多名，占西藏干部总数的80%以上，在自治区党委、人大常委会、政府和政协领导成员中，藏族和其他少数民族干部占83.8%。现任西藏自治区人民政府主席是藏族干部多吉才让，在他之前担任过这一职务的藏族干部还有阿沛·阿旺晋美和多吉才旦；全自治区的7个地市，75个县(市)的专员、市长和县长，全部由少数民族干部担任，少数民族干部占这两级主要领导干部的95%。

（4）藏族和其他各族人民享有广泛的民主权利和自由。比如：选举权和被选举权，言论、出版、集会、结社、游行、示威的自由，宗教信仰自由，人身自由不受侵犯，人格尊严不受侵犯，住宅不受侵犯，通讯自白和通信秘密受法律保护，有对于任何国家机关和国家工作人员提出批评和建议的权利，劳动的权利，休息的权利，年老、疾病或丧失劳动能力的情况下从国家和社会获得物质帮助的权利，受教育的权利，进行科学研究、文学艺术创作和其他文化活动的自由，等等。当然，也依法履行相应的义

务。

经济方面。民主改革以前的旧西藏长期停滞在封建农奴制社会，占人口不到5%的三大领主（贵族、寺庙、旧地方政府）占有西藏的全部耕地、牧场、森林、荒地、山川、河流及绝大部分牲畜，甚至还占有农奴和奴隶的人身。因此生产力十分低下，人民生活极为贫困。现在西藏高原已一改旧貌，各项建设事业蓬勃发展。

（1）农牧业生产有了较大发展。一九八六年全区农牧业总产值达到9亿多元，比一九六五年增长70%以上，粮食产量达到4.5亿公斤；牲畜存栏2258万头(只)。

（2）工业发展迅速。民主改革前，西藏没有现代工业，现在已建立了电力、采矿、建筑、建材、轻工、毛纺、造纸、印刷、食品等多种工业门类，民族手工业也得到很大发展。一九八六年，工业总产值达到1.6亿元，民族手工业产值3500多万元。

（3）交通运输从无到有，发展很快。解放前，西藏无一条公路，解放后修了川藏、青藏、新藏、滇藏以及连结各地（市）县的区内干线公路，目前全自治区已有315条公路，通车里程达2.16万公里，除墨脱县外，各县均已通车。拉萨还和北京、成都、广州等地有航班相通。

（4）商业呈现兴旺景象。西藏原来是典型的自给自足的自然经济，商业长期不发达，随着生产的发展和运输条件的改善，商业也得到相应发展，各种商品和物资从全国各地源源不断地运进西藏，保障了各族人民发展生产和改善生活的需要。一九八六年，全自治区社会商品零售总额达到10.01亿元。全自治区发有营业执照的城乡个体工商业户达39703户，从业人员达51342人。

（5）旅游业异军突起。拉萨是我国的开放城市之一，西藏以其独特的自然环境和民族风情吸引着国内外游人。西藏把旅游业作为重点产业，大力发展。到一九八六年底，全自治区已有3800多个可供游客使用的床位，去年接待游客近3万人。

教育、文化、卫生方面。在国家的大力帮助下，西藏在经济建设得到迅速发展的同时，教育、文化、卫生等各项事业也得到很大的发展。

（1）教育事业发展很快。民主改革前，西藏的教育事业十分落后，文盲占95%以上，全区除干校和团校之外，只有13所小学和一所中学，在校学生只有2940人（基本上是贵族子弟）。到一九八六年，全自治区已有高等学校3所，各类中等专业学校14所，普通中学64所，小学2388所，

大中小学在校学生14.8万多人。藏族已有博士等高级人才。

（2）文化事业有了长足进步。一九八六年底，全自治区有科学研究机构25个，各类文化、体育机构和专业、群众艺术团体1160多个；广播转播台5个，广播差转台2个，广播覆盖率为30%；电视转播台3个，小型卫星地面站68个，录像转播台84个，电视覆盖率32%。

民族传统文化得到继承和发展。从一九八〇到一九八六年，出版各类藏文图书600多种。世界著名史诗《格萨尔王传》进行了整理，正在陆续出版。从去年起恢复了“雪顿节”。

（3）医疗事业发展迅速。解放前，西藏仅有几所为贵族、高级官员服务的藏医机构，现在全自治区有医院、门诊部、卫生所等各类医疗卫生机构957个，卫生技术人员7000多人。全区平均每千人拥有病床2.4张，接近国内上等水平。农牧民及城镇居民全部享受免费医疗。传统的藏族医学得到继承和发展，拉萨和每个地区都建立了藏医院。有藏医人员1,000多人，藏药厂9座。

由于经济和各项建设事业的发展，人民的生活水平不断提高。一九八六年，农牧民人均收入350元；到一九八

七年五月，居民存款达15.4亿元。由于生活的提高和医疗卫生事业的发展，藏族等少数民族的健康水平普遍提高，许多恶性传染病已经绝迹，藏族人民的平均寿命由解放前的35.57岁提高到现在的63.7岁。还由于国家只在藏族干部和职工中提倡计划生育，西藏的藏族人口增长很快，一九五一年为110万人，一九五九年为120.6万人，一九八七年已达接近200万人，占整个西藏总人口的95%以上。

掌握了自己命运的西藏各族人民，正以自己的辛勤劳动、建设团结、富强、文明的社会主义新西藏，创造美好的未来。

Schweizer Asiatische Studien

Monographien

Band 1 Norbert Meienberger: The Emergence of Constitutional Government in China (1905-1908). The Concept Sanctioned by the Empress Dowager Tz'u-Hsi. 1980. 115 S. sFr. 29.55

Band 2 Eduard Klopfenstein: Tausend Kirschbäume – Yoshitsune. Ein klassisches Stück des japanischen Theaters der Edo-Zeit. Studie, Übersetzung, Kommentar. 1982. 421 S. (mit Abbildungen), sFr. 68.–

Band 3 Helmut Brinker: Shussan Shaka-Darstellungen in der Malerei Ostasiens. 1983. 276 S. (mit zahlreichen Abbildungen), sFr. 85.–

Band 4 Nold Egenter: Göttersitze aus Schilf und Bambus/Sacred Symbols of Reed and Bamboo. 1982. 152 S. (mit zahlreichen Abbildungen). sFr. 55.–

Band 5 Harro von Senger: Partei und Gesetz in der Volksrepublik China. 1982. 395 S., sFr. 69.–

Band 6 Ingrid Schuster: Vorbilder und Zerrbilder: China und Japan im Spiegel der deutschen Literatur 1773-1890. 1988. 402 S., sFr. 69.–

Band 7 Robert H. Gassmann: Cheng Ming. Richtigstellung der Bezeichnungen. Zu den Quellen eines Philosophems im Antiken China. Ein Beitrag zur Konfuzius-Forschung. 1988. 436 S. sFr. 78.–

Band 8 Tung Chung-shu. Ch'un-ch'iu fan-lu. Üppiger Tau des Frühling-und-Herbst-Klassikers. Übersetzung und Annotation der Kapitel Eins bis Sechs von Robert H. Gassmann. 1988. 420 S., sFr. 66.–

Studienhefte

Band 1 Howard Dubois: Die Schweiz und China. 1978. 154 S. sFr. 33.60

Band 2 Robert P. Kramers: Konfuzius – Chinas entthronter Heiliger? 1979. 136 S. sFr. 29.–

Band 3 Harro von Senger: Der Staatsgeheimnisschutz in der Volksrepublik China. 1979. 92 S. sFr. 22.95

Band 4 Robert H. Gassmann: Das grammatische Morphem Ye. 1980. 161 S. sFr. 42.55

Band 5 Iqbal und Europa, herausgegeben von Johann-Christoph Bürgel. 1980. 85 S. sFr. 18.80